改革创新与转型升级研究丛书

城市绿色全要素生产率与绿色发展研究

卢 宁◎著

中国社会科学出版社

图书在版编目(CIP)数据

城市绿色全要素生产率与绿色发展研究／卢宁著．—北京：中国社会科学出版社，2018．3

ISBN 978-7-5203-0356-9

Ⅰ．①城…　Ⅱ．①卢…　Ⅲ．①城市经济—绿色经济—全要素生产率—研究—中国②城市经济—绿色经济—经济发展—研究—中国
Ⅳ．①F299．2

中国版本图书馆CIP数据核字(2017)第099908号

出 版 人　赵剑英
责任编辑　冯春凤
责任校对　张爱华
责任印制　张雪娇

出　　版　中国社会科学出版社
社　　址　北京鼓楼西大街甲158号
邮　　编　100720
网　　址　http：//www.csspw.cn
发 行 部　010-84083685
门 市 部　010-84029450
经　　销　新华书店及其他书店

印　　刷　北京君升印刷有限公司
装　　订　廊坊市广阳区广增装订厂
版　　次　2018年3月第1版
印　　次　2018年3月第1次印刷

开　　本　710×1000　1/16
印　　张　18
插　　页　2
字　　数　295千字
定　　价　78.00元

凡购买中国社会科学出版社图书，如有质量问题请与本社营销中心联系调换
电话：010-84083683

序　言

随着经济全球化浪潮席卷世界各国，国家之间的经济竞争更多地直接表现为大城市之间的竞争。改革开放以来，随着城市化进程的加快，我国城市经济在整个国民经济中的地位不断提升，对国民经济的发展有着举足轻重的影响。实现城市经济可持续发展是城市发展战略的必然要求。但是，进入21世纪后，首先是城市经济自身面临经济可持续发展和环境可持续发展的双重挑战，城市生态资源和环境质量压力成为一些城市环境可持续发展的“瓶颈”。同时城市经济发展面临新的复杂环境，其中一个重要方面是集聚经济的快速发展。集聚经济是工业化、城市化的必然结果，主要表现为城市化集聚经济和产业集聚经济。快速的城市化进程给城市带来大量的资本要素和劳动力要素，这种要素集聚的正外部性效应——知识溢出和负外部性效应——环境污染并存，给城市经济和环境可持续发展带来更大的外部压力。那么接下来的问题是如何衡量城市经济和环境可持续发展的协调度？影响城市经济和环境可持续发展、和谐发展的主要因素是什么？城市外部集聚经济的外部性效应对城市经济和环境可持续发展带来何种影响？

近年来，经济学领域使用全要素生产率概念来衡量一个国家或地区的经济可持续发展水平。全要素生产率增长快、对经济增长贡献份额大，意味着经济总量是依靠技术进步、技术效率和资源配置效率的提高而增长，所以这种增长是可持续的。然而，传统的全要素生产率概念没有考虑生产活动的非合意产出——环境污染物排放给经济活动和社会发展带来的负面影响。对于城市经济增长而言，尤其是出于快速城市化进程的发展中国家，城市环境质量来自城市自身发展和集聚经济负外部性效应内外两个方面。对集聚经济的正外部性效应的研究，如集聚带来的知识溢出、规模收益，成为学者近期关注的核心问题。自20世纪90年代中后期以来，在国际环境保护组织和我国国内出现的生态环境恶化的压力下，集聚经济的负外部性效应，如城市环境污染和要素拥挤问题凸显，使我们必须进一步考虑集聚经济环境下的城市生态承载力和环境污染问题对城市环境可持续发展的影响。因此，本文构建和估算了城市绿色全要素生产率概念来测度城市经济和环境可持续发展协调度，也即衡量了剔除环境污染影响的城市经济可持续发展水平，并从理论和实证角度分析不同地区、不同城市群、不同城市规模的城市绿色全要素生产率差距及变化特征，考察城市内部影响因素、城市外部制造业集聚和服务业集聚对城市绿色全要素生产率的影响方向和影响程度。本书的主要创新点及结论概括如下：

第一，在较为全面地评述国内外对全要素生产率研究文献的基础上，同时回顾我国城市化历程、特征和城市经济、环境可持续发展面临的问题，论文针对城市经济增长面临的外部环境特点，一方面，把集聚经济带来的负外部性效应——环境污染作为非合意产出从估算全要素生产率必需的总产出中剔除，具体办法是利用城市环境污染物排放量数据构建了环境污染指数对城市生产总值进行调整；另一方面，在估算全要素生产率的投入要素上，不仅考虑了资本投入和劳动力投入，而且考虑到城市土地规模的扩大和生态环境变化，还将城市土地投入和生态资源投入纳入城市全要素生产率估算过程中。从而在这样的思路下，把利用基于参数分析方法的随机前沿生产函数方法估算中国城市全要素生产率界定为“绿色全要素生产率”（Green Total Factor Productivity，GTFP）。从而既剔除了集聚经济负外部性效应对城市经济可持续发展的影响，为进一步分析集聚经济给城市经济增长带来的正外部性效应做出准备，又把城市经济可持续发展和环境可持续发展统一起来，使 GTFP 概念可以衡量城市的经济和环境可持续发展水平或二者的和谐程度。

第二，采用核密度分析方法、均值比较分析、回归收敛性检验等方法考察2003年至2007年中国城市 GTFP 的整体分布和变化特征发现，中国各城市之间 GTFP 增长率差距在逐步拉大。从不同地区的层面看，城市 GTFP 依次为东部地区最高，东北地区次之，西部和中部地区较低；从地区内部 GTFP 差距看，东部地区内部的城市 GTFP 差距最大，东北和中部地区次之，西部地区内部的城市 GTFP 差距最小。从城市群层面看，一些城市群的核心城市 GTFP 在城市群中处于领先地位，如京津冀都市圈、珠三角城市群、山东半岛城市群、长株潭城市群、关中城市群、武汉都市圈，这表明了核心城市在引领整个城市群以及所在区域经济和环境可持续发展的协调统一。另一些城市群的核心城市 GTFP 水平却低于非核心城市，如长三角城市群、辽东半岛城市群、吉黑城市群、中原城市群城市、成渝城市群。对城市 GTFP 进行收敛性检验发现，全国、东部地区、东北地区、中部地区和西部地区的城市 GTFP 均不存在绝对 β 收敛，也不存在条件 β 收敛和 σ 收敛，同时不存在俱乐部收敛，全国和各地区城市 GTFP 的增长差异没有表现出递减趋势。

第三，对城市 GTFP 的城市内部影响因素进行定性分析，构建理论假设，进行计量经济学实证分析和分组组内回归稳健性检验发现，从全国平均水平来看，禀赋结构、制度因素中的人力资本和政府力量、基础设施方面的信息化水平和道路密度的增长或增强有益于城市 GTFP 的提高。在全面考虑影响城市绿色全要素生产率的城市内部因素时发现，第三产业占总劳动力的比例升高不利于城市 GTFP 的增长。东部地区的城市 GTFP 存在地理区位优势，而中西部地区没有显现出这种优势。能源基础设施对城市 GTFP 的影响不显著。

在不同地区组内、不同城市群组内和不同城市规模组内，本章考虑的城市内部因素对城市 GTFP 的影响程度差别很大。东北地区的要素禀赋结构对城市 GTFP 的影响高于全国平均水平；东部地区和中部地区的第二产业增加值比例提高和第三产业就业人数比例增加，阻碍城市 GTFP 增进；中部地区的政府力量对城市 GTFP 的相关程度影响最大；各地区人力资本水平都显著促进了城市 GTFP 提高，但东北地区人力资本水平的作用程度最小；只有西部地区道路密度的增长显著促进了城市 GTFP 提高；东部地区的信息促进了城市 GTFP 增进的影响程度最大。

关中城市群和长三角城市群的要素禀赋结构对城市 GTFP 的影响高于全国平均水平和各地区平均水平。长三角城市群，第三产业就业人数比例的提高不利于城市 GTFP 增进。只有长三角城市群的政府力量对城市绿色全要素生产率的正向影响显著。长三角城市群和关中城市群人力资本水平都显著促进了城市 GTFP 提高。在基础设施方面，只有长株潭城市群道路密度和信息化水平增长显著促进了城市 GTFP 提高，其相关程度高于全国平均水平和各地区平均水平。

特大城市具有要素禀赋优势高于全国平均水平和典型城市群平均水平。特大城市和大城市制度因素中的对外开放水平提高不利于 GTFP 增长，而且特大城市对外开放水平对绿色全要素生产率的负相关程度为大城市的近 1 倍，说明外商直接投资对大城市和特大城市的知识溢出正效应小而环境污染负效应大，导致对外开放水平提高不利于其 GTFP 提高。中小城市的第二产业增加值占 GDP 比例增加显著促进 GTFP 提高。而中小城市的政府力量却没有发挥推动 GTFP 提高的作用。中小城市的基础设施包括道路密度、信息化水平和能源基础设施的提高，显著促进了 GTFP 提高增进。可见，制度因素和基础设施建设是中小城市提高 GTFP 的重要方面。

第四，在对城市 GTFP 的城市内部影响因素研究的基础上，将研究视角扩展至城市经济活动所面临的环境分析，即制造业集聚和服务业集聚给城市 GTFP 增进带来的影响。在定性分析部分，从制造业集聚在要素集中过程中产生知识溢出、在工业化进程中推动产业升级、在产业空间区位演化中促进专业化分工、在促进竞争中优化生产要素配置四个方面阐述了制造业集聚对城市经济和环境可持续发展的正外部性效应的作用机制；从服务业整体和生产型服务业两个方面论述了服务业集聚对代表城市经济和环境可持续发展——城市绿色全要素生产率的作用机制。本书使用了基于劳动力数量计算的反映制造业集聚水平指标 HHI、LQ 和 AGG 以及服务业集聚水平的 HHI，将这三种集聚变量的一次项和二次项纳入城市 GTFP 的影响因素回归模型分析发现，制造业集聚水平的上升对城市 GTFP 提高存在显著的积极影响，具有重要的推动作用。但是，我国城市服务业整体集聚水平和生产型服务业集聚水平都较低，其中生产型服务业集聚水平要高于服务业整体集聚水平。无论是服务业整体集聚，还是生产型服务业集聚，二者都没有起到促进城市 GTFP 增长的作用。样本期间服务业集聚水平偏低，阻碍了城市 GTFP 率增长。

第五，从理论研究探索到现实问题关注，把城市生活垃圾治理思路、城市空气污染治理模式、小城市绿色发展方式转型问题作为城市绿色发展研究的基本议题。特别是把浙江省启动小城市培育工程作为案例，分析提升小城市绿色发展质量的现实路径，为优化区域城镇化的整体布局、促进新型工业化和城镇化协同发展提供了体制机制改革的创新样本。按照现代化小城市科学发展标准，目前小城市在发展目标、服务功能、产业成长、制度改革、考核机制等方面还存在一些问题。把城市功能定位和城市品质提升作为促进小城市实现可持续发展的基础，把产业集群整体升级作为促进小城市实现产城融合的内生性可持续发展动力，把健全城乡发展一体化体制机制作为新一轮小城市培育工程的主线。

卢　宁

2017 年 1 月

目　录

引　论

经济可持续增长是一个国家和地区长期追求的重要目标，也是实现充分就业、增进社会福利、保证社会稳定的重要物质保障。对中国这个正处于转型期的发展中大国来说，实现经济增长的可持续发展具有重要的历史意义。城市经济增长在整个国家经济发展中占有重要地位。随着世界城市化进程发展，尤其是发展中国家城市化速度加快，越来越多的生产要素向城市集聚，因而城市经济的可持续发展存在的问题更为突出，研究城市经济可持续发展更具理论价值和现实意义。联合国人居组织 1996 年发布《伊斯坦布尔宣言》指出："我们的城市必须成为人类能够过上有尊严的、健康、安全、幸福和充满希望的美满生活的地方。" 2010 年中国上海成功地举办了"城市，让生活更美好"为主题的世博会。由此可见，在实现城市经济可持续发展的同时，城市环境的可持续发展不容忽视。城市居民不仅需要当期的物质生活基础，还需要长期的清洁的健康生活环境。然而，随着各种生产要素向城市集中，城市发展面临环境污染、要素配置拥挤等严峻挑战，这显然是集聚经济给城市带来的负外部性影响，将直接影响城市居民福利水平的全面提高和城市环境的可持续发展。从本质上看，该问题的根源在于城市化进程中人与自然关系的失谐和矛盾。因此，实现城市经济可持续发展和环境可持续发展的和谐是解决集聚经济环境下城市经济发展的必由之路。

作为绪论，本章将首先分析本文研究的背景，提出文章所要研究的主要问题；其次阐述本文的研究对象和研究方法；再次介绍研究内容和技术路线、框架结构；最后指出本文的研究改进及主要创新之处。

一 选题背景、问题提出与研究意义

1. 选题背景

改革开放以来，我国经济以近10%的速度保持了近30年的高速增长，经济和社会发展取得举世瞩目成就。1978年中国GDP总量为3645.22亿元（按当年价格计），2008年达到300670亿元（按当年价格计）。按照1978年价格的2008年实际GDP总量为18209.18亿元，是1978年GDP总量的近5倍，1979年至2008年末中国GDP年均增长率为9.83%①。然而，在发展过程中也存在一些严重的结构问题，直接导致我们为此付出了巨大的资源和环境代价。30年来的经济增长主要依靠的是要素的大量投入而非全要素生产率（TFP）的大幅提升（吴敬琏，2005[1]；郭庆旺、贾俊雪，2005[2]；林毅夫、苏剑，2007[3]）。近年来，随着我国低劳动力成本优势的流失、资本边际报酬的递减以及全球资源产品价格的高企和能源供应紧张，这种粗放型的增长方式显然是不可持续的（金碚，2006[4]），并且这种粗放型经济增长方式加剧了我国经济发展与生态环境之间的矛盾。而这一矛盾体现在城市经济发展层面上，问题更为突出。

发达国家百年工业化过程中分阶段出现的环境问题，在中国集中地表现为结构型、复合型、压缩型和城市集中型的特点。当今世界上污染最严重的20个城市，有13个在中国。2008年除北京、上海、重庆3个直辖市以外，各省会城市废水排放量占全省废水排放总量的比例平均为18.8%，各省会城市工业固体废物产生量占全省工业固体废物产生总量的12.74%，各省会城市工业二氧化硫排放量占全省工业二氧化硫排放总量的15.43%，各省会城市工业烟尘排放量占全省工业烟尘排放总量的14.28%。各省会城市工业粉尘排放量占全省工业粉尘排放总量的12.62%。可见城市环境污染问题在整个区域环境污染排放总量中占有相

① 数据来自《中国统计年鉴2009》，以1978年国内生产总值指数为100，2008年国内生产总值指数为1651.2，所以用2008年当年价格GDP总量300670亿元除以指数1651.2，得到按照1978年价格的2008年实际GDP总量为18209.18亿元。用1979年至2008年按当年等于100计算的GDP指数求平均值，得到1979年至2008年GDP年均增长率为9.83%。

当大的比例。而城市环境污染排放量的增长，不仅是由城市自身经济活动带来“非合意”产出——环境污染物排放导致的，而且与城市化发展和城市规模扩大密切相关。我国早已有《环境保护法》，也采取了很多措施治理环境问题，例如2003年7月1日起我国开始实施了新的更为严格的《排污费征收使用管理条例》，并且我国“十一五”规划纲要中明确提出了在“十一五”期间将主要污染物化学需氧量（COD）和二氧化硫（SO_2）排放总量减少10%的约束性指标。但是这并没有从根本上改变“高投入，高消耗，高排放，不协调，难循环，低效率”的粗放型增长方式。2010年春广西大旱、自然灾害频繁、生态赤字和资源缺口不断增大，已经严重制约经济社会可持续发展。因此，转变经济增长方式，实现经济“又好又快”发展已经迫在眉睫。

自新中国成立以来，对城市规模发展战略和方针的争论一直存在，并成为困扰我国城市健康稳定发展的一个根本性问题。新中国成立六十年来，我国曾经对城市发展战略问题进行多次的尝试和探索，我国城市发展经历了1949年至1978年间的城市化缓慢发展阶段、1979年至1992年城市化显著发展阶段和1993年至今的城市化快速发展阶段。但是屡次调整和变化，都较少考虑从提高城市生产效率的角度出发。对城市规模的每次调整都有一定的背景，而现阶段我国城市经济发展的主要任务是实现城市的可持续发展，面临的客观环境是集聚经济产生的正外部性效应和负外部性效应，要解决的关键问题是如何充分利用集聚经济的正外部性和有效控制集聚经济的负外部性来提高城市的生产效率，这是走一条新型城市化道路的重要内容之一。

转变经济增长方式、实现经济可持续发展与环境可持续发展“双赢”是城市经济发展的必然选择。当前，世界经济处于低位运行，我国经济增长速度减慢，2009年是21世纪我国经济发展最为困难的一年，国内生产总值为33.5万亿元，比上年增长8.7%。预计2010年GDP增长率目标为8%左右①，转变经济发展方式，使经济由“又快又好”发展转向“又好又快”发展，已成为我国经济实现可持续性发展的当务之急，成为促进经济增长的重要手段之一。就“好”的内涵而言，一是要提高全要素生

① 数据来自温家宝总理2010年3月《政府工作报告》。

产率对经济增长的贡献；二是要尽量减少经济活动对环境产生的不利影响。与此相应，正确评价我国经济发展质量必须在传统生产率研究基础上考虑到如何剔除环境污染的负面影响，得到一个绿色全要素生产率，以此更为科学、准确地考察城市经济和环境可持续发展水平。这也是我国经济可持续发展的应有之意。

本书主要关注中国城市经济增长的可持续发展问题。在中国进入快速城市化进程的今天和中共十七大提出建设生态文明、建设生态城市的时代背景下，基于环境污染“非合意产出”视角考察中国城市经济增长的可持续发展是具有重要现实意义的，也是实现中国经济又好又快发展的保证。我们的研究试图把生态文明的理念考虑在城市全要素生产率研究的分析框架内，剔除城市经济增长所付出的土地、生态、环境代价，估算出一个城市绿色全要素生产率，并进一步讨论其影响因素。

2. 问题提出

那么如何解决集聚经济产生的正负外部性效应对城市可持续发展的影响问题，逐渐受到社会各界的普遍关注。集聚经济产生的正外部性主要表现为物质资源集中和人力资本集中带来的分工深化和生产效率提高以及知识溢出；而集聚经济产生的负外部性主要表现为环境污染和要素拥挤。随着人类社会城市化进程加速发展的历史演变趋势，城市经济体正同时面临集聚经济正外部性带来的发展机遇和集聚经济负外部性提出的严峻挑战。我国城市经济增长已经处在以经济总量增长为目标导向阶段向以可持续发展为目标导向阶段的历史转折点上。集聚经济下城市生产效率的提高这一涉及中国城市未来是否能实现可持续发展的关键问题，既无先例和经验可资借鉴，也无严谨的理论支持，因此，如何有效地配置向城市集聚的经济资源，以促进城市生产效率的提高，实现城市可持续发展，进而增强城市对区域经济的回流和辐射能力是城市经济发展的核心问题，也是摆在学术界、实务界和政府职能部门面前的一个难题。目前，有关中国城市生产效率的研究还处于起步阶段，相关研究还不多，也不够深入，仍处于较零散的、缺乏系统性分析的层面，需要进一步的透彻研究。因此，出于该问题的重要性及相关研究还比较匮乏的考虑，本文将结合集聚经济的正负外部性影响，以中国城市生产效率为研究对象，进行深入系统的分析和研究。

在努力建设生态文明社会、认真贯彻“节能减排”政策环境下，我国城市实现经济可持续发展必须以转换城市经济增长方式为前提。国务院“十一五”规划中，对经济增长方式的转变给予了高度重视，不仅要求从投入驱动型经济增长转向生产率驱动型经济增长，还对节能减排提出了硬性约束。如何让中国城市在集聚经济中转变经济增长方式，实现节能减排目标，走上可持续发展之路是我们目前亟须研究的重大问题，对这个问题的探索和回答将直接关系到未来的经济政策性选择与安排，而国内外学术界截至目前对此问题，尤其是快速城市化中发展中国家的城市可持续发展问题，还没完全达成一致的结论。

因此，本书将在借鉴国外文献的基础上，结合我国实际经济条件，从集聚经济的正外部性和负外部性这个独特的研究视角入手，研究城市经济如何依靠提高生产效率驱动城市经济增长，来扩大集聚经济的正外部性效应和比较优势、限制集聚经济的负外部性效应和潜在隐患，详细分析和检验影响城市生产效率提高的主要因素，探讨城市经济转变经济增长方式，实现自身可持续发展，是本书要解决的关键问题。从而构建一个考虑集聚经济正负外部性效应的“为什么要提高城市生产效率——怎样综合考虑城市内部结构和外部集聚经济环境来提高城市生产效率——如何通过提高城市生产效率推动区域经济增长和可持续发展”较为完整的研究中国城市增长效率的分析框架。我们相信，对中国城市增长效率的理论与实证研究，无论是增强人们对城市可持续发展的了解和认识，还是填补该领域系统性研究的空白，无疑都具有十分重要的意义。

3. 研究意义

以往对城市问题研究不足，多数关于全要素生产率的研究重点关注一国层面、省区层面、工业和制造业的生产效率问题，忽视了城市层面经济增长在整个国民经济体系中的重要地位。也忽视了城市作为城市化进程的目的和结果，正面临城市内部的结构变迁、城市外部集聚经济的正外部性和负外部性影响。中国城市的可持续发展在内部结构和外部环境、集聚经济的正外部性效应和负外部性效应、经济总量与环境污染排放量双高等多重影响下，敢问路在何方？理论研究的作用恰恰在于它的普适性、超前性和预测性。因此，本书对考虑集聚经济正负外部性效应的城市全要素生产率进行研究，具有很强理论价值和现实意义。

在中国快速城市化过程中，城市作为各种经济资源集聚的中心，同时又是一个地区经济发展的主导力量，它的可持续发展直接影响着地区经济增长的速度与质量。因此，研究城市生产效率提高及其影响因素能够为优化城市经济可持续发展提供必要的理论依据。转变经济增长方式就是要将经济增长由大量依靠资金和物质资源要素投入转变到依靠提高全要素生产率来实现的轨道上来。全要素生产率是经济理论争论的焦点问题。从索罗开始，经济学者对全要素生产率这一概念展开了一系列讨论。新古典经济学家把技术进步视为经济长期增长的唯一源泉，同时全要素生产率在很大程度上可以代表技术进步，这引发越来越多的学者把全要素生产率作为研究经济增长的重要工具。但是新古典经济学增长理论的外生技术进步假定使我们无法理解经济长期增长背后的原因，也造成了促进经济增长政策制定无从着手的尴尬。新增长理论，也称为内生经济增长理论强调实现长期经济增长的关键因素是内生的技术进步，在增长模型中容纳了知识溢出、研究开发、人力资本溢出和积累对内生技术进步的影响。近年来，越来越多的研究还注意到环境因素对全要素生产率进而对经济增长的影响。

从理论的发展可以看出，现代经济增长中全要素生产率越来越受到关注。本书借助了 Feder（1983）[5] 随机前沿生产函数方法，用污染物排放量构建了环境污染指数对产出进行折算，估算了中国城市绿色全要素生产率（GTFP），从而剔除环境污染对全要素生产率的影响，分别从城市群层面和地区层面比较分析 GTFP 的分布特征，并检验收敛性，进行影响因素分析。这一步主要是考察集聚经济负外部性对城市全要素生产率的影响。进一步地，从城市制造业集聚和服务业集聚两个方面考察集聚经济正外部性效应对城市 GTFP 的影响。传统全要素生产率的测算由于对“好”产出与“坏”产出的不平衡处理，扭曲了对经济绩效和社会福利水平的评价。传统方法仅考虑只有“好”产出的情形，可是在现今环境管制的制度背景下该做法可能会扭曲我们对生产率本身的正确认识。事实上，环境因素会显著影响生产率增长水平的测算，忽略环境因素会高估我国生产率增长。地区在发展过程中应该摒弃传统“重经济增长，轻环境保护”的思想，从可持续发展角度处理好环境保护和经济增长之间的协调关系，从而真正实现“又好又快”增长。

另外，研究该问题具有较强的现实意义。

第一，本书从对新中国成立以来城市化进程的回顾与困境出发，为中国新型城市化提供经济可持续发展和环境可持续发展研究的新视角。

第二，有利于客观估算我国城市全要素生产率水平及其变化特征。城市经济发展在国民经济整体中占有越来越重要的地位。实现城市经济可持续发展和环境可持续发展的“双赢”是我们的必然选择。本文通过剔除集聚经济负外部性影响——环境污染对城市全要素生产率的影响，估算了绿色全要素生产率。这对合理地评价和分析环境约束下我国城市经济增长状况具有很强的实践意义，所得结论为各级城市政府制定可持续发展战略和政策提供参考依据。

第三，对区域经济差距的研究提供了城市和城市群层面的全要素生产率比较分析的新视角。长期以来，多数区域经济差距研究集中在东、中、西等经济带层面上的比较分析，也有学者从地区全要素生产率角度探讨区域间经济差距问题。本书在估算绿色全要素生产率（GTFP）基础上，进一步从地区间的城市群 GTFP、城市群之间的 GTFP 和城市群内部的 GTFP 比较分析，这一方面考虑了城市 GTFP 在区域间经济差距中的表现特征；另一方面考察了城市群 GTFP 在地区间差距的特点，从而研究了城市和城市群在地区经济可持续发展中的作用。

第四，有利于全面了解影响城市全要素生产率的内部和外部因素及其相对重要性。定性和定量分析了城市内部因素和经济外部集聚因素对绿色全要素生产率的影响。前者包括城市产业结构、对外开放水平、政府力量、基础设施、区位优势等城市内部因素，后者包括制造业集聚水平和服务业集聚水平对城市 GTFP 的影响。为不同规模城市产业布局和城市产业规划提供一个基于全要素生产率研究的启示。

二 研究对象与研究方法

1. 研究对象

本书研究的主要目的是通过随机前沿生产函数方法将环境因素纳入城

市全要素生产率的研究框架，估算了综合考虑城市 GDP 增长和污染排放减少情形下中国 2003 年至 2007 年全要素生产率，试图分析集聚经济负外部性影响——环境约束条件下我国城市全要素生产率的地区分布特征和收敛性，揭示其城市内部结构和外部环境两个方面的主要影响因素。进一步地，从制造业集聚和服务业集聚两个方面考察集聚正外部性效应对已经剔除了环境污染影响的全要素生产率的影响。从而，估计和预测中国城市全要素生产率在集聚经济环境下的可持续发展路径，为推动城市可持续发展、促进区域经济协调发展提供经济学理论依据和政策参考。

具体地讲，本书尝试集中回答以下三个方面的问题：第一，考虑环境质量的非合意产出的城市全要素生产率，即绿色全要素生产率（GTFP）具有哪些特点？与不考虑环境质量的城市全要素生产率有没有显著差异？第二，各地区主要城市群内部和城市群之间、区域之间的城市绿色全要素生产率的差异如何？不同层面内部的城市绿色全要素生产率是否存在收敛？那么服从哪种类型收敛？第三，影响城市 GTFP 的主要因素有哪些？城市内部的结构因素怎样影响城市 GTFP 变化？城市外部集聚经济因素怎样影响城市 GTFP 变化？制造业集聚和服务业集聚对城市 GTFP 变化产生怎样影响？

为此，主要研究工作从以下三个方面展开：一是在回顾城市化历程和总结城市发展问题的基础上，估算剔除集聚经济负外部性影响的城市绿色全要素生产率，并对其与一般意义的不考虑环境污染因素的全要素生产率进行比较；二是对不同地区、不同城市群的绿色全要素生产率进行比较分析，并检验其是否存在收敛，从而考察绿色全要素生产率的地区差异和城市群差异及其差距的变化特点；三是考察绿色全要素生产率的城市内部影响因素和城市外部经济的影响因素，从而考虑制造业集聚和服务业集聚对城市绿色全要素生产率的正外部性影响。

通过对这三个方面的实证研究，期望能够对我国集聚经济环境下的城市可持续发展进行科学评价与分析，以期提出我国城市长期发展战略等政策建议。

2. 研究方法

本研究的难点集中在三个方面：一是没有成熟的、完整的关于集聚经济环境下的城市全要素生产率研究框架可以借鉴；二是利用现有的中国地级及以上城市数据准确地测度城市全要素生产率是比较困难的；三是如何考察集聚经济正负外部性效应对城市全要素生产率的作用机制。为了解决上述难点，克服国内外现有研究文献分析框架的局限性，增进本文结论分析的可靠性与合理性，本书主要采取了以下几种研究方法：

第一，规范分析方法与实证分析方法的使用。本书依据和借鉴经济学理论包括经济增长理论、产业集聚理论、环境经济学理论和区域经济学理论。在实证研究方面运用了一系列新近发展的现代计量经济学方法，主要包括：经验分析严格依据经济学理论。经验分析主要采用随机前沿生产函数方法、面板数据回归模型估计、非参数核密度估计、面板数据门限回归模型、多元统计分析方法等。从而将实证与规范两种方法有机结合起来，使本书的研究更具理论和现实意义。

第二，历史分析方法与逻辑分析方法的使用。对于任何事物的理论研究必须是历史主义和逻辑主义两种研究方法的辩证统一。本书一方面，运用逻辑主义的方法分析了城市内部和外部集聚经济对城市全要素生产率影响的理论分析框架；另一方面，运用历史主义的方法来具体回顾、总结和分析我国城市化的历史过程，提出本书将要研究的重点问题，从而将历史主义和逻辑主义两种研究方法有机结合起来进行运用。

第三，整体分析方法与局部分析方法的使用。在数据可得的前提下，本书尽可能扩大样本容量来保证实证研究结论的可信性。本书在第一章至第八章的实证分析中使用2003年至2007年中国262个地级及以上城市数据进行统计分析和计量经济学分析，从整体上估算和分析城市绿色全要素生产率。

第四，比较分析方法的使用。本书从城市群视角和区域经济带视角比较分析我国城市绿色全要素生产率的差异，并考察这种差异是否存在收敛。在考虑城市绿色全要素生产率的影响因素时，也考虑了城市的地理因素和区位优势，在回归中引入了城市地理特征的虚拟变量，从而把比较分析方法在计量经济学回归分析中的得到运用。

三　研究内容与技术路线

1. 研究内容

本书共十一章，各章的主要内容概括如下：

开始为引论，具体包括研究背景与问题的提出、研究思路、研究的主要内容，最后阐明研究的改进与创新点。第一章是本书的文献综述部分，包括对全要素生产率估算研究、考虑环境因素的全要素生产率相关研究、集聚经济正负外部性的相关研究三大部分文献进行梳理、回顾和评述。在跟踪国内外理论研究前沿和最新研究成果的同时，指出当前相关研究的局限性，最后界定本文的主要概念，包括全要素生产率、绿色全要素生产率、集聚正负外部性等，为进一步研究打下理论基础。第二章分析当前我国城市可持续发展面临的主要问题。包括城市化历史发展进程的回顾，现阶段急需解决的重要问题。

第三章至第五章主要考察集聚经济的负外部性对城市全要素生产率的影响，估算剔除集聚经济的负外部性影响的中国城市全要素生产率、考察其主要特征和影响因素：第三章估算考虑集聚经济负外部性——环境污染的中国城市全要素生产率，称之为绿色全要素生产率（Green Total Factor Productivity，GTFP）；第四章从地区经济带比较视角和城市群比较视角出发探究中国城市绿色全要素生产率的动态变化特征及收敛性检验；第五章分析中国城市绿色全要素生产率的主要影响因素。

第六章至第七章具体考察集聚经济的正外部性对城市全要素生产率的影响机制：第六章从城市制造业集聚理论出发，探求我国城市制造业集聚产生的正外部性对城市绿色全要素生产率的影响，并对我国城市制造业集聚产生的正外部性的区域特征进行解释；第七章从城市服务业集聚理论出发，探求我国城市服务业集聚产生的正外部性对城市绿色全要素生产率的影响，并对我国城市服务业集聚产生的正外部性的区域特征进行解释。

第八章至第十章重点研究我国城市绿色发展的若干重要议题。第八章分析现阶段我国城市生活垃圾处理存在的主要问题，尝试从政府、产业、居民三方主体和产业链角度，剖析“垃圾围城”困境背后的原因，提出尽快建立城市生活垃圾环境承载力的生态预算制度，深化政府对城市生活垃圾治理公共服务的职责认同，完善城市生活垃圾治理产业政策体系，从而有序推进城市生活垃圾治理的产业化运作。

第九章研究如何有效治理城市空气污染问题，这是加强生态文明制度建设的重要任务和亟待解决的现实问题。使用灰色关联分析等方法对我国省会城市（含直辖市）空气污染来源进行实证研究发现：第一，工业化水平、投资总量、煤炭消费总量和私人机动车拥有量是显著影响城市空气污染的重要因素。第二，在技术、费用和产出方面多种环境管制强度指标的变化幅度在总体上并不一致，多种不同环境管制强度与污染来源的灰色关联排序也不尽相同。依据空气污染来源的异质性和管制强度的多维性，多元协同治理与立体垂直治理相结合是当前我国城市空气污染治理模式的现实选择，有利于避免环境管制的污染来源和管制方式“双重扭曲”。

第十章以浙江省启动小城市培育工程为案例，探索提升小城市绿色发展质量的现实路径，期望以此作为优化区域城镇化的整体布局、促进新型工业化和城镇化协同绿色发展提供了体制机制改革的创新样本。按照现代化小城市科学发展标准，目前小城市在发展目标、服务功能、产业成长、制度改革、考核机制等方面还存在一些问题。把城市功能定位和城市品质提升作为促进小城市实现可持续发展的基础，把产业集群整体升级作为促进小城市实现产城融合的内生性可持续发展动力，把健全城乡发展一体化体制机制作为新一轮小城市培育工程的主线。

第十一章为全书总结，包括研究结论与政策建议、研究的局限性及未来的研究方向。通过这些研究，本书较好地揭示出在集聚经济正负外部性影响下我国城市绿色全要素生产率的一般经验规律。

2. 技术路线

本书的技术路线图如下页所示。

四　本书重点研究的几个问题

1. 本书重点研究的若干问题

从城市经济可持续发展和环境可持续发展两个方面的协调统一出发，分析城市内部结构、制度等因素和城市外部集聚经济正负外部性效应对城

引论
第一章 经济增长效率研究的发展脉络
第二章 现阶段我国城市可持续发展面临的主要问题
研究城市GTFP必要性
城市经济可持续发展
城市环境可持续发展
第三章 我国城市绿色全要素生产率估算（GTFP）
城市GTFP估算
投入要素
产出
资本
劳动
土地
生态资源
环境污染指数调整
生产总值
城市GTFP估算与比较
第四章 我国城市绿色全要素生产率分布与变化特征分析
城市GTFP比较
不同地区GTFP比较
不同城市群GTFP比较
第五章 我国城市绿色全要素生产率的城市内部影响因素分析
城市内部影响因素
禀赋结构
产业结构
制度因素
地理区位
基础设施
城市GTFP影响因素
第六章 制造业集聚对城市绿色全要素生产率的影响分析
城市外部影响因素
第七章 服务业集聚正外部性对城市绿色全要素生产率的影响
第八章 我国城市生活垃圾治理问题、主要原因与解决思路
城市绿色发展问题
第九章 我国城市空气污染来源析出、管制强度与治理模式
第十章 小城市绿色发展方式转型的若干问题
第十一章 研究结论、政策建议和未来研究展望

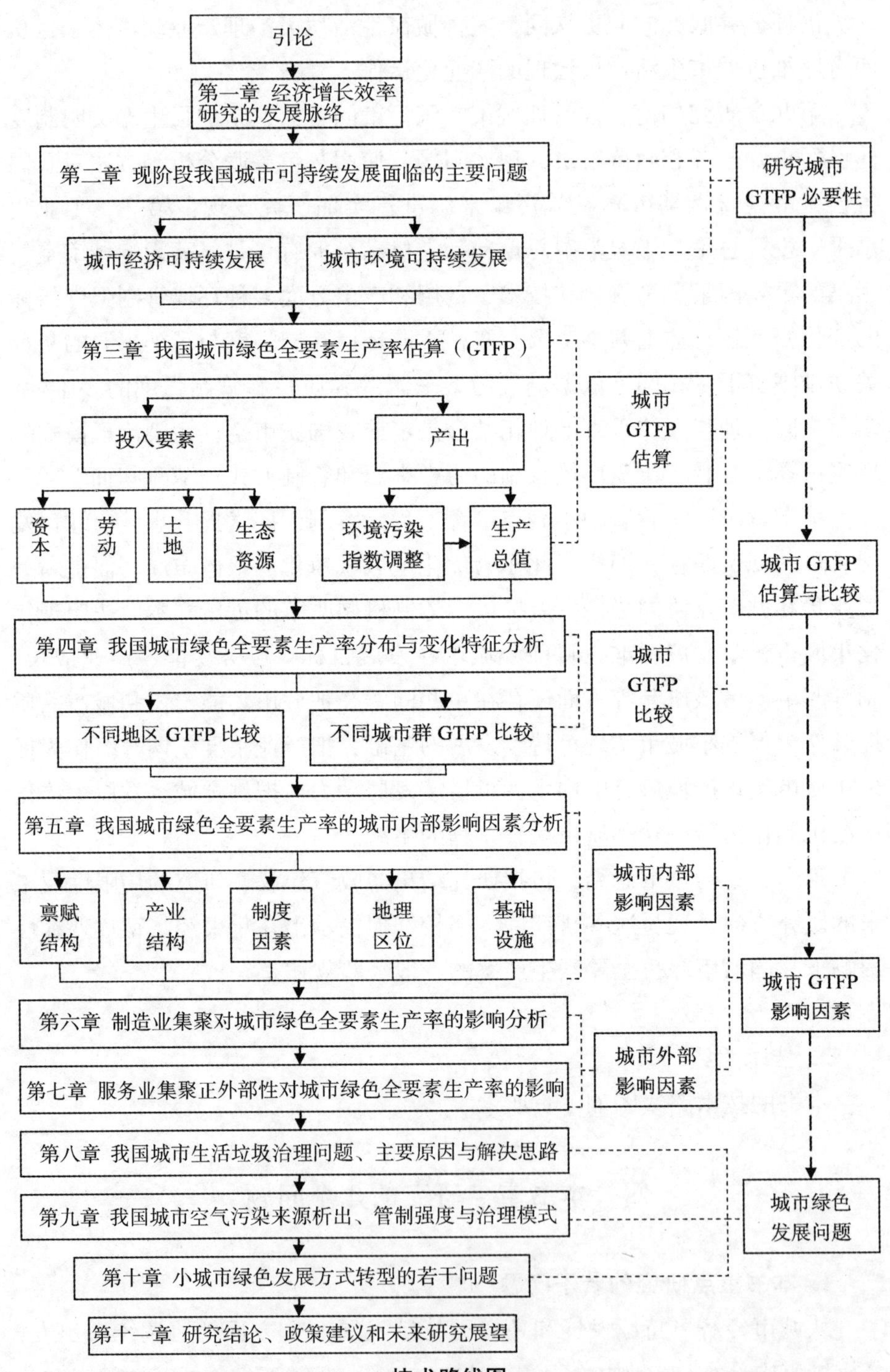

技术路线图

市全要素生产率的影响，本书重点研究以下四个问题：

第一，如何界定和估算绿色全要素生产率概念？本书利用科学的参数估计方法——随机前沿生产函数法，估计中国快速城市化阶段（2003年至2007年）地级及以上城市的全要素生产率。为了剔除城市集聚经济给城市带来的负外部性影响——环境污染，在估算城市全要素生产率过程中，在产出方面构建环境污染指数调整城市生产总值，在投入方面除了资本投入、劳动投入以外，增加了土地投入和生态资源投入等要素，从而估算出即考虑生态要素投入、又剔除环境污染影响的绿色全要素生产率。

第二，不同地区和城市群的城市绿色全要素生产率分布有哪些特点？论文使用非参数核密度估计方法、均值相等显著性检验等应用统计学方法，对不同地区之间的城市GTFP、同一地区内部的城市GTFP、不同城市群的城市GTFP、同一城市群的城市GTFP逐层深入对比分析各个层面的城市绿色全要素生产率的差距及其变化特征。

第三，城市自身有哪些因素影响城市绿色全要素生产率水平？我们采用面板数据模型，对城市绿色全要素生产率的城市内部因素研究，主要考虑城市禀赋结构、产业结构、制度因素、地理区位和基础设施等方面对城市绿色全要素生产率的影响方向和影响程度。并按照地区、城市群、城市规模对这些影响因素进行分组回归分析，总结城市内部因素对城市绿色全要素生产率作用的一般规律。

第四，城市的集聚因素对城市绿色全要素生产率有没有显著的正效应影响？为此，本书把快速城市化的集聚经济正效应考虑到城市绿色全要素生产率的影响因素分析框架，具体的研究思路为考察制造业集聚与服务业集聚对城市绿色全要素生产率的作用程度。

2. 本书的研究思路

综上所述，一方面，目前对于城市可持续发展的研究，在概念上处于城市经济可持续发展与城市环境可持续发展分离的状态，在研究方法上停留于规范性的分析和评论，较少从实证角度开展相应研究来为城市的经济可持续发展与环境可持续发展协调统一提供实证证据和科学依据。而考虑城市集聚经济负外部性效应——“非合意”产出环境污染绿色全要素生产率概念界定与估算研究正好为此问题的实证研究提供了值得借鉴的分析思路与研究切入点。另一方面，关于快速城市化阶段集聚经济的正负外部性效应对城市经济可持续发展和环境可持续发展影响的研究处于起步阶段，由于没有先例和经验可供借鉴，加上缺乏严谨的理论支持，很多研究更多地属于探索性质，因而难免存在一些不足和值得改进的地方。城市化的目的是为了保障“人的全面发展”而进行的历史过程[6]，城市的经济可持续发展与环境可持续发展之间的关系必须调整为和谐发展。

五　研究改进与主要创新点

本研究具有一定的探索性，总体而言，与现有文献相比，本书对集聚经济正负外部性效应下中国城市增长效率研究的主要改进和创新之处体现在如下几个方面：

第一，本书使用最新可得的官方统计数据对中国城市经济增长和可持续发展总体状况及城市化演进趋势进行了全面、系统的概括、分析和经验描述。第二，论文使用中国262个地级及以上城市的面板数据估算了考虑集聚经济负外部性效应——环境污染“非合意”产出的生产效率，并分别从城市群视角和区域视角比较分析了城市绿色生产效率的分布和变化特征，这有别于目前国内多数不考虑环境污染的城市经济增长效率研究。第三，本书在实证分析部分，考虑到估算增长效率结果的显著性、研究所关注变量的内生性问题和使用数据的观测单位多、时期短的特性，使用了随机前沿生产函数方法和面板数据模型方法，从而得到较为可靠的实证结果及研究结论。

目前，结合我国实际经济条件对集聚经济正负外部性环境下的城市增长效率估算及影响因素问题展开综合性、系统性的研究仍较少。文章运用最新发展的现代计量经济学方法，结合我国转轨经济的特点，从集聚经济正负外部性这个崭新的角度对该命题展开深入的阐述与分析，并对现有研究文献做了有益的拓展和补充。

此外，本书不仅增进了学术界关于集聚经济对城市增长效率影响问题的理解，而且有助于我们重新审视并检验集聚经济等相关理论在中国城市可持续发展的适用性。因此，本书对于拓展转轨经济条件下集聚经济的正负外部性对中心城市可持续发展影响研究具有重要的学术价值。同时，本书的结论与政策建议为政策当局对我国未来城市及地区经济可持续发展政策的选择与安排提供理论分析与实证检验的参考依据。因此，本书对于改善和优化我国城市经济增长方式，提高城市可持续发展规划的科学性和系统性具有重要的实用价值。

第一，研究使用最新可得的官方统计数据对中国城市经济增长和可持续发展总体状况、城市化演进趋势及存在的主要矛盾、问题，进行了全面、系统的概括、分析和经验描述。选取的样本区间（2003 年至 2007 年）更能集中反映中国地级及以上城市近年发展变化特征，与选取的样本数量为 262 个地级及以上城市投入产出数据，使我们的实证结果和结论更为稳健和有较强的针对性。

第二，从城市可持续发展的视角出发，本书估算了考虑集聚经济负外部性效应——环境污染“非合意”产出的全要素生产率，利用工业废水排放量、工业二氧化硫排放、工业烟尘排放量三个指标综合为污染排放指数，界定剔除环境污染影响的中国城市绿色全要素生产率概念。同时与不考虑环境因素、传统的全要素生产率进行比较分析，并分别从城市群视角和区域视角比较分析了城市绿色生产效率的分布和变化特征，这有别于目前国内多数不考虑环境污染的城市经济增长效率研究。

第三，本书从城市群视角比较国内典型城市群之间的绿色全要素生产率差距，从城市群内部、城市群之间、区域内部的城市群之间、区域之间的城市绿色全要素生产率差距探讨研究地区经济发展差距的新角度。通过考察近年来各个地级及以上城市、城市群和区域的“又好又快”的增长状况，分析不同城市规模、城市群、地区的考虑环境污染的全要素生产率的基本特征和动态差距，对于从绿色全要素生产效率视角考虑如何缩小我国区域间经济差距和城乡经济差距，促进区域经济协调持续发展具有重要意义。

第四，本书在实证分析部分，考虑到估算经济增长效率结果的显著性、研究所关注变量的内生性问题和使用数据的观测单位多、时期短的特性，使用了随机前沿生产函数方法和面板数据模型估计方法，从而得到较为可靠的实证结果及研究结论。本书应用面板数据模型的固定效应模型估计、随机效应模型估计和面板校对标准误估计方法，比较全面地考察城市绿色全要素生产率的影响因素的作用方向及程度，如人力资本水平、城市产业结构、环境治理投入、政府干预经济程度、对外开放水平等方面，可以避免内生性所引起的偏差，本书还明确地考虑了模型可能存在的横截面相依性。

第五，我们不仅把集聚经济的负外部性效应——环境污染纳入城市全要素生产率分析框架，而且还从城市制造业集聚和服务业集聚两个方面分析产业集聚的正外部性对城市绿色全要素生产率的影响，从而较为完整地把城市全要素生产率研究放在集聚经济这个客观现实环境下进行研究。

目前，结合我国实际经济条件对集聚经济正负外部性环境下的城市生产效率估算及影响因素问题展开综合性、系统性的研究仍较少。本书运用最新发展的现代计量经济学方法，结合我国转轨经济的特点，从集聚经济正负外部性这个崭新的角度对该命题展开深入的阐述与分析，并对现有研究文献做了有益的拓展和补充。本书的研究将为我们理解中国城市未来的可持续发展路径提供一个新的视角，即依靠考虑城市环境污染效应的生产效率提高是实现可持续发展的必由之路，从而为今后制定城市乃至区域经济政策提供参考。同时，由于各城市所在区域的城市化进程不同，因此，本研究也是通过估算城市生产效率对区域城市化的经济影响做一个评估，它亦将为我们如何进一步调整城市化政策和协调区域经济发展问题提供参考意见。

第一章　经济增长效率研究的发展脉络

在经济学领域，全要素生产率是一个能够全面表征一个国家、地区或者城市经济可持续发展水平的概念。继“东亚奇迹”后，“中国奇迹”的出现越来越引起国内外学者们对中国生产率增长问题的关注和研究，尤其是对中国地区和行业全要素生产率问题的关注，涌现了较多理论和实证研究成果。本章将对全要素生产率的理论和实证研究方法做一个简单的述评，以进一步厘清理论研究的脉络和思路，为考虑环境污染影响的城市全要素生产率估计提供有益参考。这一章的结构安排如下：第一节主要梳理有关区域、行业全要素生产率估算和研究的理论发展脉络，跟踪研究前沿动态，阐述全要素生产率估算相关的理论基础，提炼相关代表性文献研究的改进之处，并分析其存在的研究局限性及可行的解决办法。通过对已有研究的总结和分析，形成论文的研究思路，为进一步研究打下理论基础。第二节回顾国内对城市全要素生产率及技术效率的估算文献，并做出总结性评论。由于本书是把中国城市全要素生产率研究这个问题放在考虑城市外部的集聚经济释放正负外部性效应视角下展开分析的，同时集聚经济负外部性效应的一个典型表现是集聚导致的环境污染，所以第三节对考虑环境因素的生产效率和环境效率研究文献进行综述和述评。第四节对集聚经济外部性理论和研究文献展开综述。第五节为本章小结。

一　全要素生产率估算相关理论和研究文献综述

对全要素生产率的估算文献较多，从估算全要素生产率的对象上分，大体可以分为对某个区域经济体的全要素生产率估算和对某部门、某产业的全要素生产率估算两大类。前者又可以细分为对国家经济增长全要素生产率的估算、对一国内某地区经济增长的全要素生产率估算和对国内某城市经济整体全要素生产率的估算，下面分别对区域全要素生产率和行业全要素生产率估算的理论和文献进行梳理和评论。

1. 区域全要素生产率估算理论和文献

对区域全要素生产率的研究起源于对经济增长质量的评价，后来逐渐发展为用地区间全要素生产率差距来解释地区经济差距的存在及变化趋势。近年来，中国地区增长差异问题受到广泛关注，大量研究文献对中国地区差距进行了客观描述，并且采用多种影响因素如固定资产投资、人力资本、外商投资、产业集聚，尤其是用地区单要素生产效率、全要素生产率解释地区间经济增长差距形成原因及变化趋势①。这些研究在对我国地区经济差异研究文献在客观描述差距的基础上，集中研究两个方面的问题。一方面着重考察地区经济差异是否收敛，并进一步判断我国不同历史阶段地区经济差异的收敛性是否存在；以及地区经济收敛的类型确定问题。另一方面主要分析造成地区经济差异存在和差距扩大的影响因素问题。多数学者在考虑资本投入、劳动投入、人力资本等因素后，把代表技术进步、技术效率的全要素生产率纳入分析框架，研究全要素生产率在地区间经济差距中的作用及影响区域全要素生产率变化的因素。

(1) 对区域全要素生产率估算结果的回顾

早期的区域全要素生产率测算研究集中分析经济增长的源泉及其贡献份额，以判断中国整体和区域经济增长是否具有可持续性[7]。对中国全要素生产率测算有代表性的研究是 Chow（1993）采用增长核算方法，通过数据分析发现 1952 年至 1980 年中国经济增长的主要动力是资本积累[8]。李京文（1996）对我国的生产率和经济增长问题进行了全面系统的分析，定量估算了 1953 年至 1995 年期间资本、劳动和全要素生产率对经济增长的贡献[9]。孙敬水（1996）估计 1978 年至 1995 年我国全要素生产率增长率[10]。沈坤荣（1997）估计 1953 年至 1994 年我国全要素生

① 代表性的研究有：[1] 刘夏明、魏英琪、李国平：《收敛还是发散：中国区域经济发展争论的文献综述》，《经济研究》2004 年第 7 期，第 70—81 页。[2] 张吉鹏、吴桂英：《中国地区差距度量与成因》，《世界经济文汇》2004 年第 4 期，第 60—81 页。[3] 周业安：《章泉：参数异质性、经济趋同与中国区域经济发展》，《经济研究》2008 年第 1 期，第 60—77 页等。

产率增长率[11]。张军和施少华（2003）利用索罗余值法估计了1952年至1998年我国全要素生产率增长率，发现改革前我国全要素生产率波动很大，改革后有明显提高，1978年至1998年平均增长率约为2.8%，生产率的提高贡献了产出增长中的28.9%[12]。易纲、樊纲、李岩（2003）分别从制度变迁、技术进步、人力资本素质提高、人民币汇率走势以及官方储备增长方面提供了中国经济增长效率提高的证据，认为新兴经济国家由于与发达国家的投资方向不同，导致其技术进步机理也不同，因此全要素生产率的测算方法也应有所区别[13]。郭庆旺等（2004、2005）凭借全要素生产率缺口度量全要素生产率的波动，发现宏观经济波动在短期内能引起全要素生产率波动，而全要素生产率波动需经较长时间才能引起宏观经济波动。他们估算1979年至2004年我国全要素生产率平均增长率为0.891%，对经济增长平均贡献为9.46%[14][15]。Zheng和Hu（2004）研究发现1995年以后中国经济增长全要素生产率增长速度较低，表现为高经济增长、低生产率增长，具体特征为技术进步速度减慢，技术效率有所下降[16]。郑京海、胡鞍钢（2005）采用Malmquist指数方法估算全要素生产率，研究发现1978年至1995年平均增长率为4.6%，而在1996年至2001年出现低增长0.6%，指出全要素生产率变化特点为技术进步速度减缓、技术效率有所下降，全要素生产率对中国经济增长的贡献在20世纪90年代后期越来越低[17]。岳书敬、刘朝明（2006）引入了人力资本要素，采用Malmquist指数测算中国30个省级行政区1996年至2003年的全要素生产率（TFP）增长，分解为技术进步指数和效率变化指数。研究发现，在此期间中国的生产率增长TFP平均增长1.35%，主要是由技术进步带来的，其中技术进步是1.22%，效率变化是0.16%。可见，在引入人力资本要素后，1996年至2003年区域全要素生产率的增长得益于技术进步而不是效率提高[18]。

随着对全要素生产率研究逐步深入，将全要素生产率拆解为技术进步和效率提高两部分越来越受到重视。因为技术进步和技术效率在TFP中的相对贡献对于政策方向具有重要的现实意义。杨文举（2006）[19]、于君博（2006）[20]等实证研究发现，1990年至2004年期间推动全要素生产率总体增长的主要是技术效率的提高，它对经济增长的贡献并不弱于技术进步。颜鹏飞和王兵（2004）使用数据包络分析方法测度了中国省级单元的经济增长效率，发现中国全要素生产率的增长主要源于技术效率的提高，人力资本和制度因素对效率的提高有着重要的影响[21]。彭国华（2005）采用索洛余值法测算了中国各地区全要素生产率，并以制度和教育水平等因素为控制变量探讨其条件收敛性[22]。Wu（2003）[23]和赵伟、马瑞永（2005）[24]利用随机前沿分析（Stochastic Frontier Analysis，SFA）估计并分解了中国各地区全要素生产率，考察了技术进步和效率改善对地区差异的影响及其变化趋势。傅晓霞、吴利学（2006）提出基于随机前沿生产函数的地区增长差异分析框架，将各地区劳均产出差距分解为劳均资本差异、经济规模差异和全要素生产率差异三个部分，利用改革时期的省级数据，发现尽管要素投入仍然是中国经济增长的主要源泉，但全要素生产率是造成地区差异的重要原因，在地区劳均产出差异中的贡献份额不断提高，成为今后中国地区增长差异的主要决定力量。1990 年以来中国地区全要素生产率呈现出绝对发散趋势，严重的技术扩散壁垒加剧了体制转轨过程中的“马太效应”，短期内地区差距不会随经济发展而缩小[25]。

但是，陶长琪、齐亚伟（2010）研究发现，技术效率恶化是全要素生产率下降的主要原因。他们利用 Malmquist 指数分解方法，测算了中国 1987 年至 1997 年 28 个省区的全要素生产率，并对其变动趋势和空间差异进行分析，发现全要素生产率下降的主要原因是技术效率的下降，东、中、西部存在明显的技术差距。该文还着重从技术引进、自主研发的角度对全要素生产率空间差异的成因进行经验分析，研究发现，技术引进战略没有促进技术进步和技术效率改善，R&D 对技术效率的改进有正影响，但技术进步效应不强；同时发现，R&D 对外资的吸收能力较低，外资与人力资本的结合对技术进步、技术效率和生产率改善有显著的促进作用[26]。王小鲁、樊纲、刘鹏（2009）考察了中国经济增长方式正在发生的转换，发现改革开放以来我国全要素生产率（TFP）呈上升趋势，TFP 在最近 10 年增长约在 3.6% 左右。TFP 的来源在发生变化，外源性效率提高的因素在下降，技术进步和内源性效率改善的因素在上升[27]。

（2）对区域全要素生产率估算方法的回顾

在全要素生产率估算方法上，早期的研究大多是利用新古典经济增长模型来计算全要素生产率，即“索洛余值法”[28]。但是由于全要素生产率“噪声太多”[29]，存在缺陷；多数研究采用非参数的数据包络分析方法，但是这种方法存在一些使用上的局限性，因而所出结论的可信性降低。参数分析的随机前沿生产函数方法比较可行。国内应用前沿生产函数分解区际经济全要素生产率的代表性研究有张国初（1996）对柯布－道格拉斯生产函数和超越对数生产函数形式的确定性前沿生产函数进行了理论论证[30]。王志刚（2006）采用超越对数生产函数形式的随机前沿生产函数对1978年至2003年中国全要素生产率进行了分解，得出的基本结论是全要素生产率增长率主要由技术进步率决定，而生产效率的变化率不大，规模效率贡献非常小，国有化程度和财政支出占GDP比值对增长效率存在负面的影响[31]。

一些学者对全要素生产率的估算方法做了一些改进工作。岳书敬、刘朝明（2006）引入了人力资本要素，采用Malmquist指数分析了中国30个省级行政区1996年至2003年的全要素生产率（TFP）增长。研究发现，在引入人力资本要素后，1996年至2003年区域全要素生产率的增长得益于技术进步而不是效率提高。他们认为，如果不考虑人力资本存量，则低估了同期的效率提高程度，而高估了期间的技术进步指数[18]。徐瑛、陈秀山、刘凤良（2006）在分析索洛余值法缺陷的基础上，以新增长理论为理论背景，结合中国经济发展的现实，将产业结构变动、资本空间集聚、人力资本积累等因素引入技术进步贡献率的计量模型，使技术进步贡献率的度量更接近真实的技术进步情况，进而利用新的技术进步贡献率计量方法重新测算了1987年至2003年间中国的技术进步状况，发现中国技术进步贡献率已开始出现稳步增长的趋势[32]。徐现祥、舒元（2009）采用对偶法基于生产要素价格核算出全要素生产率，指出对偶法无须设定生产函数形式和生产要素存量数据，核算结果在理论上与Solow残差法的相等，该方法需要生产要素存量数据，采用对偶法核算我国全要素生产率可行。他们研究发现，在1979年至2004年间中国全要素生产率增长率为2.5%，全要素生产率对中国经济增长的贡献约为25%[33]。雷明、孙曙光（2010）对全要素生产率变化率的传统测度方法做出了扩展，将全要素生产率的变动分解为技术进步、管理方法的改进以及这两者的匹配度的变化[34]。Olley和Pakes（1996）最早给出了关于生产率增长测算的半参数估计方法的研究[35]，Ackerberg和Caves（2003）对这一研究进行了修正和补充[36]。半参数模型是参数和非参数回归模型的一种概括统一，其中的参数分量部分用于对确定性影响因素进行分析，而非参数分量部分则用于对随机干扰因素的刻画。半参数模型估计能够准确描述和预测生产率增长的剧烈变化或异常发生能更充分利用数据所提供的信息。但是这种理论发展方面的不成熟限制该方法在生产率测算方面的实证应用。此外，未知的、不易控制的半参数分量而影响实际测算结果的精度[37]。

(3) 对区域全要素生产率影响因素研究的回顾

近期着重对影响区域全要素生产率因素研究的代表性文献有王小鲁等(2009)[同27]、吕冰洋等（2009）[同29]。归纳起来（见表1.1），对中国的经济增长效率和生产率的影响因素主要包括内部因素和外部因素两个大的方面。第一个方面内部经济因素包括：①资本形成、②人力资本、③结构变动、④政府力量、⑤市场化水平、⑥研发投入（R&D）等；第二个方面外部经济因素包括：①外商直接投资（FDI)、②外贸依存度，即进出口总额占各省GDP的比重。何枫和陈荣（2004）研究发现对外开放对中国经济的效率增长有着显著的影响，其中实际外商直接投资相关规模增长1%，技术效率水平相应增长4.3%，而贸易依存度上升1个百分点，可以促进技术效率增长0.22%[38]。何元庆（2007）研究发现进口对生产效率有负向影响，外商直接投资的影响不显著，而人力资本和出口对效率的提高有正向作用[39]。

已有的对我国地区间全要素生产率研究文献无论是估算方法上，还是分析框架上都取得了较大进展，对理论发展和经济实践产生了战略指导作用和深远意义。但是，与此同时，我们发现，大多数新近研究集中关注对省际区域的生产要素投入差异和全要素生产率差距分析，没有深入城市经济增长差异研究层面，没有对中国城市经济全要素生产率进行估算，较少考虑从城市视角考察全要素生产率在城市经济增长中的贡献、作用机理和影响因素，也没有从地区间城市经济增长中全要素生产率的贡献份额视角考察其在区域经济差距的作用和影响，忽略了城市经济增长在区域经济增长中的集聚辐射效应和特殊重要地位。事实上我国各省区的资源禀赋和政策禀赋差异较大，这种差异可以解释省区之间的发展差距，但可能掩盖改革开放以后的政策效应和市场化效果。而城市的禀赋差异要弱于省区，能够更好地刻画和解释区域差异及其来源[40]。

如果仅仅依据省级数据来讨论地区全要素生产率很可能带来研究结果的偏差。30 年改革开放过程是一个市场化、工业化和城市化并进的过程，这一经验事实决不能忽略。改革开放后的“城市倾向”[41]政策和经济发展战略导致了市场化、工业化和城市化“三化”的客观经济状态，发生了区域产业集聚和经济资源城市集聚，形成的经济增长极打破了省级行政区划的界限，经济增长极呈现出中心城市为核心、中小城市为节点的区域经济发展网状结构，这使基于城市经济体的全要素生产率研究可能要比基于省区的研究更加贴近经济现实，具有重要的战略意义。此外，这些研究较少考虑产业集聚因素对全要素生产率的影响，对于产业集聚引致的共有集聚经济与共有集聚不经济、产业集聚引致的城市化经济与城市化不经济对区域经济增长和城市经济增长及其全要素生产率的影响没有考虑在分析框架内。

表 1.1　近期对中国全要素生产率增长影响因素的研究

研究人	样本区间	解释变量	被解释变量
Woo (1998)[42]	1985—1993 年	农业剩余劳动力向工业和服务业部门的再配置	TFP 增长
颜鹏飞、王兵 (2004)[同21]	1978—2001 年	人力资本、制度因素	TFP 增长 效率提高 技术进步
Ao、Fulginiti (2005)[43]	1978—1998 年	劳动力利用引致的创新	技术变化 TFP 增长
黄先海、石东楠 (2005)[44]	1981—2000 年	贸易渠道溢出的国外 R&D 资本存量	TFP 增长
华萍 (2005)[45]	1993—2001 年	大学教育	效率改善 技术进步
李胜文、李大胜 (2006)[46]	1990—1998 年	人力资本、R&D 投入	TFP 增长
彭国华 (2007)[47]	1982—2004 年	接受过高等教育的人力资本	TFP 增长
吕冰洋等 (2009)[27]	1998—2005 年	人力资本、政府力量方面、市场化水平方面	TFP 增长

续表

研究人	样本区间	解释变量	被解释变量
王小鲁等（2009）[29]	1952—2007 年	资本形成、劳动力与人力资本、外贸、城市化、市场化改革、科技研发和创新、基础设施、外资政府行政管理成本、最终消费	TFP 增长
魏下海（2009）[48]	1981—2006 年	贸易开放、人力资本	TFP 增长

2. 行业全要素生产率估算理论和文献

近期对中国行业全要素生产率估算的代表性研究有陈勇和唐朱昌（2006）、涂正革和肖耿（2005、2006、2008）、戴平生和陈建宝（2008）、刘忠生和李东（2008）、李胜文和李大胜（2008）、严兵（2008）等。已有对行业的全要素生产率研究可主要归纳为以下三个方面：

（1）从微观企业层面的工业全要素生产率的代表性研究有：姚洋和章奇（2001）利用工业普查数据对影响企业技术效率的因素进行了分析，他们发现，非国有企业比国有企业的技术效率高，大企业比中小企业的效率高，公共研究机构的 R&D 支出对企业效率有负向影响，但企业本身的 R&D 支出效应恰恰相反[49]。郑京海、刘小玄和 Arne Bigsten（2002）研究分析，中国国有企业的技术效率普遍偏低，国有企业生产率的增长主要依靠对新技术的投资，即技术进步，而不是依靠技术效率的提高。浮动工资和教育对提高技术效率有显著的积极影响[50]。王德文等（2004）使用辽宁省 560 家工业企业 1999 年至 2001 年的调查数据为样本，使用柯布－道格拉斯生产函数测算企业全要素生产率，发现轻工业部门和劳动密集型产业的较快增长，提高了中国工业总体效率[51]。

（2）从工业细分行业层面着手分析工业全要素生产率的有，如涂正革与肖耿（2005、2006、2008）采用生产率指数增长核算法、随机前沿模型和非参数前沿模型对 1995 年至 2002 年大中型工业企业数据研究了中国 37 个工业行业生产率增长及对其成分展开研究，发现世纪之交全要素生产率增长逐渐成为大中型工业迅猛增长的主要源泉，技术进步已经成为生产率增长的最重要动力，而技术效率却在恶化，企业技术效率差距也在扩大，已经严重阻碍了生产率增长，配置效率和规模效率对生产率增长几乎没有贡献[52—54]；郑京海等（2005）利用非参数的数据包络分析方法（DEA），研究了1980年至1994年机械、纺织、轻工业和重工业全要素生产率，发现除纺织业外其余部门的生产率都在不断增长[55]。原鹏飞、何枫（2005）使用同样的分析方法分析了1996年至2003年间，我国制造业各个行业全要素生产率的水平及变迁情况，发现我国制造业全要素生产率水平正在逐步提高[56]。朱钟棣、李小平（2005）利用柯布－道格拉斯生产函数对中国制造业分行业的全要素生产率进行了估算，发现制造业行业的全要素生产率变动经历了缓慢增长、下降、快速增长三个阶段[57]。沈能（2006）研究发现中国制造业全要素生产率的增长主要源自技术进步水平提高，效率变化对TFP增长有负面影响[58]。李胜文和李大胜（2008）运用随机前沿生产函数测算了1985年至2005年中国34个工业行业的生产率，结果显示工业全要素生产率增长出现先慢后快，然后停滞再缓慢回升的态势，而资本密集型制造业的生产率增长低于劳动密集型制造业和采掘业[59]。严兵（2008）运用随机前沿生产函数研究了1999年至2006年制造业内外资企业全要素生产率和技术效率的动态变化特征。前沿技术进步对内外资企业生产率增长的贡献平均约为80%和90%，内外资企业全要素生产率均不断提高，由于内资企业增速更快，二者之间的差距开始缩小。前沿技术进步已成为制造业全要素生产率增长的核心动力[60]。宫俊涛、孙林岩、李刚（2008）基于非参数的Malmquist指数方法的研究发现，中国制造业全要素生产率在1988年至1990年和1994年至1997年两个时间段出现了负增长，1987年至2002年全要素生产率总体上没有增长[61]。韩晶（2010）使用随机前沿生产函数方法对中国高技术产业创新效率进行了实证分析。研究发现企业数量对于创新效率有不显著的负向影响，而产业内三资企业总资产、产业利润对于创新效率有着明显的正向影响。为此，提高中国高技术产业创新效率需要进行制度创新，充分发挥科研人员创造性；提高产业集中度，组建大型产业集团，为产业创新提供足够的资金支持；适当提高产业开放度，促进中资企业获得技术溢出[62]。夏良科（2010）运用DEA方法估计了2000年至2007年大中型工业企业的行业全要素生产率，发现行业自身R&D及溢出和人力资本是促进TFP增长的重要决定因素[63]。

（3）从工业部门的角度来研究工业全要素生产率增长。谢千里等

（2001）使用柯布－道格拉斯生产函数测算了1980年至1996年工业全要素生产率，研究发现，中国工业的全要素生产率在1984年至1988年达到了最高点，平均每年增长率达到了4.7%，而1988年至1992年期间回落到20世纪80年代初的水平，1992年以后全要素生产率增长出现了停滞，在1993年至1996年期间甚至出现了负增长[64]。张海洋（2005）研究发现在控制了自主R&D的情况下，外资活动对工业部门生产率之间并没有显著影响关系[65]。陈勇、唐朱昌（2006）用DEA法计算中国1985年至2003年工业行业的技术进步（TFP）及其分解项技术变化与技术效率，发现工业行业在1990年至1993年和1999年至2003年有明显的技术进步，两个期间的技术进步、分别归因于技术效率和技术变化；国企比例高、垄断程度高的行业在技术进步快，但技术效率在退化；而竞争性强的行业技术效率改善明显，但技术进步慢[66]。王争、郑京海和史晋川（2006）认为国有企业改革的制度性冲击促成了中国工业规模效率的提高，却导致了要素配置效率的短期下降，同时劳动力教育水平和非国有经济比重的提高，则有利于促进工业技术进步、改善配置效率[67]。Jefferson等（2008）通过索洛余值法测算了我国1998年至2005年规模以上工业企业的全要素生产率，认为技术和效率已经在我国工业部门内得到很好的传播和扩散，企业的进入和退出促进了中国工业全要素生产率增长并加快了内陆省份生产率对沿海地区的追赶[68]；戴平生、陈建宝（2008）测算了1998年至2006年省域工业的Malmquist指数及其成分，表明技术进步是全要素生产率提高的根本原因[69]。刘忠生、李东（2009）研究1999年至2007年中国内外资工业部门的效率差异，发现外资工业全要素生产率高于内资工业[70]。朱英明（2009）采用参数估计方法测算制造业TFP，并把TFP增长分解为可变规模经济增长和技术变化率，1999年至2006年全国制造业TFP年均增长率为5.29%，规模经济年均增长率为2.94%，技术变化率为2.35%，并分析了产业集聚对中国区域制造业部门全要素生产率增长及其组成部分的影响[71]。

3. 对上述研究的述评

从以上对区域和行业的生产效率研究文献回顾中不难看出，已有成果存在两个方面的局限性有待改进。

（1）研究视角方面需要拓展，更加符合现阶段我国经济增长的现实特点第一，对全要素生产率的研究视角十分单一，多数研究都局限于区域层面的、城市层面的、产业层面的单一层面研究，很少有研究把不同层面的全要素生产率进行整合，分析其内在的逻辑关系。关于城市全要素生产率及地区间差异的研究较少。

第二，无论是区域层面的、城市层面的，还是产业层面的全要素生产效率研究，缺乏对研究对象所处经济环境的考量，缺乏对研究对象与本体外部经济联系的考虑。

第三，以往研究中均未考虑集聚因素对中国区域和行业全要素生产率的影响，都没有考虑环境污染对各个层面的全要素生产率的影响。没有把我国目前区域经济发展过程中的土地、生态和自然环境的压力因素纳入城市经济增长和城市全要素生产率的分析框架中。在投入方面，仅仅关注资本、劳动力等传统的经济增长投入要素，忽略了土地、生态和自然环境等投入经济增长中的机会成本；在产出方面，这些研究文献在估算全要素生产率时都使用地区生产总值或者行业产值、增加值等纯经济指标作为产出。而这只是经济指标，不包含其他社会指标信息。为了这个经济指标，我们付出的绿色代价并没有被核算进来。只是单纯考虑经济增长总量的大小及增长速度，忽略了经济增长的非合意产出，如废水、废气、固体废物等污染物的排放，这种研究视角下估算出的全要素生产率是忽视可持续发展的。

（2）区域和行业全要素生产率研究中，忽略了产业集聚因素对 TFP 的影响

以上多数研究，除了朱英明（2009）[同71]以外，没有考虑产业集聚，尤其是城市化进程中产业向城市集聚和跨区域的产业集聚因素对工业全要素生产率和技术效率的影响。也就是说把工业化、城市化和市场化割裂开了，不考虑产业所在客观经济环境的变化，把工业放置在不变的真空环境下讨论其技术进步、技术效率变化及影响因素，所以这种研究范式的局限性是显而易见的。朱英明（2009）对集聚经济和集聚不经济对制造业全要素生产率的影响做了较为细致的分析。然而，朱英明（2009）的研究是基于区域层面的视角，没有把城市化集聚经济和产业集聚经济的内在联系及其共同对城市全要素生产率的影响纳入其分析框架，这也是本书的第七章制造业集聚对城市绿色全要素生产率的影响分析、第八章服务业集聚

对城市绿色全要素生产率的影响分析探索研究的主要内容。此外，朱英明（2009）没有把集聚经济的外部性效应做出细致划分，仅考虑了集聚经济的正外部性效应——技术和知识溢出，没有分析集聚经济负外部性对制造业全要素生产率的消极影响。对于这一点，本书的第三章估算剔除集聚经济负外部性效应——环境污染影响的城市全要素生产率已经做出了拓展分析，使本书的分析框架更为完善，尽可能把研究对象的现实经济环境纳入研究视野。

二 城市全要素生产率估算理论和文献

城市作为类似于区域经济的经济活动集中地，其经济增长同样依靠资本要素、劳动要素和全要素生产率的支撑。已有的对中国城市全要素生产率估算的代表性研究有金相郁（2006）、俞立平等（2006）、姚先国等（2007）、高春亮（2007）、李培（2007）、柯善咨等（2008）、邵军等（2010）等。

1. 对中国主要城市全要素生产率估算的研究回顾

金相郁（2006）利用 Malmquist 生产率指数分析中国 41 个主要城市在 1990 年至 2003 年期间城市全要素生产率的动态变化发现：尽管有些城市的全要素生产率有所提高，但是其规模效率是下降的，城市的生产效率没有达到最佳规模状态，认为城市必须依靠技术进步提高全要素生产率，而不是技术利用效率以及规模效率，城市规模增长和城市全要素生产率之间具有负相关关系[72]。

俞立平、周署东、王艾敏（2006）运用数据包络分析法对中国省会城市及计划单列城市的经济效率进行研究，发现城市的纯技术效率、规模效率与城市所处的地理位置无关。城市规模效率与城市人口呈正相关关系，增加城市规模能够提高城市效率。这一点恰恰与金相郁（2006）得出的城市规模增长和城市全要素生产率之间具有负相关关系的结论相反。俞立平等（2006）指出中国近年来技术进步和技术效率呈轻微下降趋势，城市规模效率呈低速增长。技术进步和全要素生产率较高的城市以东部地区城市为主。在城市经济发展过程中应注意优化资源配置，加快技术进步[73]。

李郇、徐现祥（2006）针对我国地级城市经济增长出现的巨大差异，从全要素生产率的视角，采用 Hall 和 Jone（1999）基于水平增长的人均产出分解，对我国 188 个地级城市 2000 年的全要素生产率进行计算，发现全要素生产率较好地解释了我国地级城市人均产出的差异，相关系数达 0.839；然后从我国城市的技术进步主要来自于城市的模仿与学习机会的角度，分析了地级城市全要素生产率差异的原因，提出通过加大吸引外商直接投资力度，发挥城市集聚规模效益，建设学习型城市，促进城市经济的持续增长的建议[74]。

高春亮（2007）利用包络技术估算我国 1998 年至 2003 年 216 个城市的 Malmquist 生产力指数和规模报酬状态，对扩张时期城市生产效率进行实证研究，发现我国城市全要素生产率显著改善，城市总体在良性轨迹上发展，但是部分大城市缺乏规模效率，投入—产出比例失衡，而部分中小城市技术效率不足，要素使用效率低下，主张合理化要素配置和提高要素使用效率才是我国城市未来发展的关键[75]。

李培（2007）使用数据包络分析法测度了中国 216 个城市的全要素生产率，并进行地区间差异比较[76]，但是没有将全要素生产率纳入李文的经济增长影响因素模型中研究，更没有探讨城市全要素生产率与经济集聚效应的关系。

柯善咨、姚德龙（2008）考虑了集聚经济的微观机制、工业集聚和城市生产率的内生性、邻近城市间的外部性构建了空间计量联立方程，并利用 2005 年数据对地级及以上城市的工业集聚和劳动生产率进行了截面分析。研究表明我国工业的相对集聚和劳动生产率互为因果、互相强化，工业集聚和生产率在相邻城市间有明显的空间黏滞性和连续性。这一点与俞立平等（2006）[同73]得出的城市纯技术效率、规模效率与城市所处的地理位置无关结论相左。柯善咨等（2008）指出我国城市就业的空间密度过高，其拥挤效应导致生产率降低[77]。

刘秉镰、李清彬（2009）使用 Malmquist 指数方法分析了 1990 年至 2006 年中国 196 个城市的全要素生产率，发现此期间城市全要素生产率增加 2.8%，并在此期间出现明显上升趋势，不过中国城市经济增长还处于投入增长阶段，整体效率较低[78]。但是俞立平等（2006）研究指出中国城市 2001 年至 2004 年技术进步和技术效率总体上是呈缓慢下降趋势的，城市规模效率呈低速增长。技术进步和全要素生产率较高的城市以东部地区城市为主，在城市经济发展过程中应注意优化资源配置，重点是加快技术进步[同73]。

邵军、徐康宁（2010）基于 Malmquist 指数分析法测度了我国城市生产效率增长、效率改进和技术进步。研究发现 20 世纪 90 年代末期以来，我国城市生产率的增长率持续下降，并连续多年呈现负值是由技术水平下降导致的，但城市效率水平同期却有了较为明显的改进。地级市的平均 Malmquist 指数及效率改进指数，要高于省会及副省级以上城市，在一定程度上出现了向后者的趋同；西部城市的生产率增长与东部城市存在较大差异，生产率水平的差距有扩大的趋势[79]。

2. 对中国部分地区的城市全要素生产率估算研究回顾

对地区城市和省内城市全要素生产率的代表性研究有：

姚先国、薛强军、黄先海（2007）运用数据包络分析法测度了 1999 年至 2005 年间长江三角洲 15 个城市国民经济的技术效率水平和技术创新水平及其对 GDP 增长的贡献率，并研究了 2005 年各城市在产出不变的情况下达到最佳经济效率所需要调整的资本和劳动力的投入数量。本书认为提高产业技术效率，优化投入要素的组合比例，加快技术引进和技术追赶步伐是推进长三角地区 GDP 增长的有效途径[80]。

孙秀丽、张金禄、田卫厚（2007）运用数据包络分析模型对 2004 年山东省 17 个城市的经济发展的相对有效性进行比较分析发现，山东省整体上在城市发展方面的投入产出方面还比较均衡，有 11 个城市属于 DEA 有效（济南市、淄博市、枣庄市、东营市、济宁市、泰安市、威海市、日照市、莱芜市、临沂市、菏泽市），处于 DEA 有效的 11 个城市均处于规模收益不变的阶段，都是规模有效的，其投入产出比均已经达到最优。在非 DEA 有效的 6 个城市中，处于规模递增阶段的有青岛市、烟台市、潍坊市、德州市，这些城市具有较强的经济发展潜力。处于规模收益递减的只有聊城市、滨州市[81]。

余敦、付永琦（2007）采用 2001 年和 2002 年数据对江西省 11 个地级市效率进行打分，发现江西省城市效率得分悬殊，区域差异很大。南昌市在所有城市中平均得分最高（93.32），而宜春市得分则最低（59.71），最高得分是最低得分的1.6倍。按效率值分为四类城市：第一类为只有南昌市；第二类包括九江、萍乡、景德镇；第三类包括赣州、新余；第四类包括抚州、上饶、鹰潭、吉安、宜春[82]。

高炜宇（2008）采用Malmquist效率指数分析方法，选取了上海、北京、广州、深圳、天津、重庆、杭州、青岛、南京、成都、武汉、大连、沈阳、济南、哈尔滨，对国内大城市生产效率进行了研究，发现在国内大城市生产效率普遍提高的过程中，东北和中西部地区大城市生产效率正在加快提升，同时国内大城市的发展路径和发展阶段已呈现多样性[83]。

3. 对上述研究的述评

从以上研究文献回顾中不难看出，一些已有成果不仅估算和分析了中国城市全要素生产率的动态变化及区域差异特点，还对城市生产率进行分解，探讨推动生产率发展的积极因素及阻力。然而，一方面，对中国城市全要素生产率的变化趋势、技术进步率和技术效率的变化方向的研究，不同文献的研究结论不尽相同；另一方面，没有考虑城市经济总量增长所付出的土地、生态和环境代价，这显然忽略了近年来存在和不断发展的我国城市经济增长与土地、生态、环境之间的诸多矛盾。概括已有成果存在三个方面的局限性有待改进。

（1）多数研究以静止的、孤立的眼光分析城市全要素生产率的研究范式需要改进。具体总结为四点：

第一，没有考虑到中国城市面临的特殊历史环境，把城市全要素生产率放在孤立的、不变的“真空环境”中来研究，尤其是忽视了我国城市经济发展所面临的动态变化的外部环境，包括城市化、集聚经济等城市外部环境因素对城市全要素生产率的影响、给城市可持续发展带来的影响。

第二，没有细分集聚经济的正外部性效应给城市经济增长带来的资源优势及发展机遇，对城市提高生产效率的作用机制，即如何最大限度利用集聚经济的正外部性效应来提高城市全要素生产率问题较少得到学者关注。

第三，没有度量和剔除集聚经济的负外部，如环境污染，人才拥挤对城市全要素生产率提高的负面影响。因而不是从城市经济增长和可持续发展的现实问题出发来研究城市全要素生产率的。这要求在研究城市经济增长质量的研究中，必须把城市环境压力纳入分析框架。如果忽略环境污染成本对城市经济效率的影响，我们依据传统的估计方法可能得出与事实相悖的结论，例如从全要素生产率角度测度的某城市全要素生产率较高，但环境污染严重；然而一些城市传统的全要素生产率水平不高，但环境污染控制较好。所以说，忽略环境污染代价的全要素生产率研究是不全面的，不能正确地衡量城市经济体经济可持续发展和环境可持续发展水平。所以，要从动态的、发展的视角看待中国城市的可持续发展——全要素生产率的提高。

第四，对城市群内部、城市群之间、区域内部的城市群之间、区域之间的全要素生产率等不同层面的空间分布特征和收敛性检验问题分析的不够详细、不够深入，造成诸多分析结果只是简单地停留在所谓东中西的全要素生产率差距变大或变小宏观层面，而对地区内部、城市群内部的城市全要素生产率差距问题却是“雾里看花”。

（2）对全要素生产率估算方法的选用方面值得商榷。

第一，估算全要素生产率的方法使用较为单一。多数研究采用数据包络分析方法（表1.2），却不能给出估计结果的统计显著性水平。考虑到城市经济增长中的不确定性、要素价格数据缺乏和统计观测误差，一些基于索洛余值法和数据包络分析法等非参数方法的全要素生产率测算可能存在偏差[84—86]。

表1.2　　国内应用DEA方法研究城市生产效率的代表性文献

研究人	研究方法	观测单位	样本区间
李郇等（2006）	Malmquist效率指数	国内202个地级及以上城市	1990—2000年
樊华（2005）	改进的DEA模型	国内长江三角洲15城市	2003年
金相郁（2006）	Malmquist效率指数	国内41个城市	1990—2003年
俞立平等（2006）	数据包络分析法（DEA）	国内省会城市及计划单列城市	2001—2004年
姚先国等（2007）	数据包络分析法（DEA）	国内长江三角洲15个城市	1999—2005年

续表

研究人	研究方法	观测单位	样本区间
李培（2007）	数据包络分析法（DEA）	国内216个城市	1990—2004年
高春亮（2007）	Malmquist效率指数	国内216个城市	1998—2003年
孙秀丽等（2007）	数据包络分析法（DEA）	山东省17个城市	2004年
余敦等（2007）	数据包络分析法（DEA）	江西省11个城市	2001—2002年
高炜宇（2008）	Malmquist效率指数	国内20个城市	2000—2006年
刘秉镰（2009）	Malmquist效率指数	196个地级以上城市	1990—2006年
邵军等（2010）	Malmquist效率指数	191个地级以上城市	1999—2006年

说明：论文作者收集整理所得。

第二，采用数据包络分析法等非参数方法的经验研究中变量选取理论依据不足，随意性较大。有的研究使用数据包络分析法时，反而没有采用多投入和多产出指标，从而没有发挥数据包络分析法的突出优势。

第三，未考虑城市全要素生产率的影响因素。有的研究假定技术效率改进只是一种趋势变化，不能体现禀赋和体制因素的作用，这与发达国家的稳定增长比较相符，并不适合于受体制和区域政策影响较大的我国城市经济增长。随机前沿生产函数方法①的突出优点是能够在测算全要素生产

① 详见：[1] Battese, E. and Coelli, T., 1995, "A Model of Technical Inefficiency Effects inStochastic Frontier Production for Panel Data", *Empirical Economics*, Vol.20, pp. 325—332. [2] Kumbhakar, S., 2000, "Estimation and Decomposition of Productivity Change When Production Is Not Efficient: A Panel Data Approach", *Econometric Reviews*, Vol.19 (4), pp. 425—460. [3] Kumbhakar, S. and Lovell, C., 2000, Stochastic Frontier Analysis, New York: Cambridge University Press. [4] Stevens, P. A., 2004, "Accounting for Background Variables in Stochastic Frontier Analysis", *NIESR Discussion Paper*, No. 239.

率的过程中，考察城市全要素生产率的影响因素，可以消除早期生产率估算研究中“两阶段”假设矛盾，为考察全要素生产率在城市经济增长中的作用提供了有效的研究方法。所以本文采用随机前沿生产函数估算中国城市全要素生产率。

（3）对城市全要素生产率提高的影响因素考察，必须兼顾城市内部结构因素和外部环境因素两个方面的良性互动。

以往对区域全要素生产率提高的影响因素研究主要包括人力资本、中央政府和地方政府政策、对外开放水平等方面，而考察城市全要素生产率的影响因素不能照搬区域层面的研究思路，因为城市是区域经济的集结点和增长极，城市经济被所在的区域经济大环境包围着，是在吸入、集聚区域资源和辐射、回流城市资源的循环中发展。所以，考察城市全要素生产率提高的影响因素时，必须既要考虑城市内部结构因素的影响，又要把外部环境因素纳入分析框架。只有把内外两个方面及其良性互动都放在同一个研究中，这样的城市全要素生产率影响因素考察才是符合区域经济学基本理论和客观经济现实的，从中得出的结论才是稳健的、可信的、对现实经济发展有一些启示的。

近期有的研究已经开始关注环境因素对区域经济全要素生产率增长的影响，得出了很有价值的研究结论，我们将在第三节中给予回顾和评价。

三　考虑环境因素的全要素生产率理论和研究文献综述

经济增长与环境质量之间存在紧密关系。现有对环境问题的研究，大多数集中在环境污染与经济增长之间关系的研究。彭水军和包群（2006）对经济增长与环境污染的分析表明：一方面经济增长是影响我国污染排放的重要原因；另一方面环境污染对经济增长也存在反向作用[87]。于峰等（2006）则对经济发展对环境的影响进行了分析，发现经济增长是我国环境污染的最主要原因，绝大多数的环境污染来自经济规模的扩大，而生产率提高、环保技术创新与推广则降低了我国环境污染[88]。此外，张卫东和汪海（2007）分析了环境政策对经济增长与环境污染之间关系的影响，事后治理为主环境政策的实施方式，并没有明显改善经济增长加剧环境污染以及环境污染抑制经济增长的总体关系[89]。卢宁、李国平（2010）在分析环境污染与经济增长的关系时，不仅从经济总量与污染排放物的数量关系分析入手，还把我国的地区工业化水平和城市化水平对环境质量的结构效应考虑进来，研究发现，我国的多数地区仍然处于工业化水平、城市化水平和环境污染物排放量同步增长的发展阶段[90—91]。因此，无论从经济增长总量上看，还是从经济结构变化上看，环境问题现在已经成为研究区域或者城市经济体的经济增长特点不容忽视的重要因素。

如前所述，多数研究全要素生产率的文献没有考虑到环境污染对经济增长所带来的负面影响。然而，在现实情况下，无论是对于一个企业，还是对于一个行业，某个区域或者城市，在实现“好”产出增长的同时，往往伴随着“坏”产出的增长，如废气、污水、废弃物等大量的排放，这些将直接影响到环境质量下降。而环境污染并不是毫无代价的，它已经影响到中国经济的可持续发展，也给经济增长质量的提高带来较大的压力和负担，因此，在考察区域或者城市经济增长效率时有必要将环境因素纳入进来。随着全球污染问题的日益突出，已有一些国内外学者认为可以把环境污染看作是一种特殊的“非合意”产出，因而开始尝试将环境因素纳入全要素生产率测算框架。特别的是，采用考虑“非合意”产出的Malmquist－Luenberger生产率指数（简称ML生产率指数）方法进行全要素生产率测算的研究逐渐增多，其中的多数研究是针对区域全要素生产率测算和行业全要素生产率测算。本节首先对区域层面考虑环境因素的全要素生产率研究进展进行述评，接下来对行业层面考虑环境因素的全要素生产率研究进展进行述评。

1. 区域层面的考虑环境因素的全要素生产率相关文献综述

区域层面考虑环境因素的全要素生产率研究较多采用考虑“非合意”产出的ML生产率指数估算。代表性研究文献有：Fare等（2006、2007）将环境约束因素融入非参数生产前沿模型研究环境管制的机会成本[92—93]。Jeon和Sickles（2004）利用1980年至1990年OECD和亚洲国家数据分别测算ML生产率指数和Malmquist生产率指数时发现，OECD国家过去10年的ML生产率指数有显著增长，而亚洲国家则是负增长（日本除外）。把环境因素纳入分析框架后，环境因素对OECD国家生产率增长影响不大，但是对亚洲国家生产率增长的影响明显为负[94]。Yoruk和Zaim

(2005) 分别运用 ML 指数和 Malmquist 指数实证分析 1983 年至 1998 年间 OECD 国家全要素生产率情况，发现整体上 ML 生产率指数要高于 Malmquist 生产率指数[95]。Kumar (2006) 运用 ML 和 Malmquist 生产率指数分别考察 41 个发达国家和发展中国家全要素生产率时，发现两者存在显著差距[96]。

然而，还有一些研究发现，考虑环境污染这一“非合意”产出的全要素生产率增长一般低于不考虑“非合意”产出的全要素生产率的增长速度。王兵、吴延瑞、颜鹏飞 (2008) 把二氧化碳 (CO_2) 作为“非合意”产出，运用方向性环境距离函数和 ML 指数测算 17 个 APEC 国家和地区全要素生产率发现，考虑环境因素后，APEC 国家和地区的全要素生产率增长水平提高，技术进步是全要素生产率增长的主要源泉，这说明考虑环境管制（即污染排放受到限制）这个因素后，APEC 国家地区全要素生产率较传统全要素生产率有较大的提高，环境管制对实际产生显著影响[97]。胡鞍钢等 (2008) 在考虑环境因素后对 1999 年至 2005 年中国 28 个省市地区的技术效率进行了排名，发现考虑污染排放因素与不考虑污染排放所得出的技术效率排名差距明显[98]。杨龙、胡晓珍 (2010) 把各地区综合环境污染指数引入 DEA 模型，测度了 1996 年至 2007 年间我国 29 个省区市的绿色经济效率发现，整体上我国绿色经济效率呈波动型上升趋势，但仍有较大提升空间；上海、天津、北京、福建、广东等省市在考虑环境污染因素后，经济效率显著下降；由东部、西部、中部依次递减，指出我国经济增长付出了较大的环境代价[99]。吴军、笪凤媛、张建华 (2010) 将环境因素纳入 TFP 测算框架，利用 ML 指数测算并比较分析了 2000 年以来我国三大区域在是否考虑环境因素两种情形下的 TFP、生产效率与技术进步指数。结果发现：在控制 SO_2 和 COD 排放时，全国 TFP 增长率不足传统 TFP 增长率的 1/3，TFP 增长均完全源于前沿技术进步[100]。

2. 行业层面的考虑环境因素的全要素生产率相关文献综述

多数研究是工业全要素生产率研究。Chung 等 (1997) 在测度瑞典纸浆厂生产率时创新性地提出了 ML 生产率指数，该指数综合考虑了产出增加和污染减少，将全要素生产率和环境污染很好地纳入了统一的分析框架，并且可以通过方向性距离函数任意设定产出增加、污染减少的方向，还可以将全要素生产率增长分解为效率变化和技术进步两部分，这对于解释不同经济体的增长模式差异具有重要意义[101]。Fare 等（2001）运用 ML 指数测算了 1974 年至 1986 年美国制造业全要素生产率，发现考虑环境的生产率年均增长 3.6%，忽略环境因素的生产率增长为 1.7%，显然考虑环境的生产率增长比忽略环境因素的生产率增长速度快[102]。Hailu 和 Veeman（2001）在研究加拿大造纸行业生产率时将污染治理费用作为一种投入，该方法已认识到污染排放对生产率产生的负面影响，但很难区分资源投入中哪些用于污染治理，哪些用于生产活动[103]。Seiford 和 Zhu（2002）在多产出 DEA 模型基础上，通过数据变换将污染转化成投入的递增函数形式，从而当作另一种产出来处理，然而此方法对“产出增加、污染减少”的路径设定缺乏灵活性[104]。柯孔林、冯宗宪（2008）在运用 ML 指数研究中国银行全要素生产率时，将不良贷款作为“非合意”产出，发现如果不考虑不良贷款，则会高估中国银行业生产率增长[105]。杨俊、邵汉（2009）引入考虑了“非合意”产出的 ML 生产率指数，测算了 1998 年至 2007 年地区工业考虑了环境因素情况下的全要素生产率增长及其分解发现，忽略环境因素会高估我国工业全要素生产率增长，技术进步是生产率增长的主要来源；而且从各地区特点上看，西部地区工业化过程中存在较严重的资源浪费与生态环境破坏，东部地区有力地促进了我国工业向“又好又快”方向发展[106]。吴军（2009）通过 ML 指数将环境因素纳入全要素生产率分析框架，测算分析了环境约束下中国 1998 年至 2007 年地区工业全要素生产率增长及其成分。测算结果显示，环境约束下西部地区工业全要素生产率增长最快且波动幅度较大，中部地区增长最慢且较为平稳，东部地区则均介于二者之间；各地区工业全要素生产率增长均主要源自技术进步；东部地区是推动环境技术创新的主要地区[107]。涂正革（2008）采用方向性环境距离函数方法评价中国规模以上工业企业环境污染、资源消耗与工业增长的协调性，并分析了环境工业协调性的影响因素[108]。陈诗一（2009）把能源和环境维度引入可持续发展分析，利用超越对数分行业生产函数估算了中国工业 38 个两位数行业的全要素生产率变化并进行绿色增长核算。研究发现，改革开放以来中国工业总体上已经实现了以技术驱动为特征的集约型增长方式转变，能源和资本是技术进步以外主要驱动中国工业增长的源泉，劳动和排放增长贡献较低甚至为负。一些能耗和排放高的行业仍然表现为粗放型增长。实现中国工业完全可持续发展必须依靠进一步提高节能减排技术[109]。涂正革、肖耿(2009）使用方向性环境生产函数模型估算了中国工业环境全要素生产率，界定环境因素约束的工业增长模式类型，衡量了环境、产业环境结构变化对工业增长的净效应。研究发现，环境全要素生产率已成为中国工业高速增长、污染减少的核心动力；环境管制对中国工业增长尚未起到实质性抑制作用；产业环境结构优化对经济增长、污染减少的贡献日益增大，逐步成为中国工业增长模式转变的中坚力量[110]。岳书敬、刘富华(2009）从绿色GDP视角、考虑环境因素前提下，使用三种不同的模型：普通DEA模型、考虑“坏”产出的DEA模型和方向性距离函数模型探讨中国工业行业的增长效率及其影响因素，研究发现中国工业行业增长的综合效率较低，其改善还存在较大空间；不同行业间经济增长效率的差距较大，其中通信设备计算机及电子设备制造业、仪器仪表及文化办公用机械制造业的综合效率提高较快，近些年来已处于完全有效的前沿生产面上；市场化水平、外商直接投资、自主研发都对工业增长的综合效率起到了积极作用；而市场竞争、引进技术经费和技术改造没有达到应有的效果，反而对综合效率的提高起了负面影响[111]。

3. 对上述研究的述评

随着对环境质量问题的关注增多，对经济增长和环境污染问题的研究逐步深入，没有停留在经济增长总量与环境污染物排放总量之间的宏观关系上，可喜的是，已经深入到经济增长质量的层面，即考虑到全要素生产率与环境质量之间的关系，试图剔除环境污染物排放这个“非合意”产出的负面影响，估算绿色全要素生产率。这是近期考虑“非合意”产出的全要素生产率研究文献的进步之处，使学者们在研究全要素生产率的整体方向发生的更加贴近经济增长现实的重大转变。但是，以上研究也存在一些局限性需要拓展，总结为以下三个方面：

第一，研究方法单一。多数研究使用非参数方法的Malmquist - Luenberger指数测算全要素生产率，正如上文评论中所指，ML指数方法不能给出估计的显著性水平，未考虑随机因素给估计结果带来的影响，因而对其结果的可信度要打一个折扣。

第二，研究对象范围需要扩展。多数研究省区、行业尤其是工业，较少涉及城市环境分析。忽视城市人口密度大、产业集聚水平高、污染物排放相对集中等现实问题，使那些基于省区层面、产业层面考虑环境因素的全要素生产率估算结果和政策建议比较模糊，对解决城市污染的关键问题还有很大距离，缺乏针对性。

第三，研究问题的背景因素有待进一步深入。以上研究仅考虑了环境污染作为非合意产出对全要素生产率估算的影响，没有进一步考虑这种环境污染物排放量的增长与集聚经济的紧密关联，正是集聚经济的发生、发展导致了城市要素的集中，同时带来了环境污染这个负面影响。但是，我们还要深层次探寻集聚经济能够给城市带来的不仅是负面的环境影响，同时也带来了正面效应——技术和知识溢出。因此，从集聚经济环境下的城市可持续发展视角看，有必要在剔除环境污染这个集聚经济负效应的城市全要素生产率估算的基础上，考察集聚经济给城市带来的净的正效应。

四　集聚经济外部性效应理论和研究文献综述

城市的存在来源于城市范围内的递增报酬，即集聚经济（Rosenthal and Strange，2004）[112]。城市化是内生于经济增长中的，本质上是人口和经济活动在空间上的集聚过程。在马歇尔开始研究集聚经济的100多年以来，国内外学者长期集中关注导致集聚经济产生的原因和影响因素。关于不同类型城市集聚经济的来源和性质，国外文献中已有一些理论研究（Abdel - Rahman，1990；Abdel - Rahman and Fujita，1993；Fujita，Krugman and Mori，1999；Duranton and Puga，2001、2004）[113]，分别从静态和动态方面研究了城市系统中专业化城市与多样化城市存在的原因和演化，提出了包括运输成本、技术孵化器等形成城市专业化或多样化的解释，其本质上是在探讨推动城市集聚经济发生发展的关键因素是什么；在城市集聚经济的发展模式上，多样化与专业化哪个更有利于城市经济增长。在国内研究对导致集聚经济发生发展的诱因和影响因素研究中，对制造业集聚研究文献的数量较大，对代表性研究文献按照研究的侧重点划分，可以分为对产业聚集理论研究、对产业聚集度的测量研究和产业聚集的影响因素研究三部分。代表性的文献有：金煜、陈钊、陆铭（2006）使用新经济地理学的分析框架讨论了经济地理、新经济地理和经济政策三个因素对工业集聚的影响，并利用 1987 年至 2001 年省级面板数据研究了导致中国地区工业集聚的因素，为新经济地理学的理论提供了来自中国的证据。他们发现经济开放市场容量、城市化、基础设施的改善和政府作用的弱化有利于工业集聚，而经济开放又与地理和历史的因素有关，沿海地区具有工业集聚的地理优势，政策也是导致工业集聚的重要因素[114]。何雄浪、李国平（2007）从贸易成本的范围（不仅包括产品运输成本，而且也包括要素流动成本）入手，探讨专业化产业集聚所反映的专业化分工、空间成本与区域工业化关系，认为在推动我国区域经济一体化的进程中，对落后地区的技术支持必不可少，重视区域间产业发展的互动，否则我国区域经济一体化进程难以有效推进[115]。梁琦（2003）[116]、白重恩等（2004）[117]、罗勇和曹丽莉（2005）[118]分别利用空间基尼系数、Hoover 系数和 EG 系数对中国工业行业的聚集度进行了计算，路江涌和陶志刚（2006）按照 Ellison 和 Glaeser（1997）方法对数据的要求，计算了中国制造业的聚集度[119]。

关于产业聚集的影响因素研究代表性文献有：金煜等（2006）做了开创性的工作，他们构建了基于经济地理、新经济地理和经济政策的产业聚集分析框架，并运用省级面板数据进行了实证检验[同114]；白重恩等（2004）[同117]和王小鲁、樊纲（2004）[120]分别从地方保护主义和生产要素角度考察了它们对产业聚集的影响。杨洪焦等（2008）基于新古典经济学、经济地理学、新经济地理学以及制度因素，建立了产业聚集影响因素的分析框架，研究发现，1988—2005 年中国制造业聚集度的整体水平一直呈上升趋势，产业聚集现象明显，特别是自然资源依赖度高和技术含量高的行业；产业聚集度与交通运输条件、平均企业规模、地方保护主义以及经济开放度存在长期均衡关系，并且交通运输条件的改善、平均企业规模的扩大和地方保护主义的下降，都将有利于产业聚集[121]。刘军等（2008）研究了产业聚集在工业化进程及空间演化中的作用，发现产业聚集推动了工业在地区之间和城乡之间的形式不一的演化；证实了产业聚集正向影响着中国工业化进程，并进一步揭示了产业聚集对工业化进程作用的内在机理为产业聚集主要通过生产要素配置和增加产出两种功能影响工业化进程[122]。

然而，国内大量产业或区域领域的学者研究焦点仅仅在于产业集聚或空间布局演化本身及其原因上，对于产业布局演化和产业集聚会产生哪些影响的研究却并不多见。国内外学者较少研究集聚经济本身对经济和社会发展所产生的正外部性效应和负外部性效应。国内文献中对于城市集聚的研究更少，高鸿鹰、武康平（2007）对我国包括集聚效应的城市总量生产函数进行了实证研究[123]，谢燮和杨开忠（2003）研究了中国省会城市的多样化和专业化特征[124]。集聚是金融外部性与技术外部性共同作用的结果[125]。李金滟、宋德勇（2008）在新经济地理框架下对中国城市专业化和多样化如何促进城市集聚经济以及在经济集聚中的相对贡献进行了理论和实证研究发现，对资金外部性、技术外部性和交流外部性的细分和扩展可以解释不同类型城市集聚经济的来源，现阶段多样化更能促进经济集聚。梁琦、钱学锋（2007）指出从集聚力来源的研究看，有关金融外部性与集聚之间的理论和经验研究已经非常清晰和成熟，而有关技术外部性与集聚之间的内生互动的研究略显不足[同125]。这一点恰恰是本文对集聚经济环境下中国城市可持续发展问题研究的切入点。这一节首先对集聚经济的正外部性效应相关文献进行综述，接着回归集聚经济的负外部性效应相关文献，最后对已有研究给出评价。

1. 集聚经济正负外部性效应的相关文献综述

（1）集聚与外部性概念

产业集聚理论认为，同一产业内的企业由于正的外部性具有聚集在同一地理范围内的倾向。集聚经济来源于外部性，同时产生外部性效应。在完全竞争范式下，地区间存在自然禀赋差异导致经济活动空间集聚发生（Fujita and Mori，2005）。而在不完全竞争框架下，外部性是解决集聚力内生演化过程的重要概念。不能用自然禀赋来解释产业的集聚，就是所谓的外部性（梁琦、钱学锋，2007）。这种外部性包括金融外部性（pecuniary externality）和技术外部性（technology externality）。金融外部性是指通过价格机制降低企业成本的产业间前后向关联，传统型产业集聚力主要源自以前后向关联为典型的金融外部性，集聚经济主要表现在由上下游关联带来的成本节约；技术外部性是指基于技术外溢和扩散的关联。在高新技术园区，知识的黏性具有重要的作用，缄默知识的溢出是高新技术园区的特点。因此，其集聚力的来源首先是技术外部性。但就目前的情况来看，无论是传统型产业集聚还是高新技术园区建设，无论是市场引导还是政府规划，普遍存在的问题是，产业集聚中的知识创新不足。

由于本章着重研究集聚经济环境下的城市全要素生产率，而全要素生产率在很大程度上表示经济体的技术进步水平和技术效率，因而本节重点回顾集聚经济的技术外部性。必须充分重视集聚的外部性。我们应该同时考虑金融外部性、知识外溢与集聚，要纠正以往重视金融外部性却忽略技术外部性的误导。技术外部性强调基于技术交流和扩散的关联。技术外部性的原因有两种类型：第一种类型是专业化优势。专业化和垄断更有利于知识与技术的外溢，也被称为 MAR（Marshall，1890；Arrow，1962；Romer，1986）外部性；第二种类型是多样化优势，又称为城市化优势。多样性和竞争更有利于知识与技术的外溢，强调多样化的不同产业的集聚更容易带来创新所需要的思想火花与互补知识的交流，是推动城市经济增长和创新的重要因素，也被称为 Jacobs（1969）的外部性。MAR 外部性指的是在一个特定的空间某个行业的大量集中能促进该行业公司之间的技术和知识溢出。Jacobs 的外部性，则指的是行业间的具有差异化的公司之间以及那些能对新知识产生较大回报的经济单元之间的互补性技术和知识溢出。MAR 外部性强调专业化促进了创新和发明，在 MAR 的理论框架中，地方垄断比地方竞争更有利于知识和技术的溢出，因为产品创新的垄断利润激发创新动力；而 Jacobs 的外部性则认为差异性和多样化更有助于创新发明，竞争环境有利于激励公司不断创新以保持竞争力，因而竞争比垄断更有利于知识和技术的外在性（梁琦，2004）[126]。究竟哪种外部性是知识和技术溢出的更主要的原因，经验证据并没有给出确定性的答案。尽管存在关于技术外部性原因的两种不同看法，但实际上无论是遵循 MAR 外部性理论模型还是 Jacobs 的外部性理论，这些文献都强调技术扩散和知识外溢是外部经济的核心，是最根本的集聚力的论点。在企业高密度环境下，信息成本的降低使得集聚促进技术扩散和知识外溢[同126]。技术和知识的外溢将影响企业的区位决定。区位接近以寻找新知识的企业经常革新网络，通过它使新的技术和发明得以扩散。这一过程加速了技术进步率，结果将吸引更多寻求新技术的企业定位于能够提高生产率的新技术和发明的区域，而那里往往已经集中了大量的企业。因此，集聚经济与知识、技术溢出之间是相互作用、相互促进、相互强化的关系，同时这种互动关系的紧密程度受到距离的影响。

(2) 集聚的正外部性效应：知识和技术的溢出

"知识穿流肯定是跨走廊和跨街道比起跨海洋和跨大陆来得更容易"（Glaeser 等，1992）。所以企业总是倾向于在区位上接近以利用相邻企业的知识存量，这将促使企业在地理上的集中。Keller（2002）研究指出，技术是地方化的，而不是全球化的，距离对技术外溢起着至关重要的作用。Audretsch 和 Feldman（2003）、梁琦（2004）系统回顾了有关知识和技术溢出方面的理论和经验文献后发现，知识和技术的传播与溢出确实受到地理空间的限制，知识溢出对产业集聚的强化作用表现在它的地方性特征上。而产业在空间上集聚则促进了知识尤其是缄默知识（tacit knowledge）和黏性知识（sticky knowledge）在企业之间的传播。城市作为要素集聚的目的地，受空间的限制，集聚的要素能够通过释放知识和技术溢出促进城市全要素生产率的提高，促进城市技术进步和效率改善。

传统上，集聚和技术外溢的经验研究是分离进行的（Koo，2005a）。一方面，区域科学家和城市经济学家倾向于研究集聚和生产率之间的关系（Henderson，1986；Beeson，1987），他们表明生产率水平随着产业规模（地方化经济）或者城市规模（城市化经济）的增加而增加；另一方面，许多主流经济学家专门探讨了技术外溢，如 Terleckyj（1974）、Bernstein 和 Nadiri（1988，1991）、Jaffe（1989）等。但有关集聚与外溢之间互动关系的研究并不多（Carlno et al.，2005）。在集聚研究方面，技术和知识外溢通常以外生变量的形式隐含在模型当中；而在技术外溢研究方面，大部分早期研究没有考虑技术外溢的空间因素（Koo，2005a）。后期的研究（Adams and Jaffe，1996；Audretsch and Feldman，1996）关注了地理在革新和外溢中的作用，考察了地理协同定位如何影响企业的革新和知识的传播。但是，在它们的模型中，既没有清晰地表明集聚与外溢之间的潜在互动（Carlno et al.，2005），也没有把集聚的正外部性效应和负外部性效应加以区分。Krugman（1991a，1991b）和 Venables（1996）通过引入区位因素试图架起经济和地理之间的桥梁，也没有在模型中将外溢作为一种集聚力。因此，当前有关技术外溢与集聚的研究至少存在两个方面的不足：理论上，缺少一个一般均衡框架以解决集聚与技术外溢之间的内生互动；关于集聚与技术外溢互动关系的经验研究也不多见。毫无疑问，如果技术外溢作为集聚来源的重要性没有被适当评估，任何旨在强调集聚和外溢福利后果的政策或者通过调节它们的影响以提升区域竞争力的政策，很可能将是误导。

到目前为止，无论在理论上还是经验上，对技术外部性与集聚之间的内生互动的研究都很不够。早期的研究大都将技术和知识外溢当作“黑箱”进行简化处理，在模型中完全视为外生变量，不去探究其理论基础和微观机制。技术和知识外溢与集聚之间确实是相互影响的，但这种影响的内在机制却仍然是未知的谜，不能在一般均衡框架下考察技术外部性与集聚之间的内生互动，也因此一直为主流经济学家所质疑；另外则使得有关技术外部性与集聚的经验研究往往是分离进行的。然而，我们也注意到，经济学家们一直都未曾放弃构建技术和知识外溢的微观基础并将空间因素融入模型的努力。这类研究尝试在一般均衡的框架下将技术和知识内生化以发掘技术与知识的外溢机制，并将空间因素纳入模型之中，从而刻画出技术外溢与集聚之间的内生互动。而且，因为技术和知识溢出在本质上是一个动态过程，必须运用一个动态框架来处理，这样才有利于发展具有坚实微观基础的技术和知识外溢模型。但由于类似和提到的有关技术和知识外溢中融入空间因素的困难，显然，在这一方向上的研究任重道远。而且由于集聚来源于金融外部性和技术外部性的双重作用，更复杂的是在一般均衡模型中同时考察两种外部性的共同作用与集聚的内生互动。

（3）集聚经济对地区生产率提高的影响

还有一些研究通过测算劳动生产率反映技术创新与技术进步，进而研究这些集聚经济对生产率进步的影响。Dogan（2001）[127]与 Mukkala（2004）[128]用平均工业增加值除以平均劳动投入测算简单的全员劳动生产率，分别测算了土耳其与芬兰有关工业的全员劳动生产率，前者发现地方化与城市化经济在一些行业的劳动生产率提高过程中都扮演了积极作用，而后者认为地方化对区域生产率的促进作用更为明显，但是都没有考虑竞争效应。Lucio 等（2002）用索洛余值法测算了 1978—1992 年西班牙 26 个行业的劳动生产率，发现生产的专业化有利于劳动生产率提高，但多样化与波特的竞争效应都不存在[129]。但尚未有研究从城市视角考察产业集聚与城市全要素生产率之间的关系。

范剑勇（2006）研究了产业集聚与地区劳动生产率之间的关系，用就业密度反映非农产业集聚特征，发现非农产业的劳动生产率对就业密度的弹性系数为8.8%，高于欧盟的5%[130]。张俊妮（2006）运用条件Logit概率模型，利用外商投资企业的调查数据，估计产业集聚程度、所有制结构以及其他传统的地区特征因素对外商投资企业地理区位选择的影响，发现存在非常显著的集聚效应，偶然的政策和历史因素将长久地影响企业生产活动的地理分布，这对理解中国的地区差异具有重要意义[131]。薄文广（2007）研究了产业集聚与行业增长间的关系，指出专业化与多样化外部性确实会影响经济增长，而且这种影响会因规模经济特征与区位特征而不同，并可能存在不同的二次效应[132]。柴志贤等（2008）利用Malmquist指数测算了中国19个两位数行业的30个省份的全要素生产率、技术效率与技术进步指数。收敛性检验表明各行业的生产率增长都呈现不同程度的收敛特征。研究发现，不论传统行业还是高新技术行业，专业化与多样化对全要素生产率、技术效率与技术进步的影响都不尽相同。专业化更有利于促进行业技术效率提高，而不太有利于促进行业技术进步；多样化对一些行业的生产率有促进作用，但与行业特征并无特别关联；竞争效应总体影响较弱，会在一定程度上阻碍部分行业的生产率提高，对技术效率与技术进步的作用有明显差异，对技术效率普遍有负面影响，但对技术进步有积极作用；FDI对各行业生产率影响特征并不明显[133]。

关于集聚经济对区域创新或技术进步的影响的实证研究同样为数不多。Paci和Usai（1999）、Greunz（2004）[134]分别以意大利、欧盟为样本研究对象，用专利作为创新衡量指标，指出专业化外部性与多样化外部性均会提高地区的创新能力①。Glaeser（1992）发现，多样化与竞争效应会显著促进美国城市产业的增长（就业增长），而专业化效应并不存在[135]。Henderson（1995）[136]则发现不同产业的专业化与多样化作用有差异，传统产业只有明显的专业化经济，而在高新技术产业专业化与多样化对经济

① 这一研究思路遇到的最大困难与争议是区域创新的度量。无论是专利申请（或批准）、新产品引进数量还是新产品产值，都无法全面地反映创新与技术进步，甚至有很大偏差，因而饱受批评。

都有显著贡献。①

为此，本文尝试从城市层面考察产业集聚的正外部性效应对城市全要素生产率的影响。为了更为准确地研究产业集聚水平给城市技术进步和技术效率带来的影响，首先在估计城市全要素生产率时，剔除集聚经济带来的负外部性影响——环境污染“非合意”产出；进而再从制造业集聚和服务业集聚水平两个角度分析其对城市全要素生产率的净效应。

集聚效应也具有两面性。集聚不仅会产生正外部性效应，同时当集聚水平达到一定临界值时，反而会发生负外部性效应。集聚的负外部性影响是指产业集聚给集聚发生地企业和居民的生产、生活带来的不便和负面影响。一方面表现为与集聚伴随的环境污染、土地租金上升、交通拥挤等负效应不断增强，削弱了集聚经济效应，带来生产成本的上升[137]；另一方面集聚效应带来的累积循环机制使地区间的产业发展发生极化，地区间生产率和总体规模的差异化将会不断扩大。

2. 对上述研究的述评

聚集经济一直被认为是城市经济的本质特征。随着时间推移，各种要素在一定空间上不断集中，形成了城市和城市经济。这种要素高度聚集必然带来一定时间内特定区域的经济增长。随着区域经济发展以及区域空间结构的不断演化，聚集经济在区域经济发展中的地位和作用逐渐凸显。在要素集聚过程中，自然资源、劳动力、资本、知识、技术、高素质的人力资本不同层次的经济资源集中，其结构性和层次性决定了聚集形态会从低层次的要素聚集逐渐向高层次的要素聚集转化，转化的速度和结果直接决定了城市经济和区域经济增长效果。从理论上讲，集聚要素的结构越合理、层次越高，城市全要素生产率越高，城市经济增长效率和增长质量越高，城市可持续发展能力越强，从而带动区域经济发展。改革开放以来，中国的工业经济在高速增长的同时，也在进行空间布局的重新调整。一方面的典型特征是制造业总体上在向东部沿海省份

① 这种思路侧重的是增长效应，只是对技术创新效应的一种间接支持。而且随着技术进步，就业下降仍可能导致工业增加值的提高，就业增长无法反映这一点。

集聚①[138—140]；另一方面的特点为各种生产要素向城市集聚。由于城市经济增长除了总量增长外，在一定程度上表现为城市生产总值中三次产业比例的变化，同时考虑改革开放以来产业发展的显著特点之一是产业集聚的发生和发展。本书在第七章和第八章尝试从城市全要素生产率与城市经济增长之间的影响机制之一——城市制造业集聚与服务业集聚视角研究中国城市全要素生产率的变化特征。既有的对于集聚效应的研究在两方面还有待改进：

第一，在很多情况下，技术和知识的外溢并没有得到明确的测度。技术外溢的外部性难以测度不能被模型化。在实证研究中，大多数使用中国数据的实证研究都是以省级区域为观测单位，而事实上各省内部仍然存在着较大差异，因此使用地级市数据可以更好地刻画集聚经济对城市可持续发展的效应，并且可以刻画出集聚经济的不同特征对城市可持续发展的相对贡献。

第二，在研究区域经济问题时，聚集表现为要素聚集、企业集群、产业集群和城市群四个层次[141]。要素聚集的发生和变化引起企业、产业及区域形态的变化。因此，基于聚集经济具有空间性、要素累积性、结构性和层次性等本质特征。从研究对象上看，已有的产业聚集实证研究包括对制造业集聚的研究和服务业集聚的研究。本文以产业集聚为基础，进一步地从制造业集聚和服务业集聚两个方面考察中国不同区域的产业集聚与城市全要素生产率之间的关系。事实上，早在20世纪80年代新经济增长理论就把知识外溢和技术创新看作是经济增长的新引擎，看成是规模报酬递增的源泉。然而，虽然城市化和经济增长的理论研究直接来源于发展经济学和经济增长理论，但发展经济学的二元结构模型只能分析城乡人口迁移和经济发展的效率问题，却不能解释为什么人口和经济活动会向城市聚集，以及城市化群落对经济增长的效率和作用机制问题，更没有谈到集聚经济带给城市可持续发展的效应问题。

① 从范剑勇（2004），路江涌、陶志刚（2006），王业强、魏后凯（2007），樊福卓（2007）等对专业化或集聚指数的详细测算中得到了证实。

五　本章小结

从已有的研究中可以看出，学者们对集聚经济效应下城市全要素生产率的提高研究较少，以往的研究主要以区域全要素生产率为研究对象，对我国不同城市和城市群的全要素生产率的比较分析研究还是空白，没有全面地、清楚地说明集聚经济对城市全要素生产率究竟产生了什么样的效应。因此，有必要从理论和实证方面，从城市经济、城市群经济和区域经济的角度，对我国城市生产效率进行估算，并在集聚经济产生的正负外部性范围内对我国城市全要素生产率的影响因素进行研究。

第二章　现阶段我国城市可持续发展面临的主要问题

卡尔多的典型化事实分析指出发展中国家的经济增长依赖于非均衡的结构转变。从全球发展历程看，结构变革是经济发展的主线。结构转变作为穿起发展中国家发展问题的一根红线，包含产业结构的转变、投资结构的转变、产品结构的转变和人口结构的转变[142]等方面问题，索引发展中国家经济发展历程。回顾新中国经济史，我们可以发现，各方面的结构转变都在连续地发生，我们一直在转变中探索前进。只是在不同的历史阶段，有些方面的结构转变"唱主角"，例如中国的工业化发展；同期另一些方面的结构转变在短期内"原地踏步"，例如中国的城市化进程。不同方面的结构转变在不同历史时期成为转变的重点。改革开放以来，我国产业结构的转变是一种"低价工业化"，表现为农村劳动力向现代部门大量转移，这种资源配置机制形成了巨大的比较优势，成就了工业产品的"中国制造"和全球"规模"扩张（课题组，2008）[143]。但是以全球为基础的工业化规模收益递增阶段在中国已经接近尾声，因而第二产业的规模扩张将难以为继（中国经济增长与宏观稳定课题组，2010）[144]。在过去的三十年中，虽然产业结构变迁对中国经济增长的贡献一度十分显著，但是随着市场化程度的提高，1998 年以后产业结构调整对经济增长的贡献却呈现出持续降低的趋势（刘伟、张辉，2008）[145]，也就是说，产业结构变迁所体现的市场化力量对经济增长的边际驱动力是趋于递减的。所以，寻找中国未来经济增长的新引擎必须调整结构转变的重点。城市化和城市的可持续发展便是新一轮结构转变的重点。本章通过对我国城市化进程的回顾、总结和反思，阐述城市化在区域经济增长中的重要作用，并从城市群层面考察了不同地区城市群之间的城市经济发展水平的差异，从而分析现阶段我国城市经济和环境可持续发展面临的挑战，提出本文要研究和尝试解决的主要问题，进一步阐明论文的研究思路。

一 对我国城市化进程的回顾

城市化（urbanization）是指“人类生产和生活方式由乡村型向城市型转化的历史过程，表现为乡村人口向城市人口转化以及城市不断发展和完善的过程，又称城镇化、都市化”[146]。新中国成立以来的60年里，尤其是改革开放以来的30多年，我国取得了举世瞩目的经济成就。其中城市化发展是我国社会经济发展变化较大的主要领域之一。随着中国改革开放步伐加快，中国走出一条具有中国特色的城市化道路。

依据1949年至2007年中国城市化率变动特点（图2.1），尝试把中国城市化发展进程划分为四个阶段：城市化起步时期（1949年至1961年）、城市化停滞时期（1962年至1978年）、城市化显著发展时期（1979年至1992年）、城市化快速发展时期（1993年至今）。

1. 城市化起步时期（1949年至1961年）

改革开放前新中国成立之初的1949年至1957年，我国城市化进程在起步时期得到了健康发展。1949年全国年底总人口为54167万人，市镇人口为5765万人，市镇人口占总人口比重为10.64%。1957年全国年底总人口增长至64653万人，市镇人口增长至9949万人，市镇人口占总人口比重增加至15.39%，年均增长率为4.85%。但是，从1958年至1960年的“大跃进”时期，超越经济资源积累能力限制的工业化发展战略使城镇过度扩增，造成1959年和1960年市镇人口占总人口比重迅速上升至18.41%和19.75%，分别比上年比重增长了13.29%和7.28%。1958年国务院颁布了《户籍管理条例》，严格划分农业户口和非农户口，控制农业户口向城市迁移。加之“大跃进”失败和自然灾害使大量工人下放农村，我国城镇人口从1961年开始下降。高速的工业产值、激增的企业职工和市镇人口超过了当时城市承载能力，使国民经济比例关系失调，导致了1961年之后的连续五年的市镇人口逐年减少、城市化率在较低水平上逆转下降和长期停滞状态的发生。

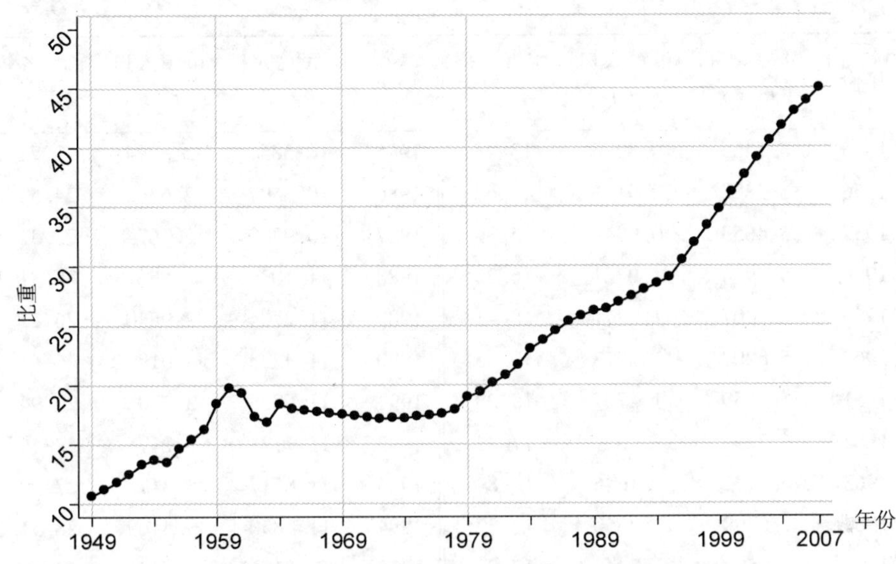

图 2.1　1949—2007 年中国城市化率变化情况

数据来源：依据《中国统计年鉴》(1994，1987，2008) 计算所得。

说明：城市化率 = （市镇人口/年底总人口） ×100%①[147]。

表 2.1　1949—2007 年中国城市化率变化情况

年份	年底总人口（亿人）	市镇人口（亿人）	城市化率（%）	年份	年底总人口（亿人）	市镇人口（亿人）	城市化率（%）
1949	5.4167	0.5765	10.64	1979	9.7542	1.8495	18.96
1950	5.5196	0.6169	11.18	1980	9.8705	1.9140	19.39
1951	5.6300	0.6632	11.78	1981	10.0072	2.0171	20.16
1952	5.7482	0.7163	12.46	1982	10.1654	2.1154	20.81
1953	5.8796	0.7826	13.31	1983	10.3008	2.2274	21.62
1954	6.0266	0.8249	13.69	1984	10.4357	2.4017	23.01

① 依据国家标准《城市规划基本术语标准》，城市化水平（urbanization level）是衡量城市化发展程度的数量指标，一般用一定地域内城市人口占总人口的比例来表示。有的研究文献，如王家庭、贾晨蕊（2009）选取城市人口规模以及产业结构中第二产业、第三产业占产业总值的比重，作为代表城市化水平的三个要素，这样做相当于把城市化和工业化、产业结构变化混合在一起度量，而不能够准确地度量城市化水平。

续表

年份	年底总人口（亿人）	市镇人口（亿人）	城市化率（%）	年份	年底总人口（亿人）	市镇人口（亿人）	城市化率（%）
1955	6.1465	0.8285	13.48	1985	10.5851	2.5094	23.71
1956	6.2828	0.9185	14.62	1986	10.7507	2.6366	24.52
1957	6.4653	0.9949	15.39	1987	10.9300	2.7674	25.32
1958	6.5994	1.0721	16.25	1988	11.1026	2.8661	25.81
1959	6.7207	1.2371	18.41	1989	11.2704	2.9540	26.21
1960	6.6207	1.3073	19.75	1990	11.4333	3.0195	26.41
1961	6.5859	1.2707	19.29	1991	11.5823	3.1203	26.94
1962	6.7295	1.1659	17.33	1992	11.7171	3.2175	27.46
1963	6.9172	1.1646	16.84	1993	11.8517	3.3173	27.99
1964	7.0499	1.2950	18.37	1994	11.9850	3.4169	28.51
1965	7.2538	1.3045	17.98	1995	12.1121	3.5174	29.04
1966	7.4542	1.3313	17.86	1996	12.2389	3.7304	30.48
1967	7.6368	1.3548	17.74	1997	12.3626	3.9449	31.91
1968	7.8534	1.3838	17.62	1998	12.4761	4.1608	33.35
1969	8.0671	1.4117	17.50	1999	12.5786	4.3748	34.78
1970	8.2992	1.4424	17.38	2000	12.6743	4.5906	36.22
1971	8.5229	1.4711	17.26	2001	12.7627	4.8064	37.66
1972	8.7177	1.4935	17.13	2002	12.8453	5.0212	39.09
1973	8.9211	1.5345	17.20	2003	12.9227	5.2376	40.53
1974	9.0859	1.5595	17.16	2004	12.9988	5.4283	41.76
1975	9.2420	1.6030	17.34	2005	13.0756	5.6212	42.99
1976	9.3717	1.6341	17.44	2006	13.1448	5.7706	43.90
1977	9.4974	1.6669	17.55	2007	13.2129	5.9379	44.94
1978	9.6259	1.7245	17.92	—	—	—	—

注：1990年以后数据是人口变动抽样调查数，其余年份数据为户籍统计数；1982—1989年数据是根据1982年、1990年两次人口普查数据调整的；1990—2000年数据根据2000年人口普查数据进行调整；2001—2004年、2006年和2007年数据为人口变动情况抽样调查推算数；2005年数据根据全国1%人口抽样调查数据；各年年末总人口不包括香港、澳门特别行政区和台湾省的人口数据；各年年末总人口包括中国人民解放军现役军人，城镇人口包括现役军人计入；城市化率 =（市镇人口/年底总人口）×100%。数据来源为《中国统计年鉴》（1994，1987，2008）。

2. 城市化停滞时期（1962 年至 1978 年）

1962 年至 1978 年的 17 年间，我国城市化进程长期处于停滞状态，市镇人口占总人口比重平均为 17.5%。1962 年全国年底总人口为 67295 万人，市镇人口为 11659 万人，市镇人口占总人口比重为 17.33%。直至 1965 年城镇人口数量才恢复到 1960 年 1.3 亿人口的水平。1978 年全国年底总人口增长至 96259 万人，市镇人口增长至 17245 万人，市镇人口占总人口比重增加至 17.92%，比 1962 年仅增长了不足 0.6%。1978 年全国地级及以上城市数量 191 个，仅比 1966 年 175 个城市增加了 16 个新城市。

3. 城市化显著发展时期（1979 年至 1992 年）

1979 年至 1992 年十一届三中全会确立了全党全国的工作重点转到社会主义现代化建设。在国家发展战略转变的大环境下，中国城市化发展随着改革开放的步伐开始加快发展。1979 年中国的城市化率为 18.96%，1992 年 27.46%，年均增长率 2.9%。1979 年全国年底总人口为 97542 万人，市镇人口为 18495 人，市镇人口占总人口比重为 18.96%。1992 年全国年底总人口增长至 117171 万人，市镇人口增长至 32175 万人，市镇人口占总人口比重增加至 27.46%。

4. 城市化快速发展时期（1993 年至今）

20 世纪 90 年代以来，特别是 1992 年邓小平南方谈话后，中国城市化进程进入加速发展阶段。1992 年开始的土地要素和资金要素的体制改革开启了城市化进程。尤其是土地要素的价格改革得以初步完成，奠定了城市化的基础。受亚洲金融危机影响，1997 年以来中央政府通过积极财政政策投资于基础设施启动内需，使城市化进程形成基本构架。2003 年城市化的主流将逐步从中央积极财政的推动转向地方政府的推动。地方政府积极通过“土地批租”融资、实施基础设施政府担保贷款等加大城市化的投资活动。全国城市化率由 1993 年的 27.99%，上升到 2007 年的 44.94%，期间每年提高近 1 个百分点，年均增长率 3.45%。中国已经成为世界城市化进程最快的国家之一。

5. 各地区城市化发展水平（2005 年至 2007 年）

从 2005 年至 2007 年各地区城市化水平看，各地区城市化进程所处的阶段明显不同。具体来看，上海、北京、天津、广东、辽宁、浙江、黑龙江、江苏、吉林、内蒙古、福建、重庆、海南和山东等 14 个省区市的城市化率高于全国平均水平 43%，这些省区主要是直辖市、东部地区和东北地区。除了直辖市外，东部地区城市化水平较高与其经济发展水平较高密切相关，东部地区城市化水平位居全国前列与其老工业基地的产业结构和历史有关。而低于全国城市化率平均水平的省份主要分布在中部和西部地区，宁夏、山西、陕西、河北、湖南、青海、江西、新疆、安徽、广西、四川、河南、甘肃、云南和贵州等 16 个省区（见表 2.2）。

表 2.2 各地区 2005 年至 2007 年城市化率水平 单位：%

地区	2005 年	2006 年	2007 年	地区	2005 年	2006 年	2007 年
上　海	89.09	88.70	88.70	宁　夏	42.28	43.00	44.02
北　京	83.62	84.33	84.50	山　西	42.11	43.01	44.03
天　津	75.11	75.73	76.31	陕　西	37.23	39.12	40.62
广　东	60.68	63.00	63.14	河　北	37.69	38.44	40.25
辽　宁	58.70	58.99	59.20	湖　南	37.00	38.71	40.45
浙　江	56.02	56.50	57.20	青　海	39.25	39.26	40.07
黑龙江	53.10	53.50	53.90	江　西	37.00	38.68	39.80
江　苏	50.11	51.90	53.20	新　疆	37.15	37.94	39.15
吉　林	52.52	52.97	53.16	安　徽	35.50	37.10	38.70
内蒙古	47.20	48.64	50.15	广　西	33.62	34.64	36.24
福　建	47.30	48.00	48.70	四　川	33.00	34.30	35.60
重　庆	45.20	46.70	48.34	河　南	30.65	32.47	34.34
海　南	45.20	46.10	47.20	甘　肃	30.02	31.09	31.59
山　东	45.00	46.10	46.75	云　南	29.50	30.50	31.60
湖　北	43.20	43.80	44.30	贵　州	26.87	27.46	28.24

数据来源：《中国统计年鉴》（2006，2007，2008）。

初步观察2000年和2007年地级及以上城市在各省的分布，以城市数量分布而论，地级及以上城市在中国地理分布上高度不均衡。2000年中国地级以上城市共261个，其中按城区非农业人口分组，20万—50万人口规模的城市数量最大，为135个；50万—100万和20万以下人口规模城市数量分别为53个和37个。而100万以上人口规模城市共36个，其中200万以上人口的城市为9个。2007年中国地级及以上城市总数增长至283个，比2000年地级及以上城市数量增加了22个地级城市。其中，按城市市辖区总人口分组，除了4个直辖市外，2007年中国200万以上人口规模的城市数量为35个，50万—100万人口规模城市数量为111个，100万—200万人口规模城市数量为79个。主要集中在沿海的东部省份和东北老工业基地，特别是广东、江苏、山东、浙江、辽宁、黑龙江、四川等少数省份。可以说，地级及以上城市不平衡分布进一步加剧了中国的地区差距。从东北、东部、西北、西南和中部地区的地级及以上城市的分布看，2000年至2007年中国东北地区和东部地区的地级及以上城市数量没有发生变化，而西北地区、西南地区和中部地区地级及以上城市数量增长较快，分别由2000年的20个、36个和85个增加到2007年的30个、46个和90个（见图2.2）。

6. 我国城市化进程的历史经验与反思

通过回顾中国城市化发展的四个历史阶段，我们发现，在改革开放以前，中国的城市化进程在新中国成立初期得到健康发展；但是在整个20世纪70年代，城市化处于停滞状态。改革开放以来的30年是中国城市化快速发展的30年，2007年中国城市化率已经达到44.94%，是1949年城市化率10.64%的4.2倍，为1978年城市化率17.92%的2.5倍。从地区城市化水平上看，当前中国城市化的基本特征为区域差异显著，东部地区城市化水平较高，而中西部地区城市化水平偏低，低于全国平均水平。在这60年里，世界城市化的发展简史是：从1951年开始，全球范围内的城市化进入到普遍加速发展的新阶段。1960年发达国家的城市化水平已经超过60%，1975年达到70%。1970—1991年全世界城市人口占总人口比重由35%上升到51%，其中低收入国家由18%上升到39%，中等收入国家由46%上升到62%，高收入国家平均比重由74%上升到77%[148]。显

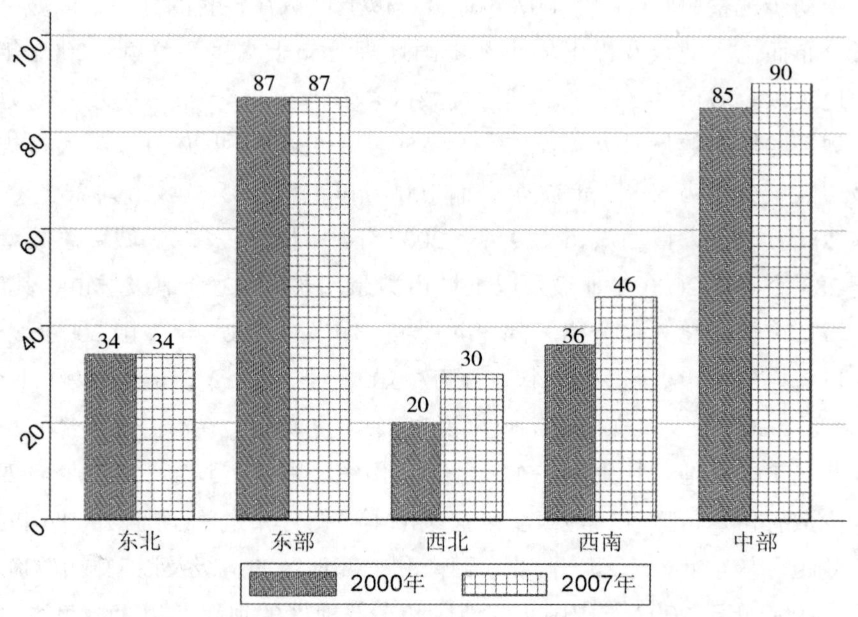

图 2.2 2000 年和 2007 年全国地级及以上城市的地理分布

数据来源：作者依据《中国城市统计年鉴》（2001，2008）统计数据整理所得。

然，在相同的历史时期，中国的城市化进程严重滞后于发达国家水平。中国城市化进程给予我们丰富的历史经验，与此同时，我们还需要一些反思。对中国城市化历程的评价涉及较多方面。这里仅阐述与本文研究主题——集聚经济正负外部性环境下的中国全要素生产率研究密切相关的两点思考。

第一，历史上曾出现了关于城市发展规模的“大城市论”与“小城镇论”的分歧。近期卢善荣、张远秀（2009）提出发展“小市大镇”作为载体引导资源流向、协调城乡发展[149]。笔者认为，这些争论仅仅考虑城市规模，没有进一步探讨城市生产活动的效率问题。这在本质上是长期受到粗放型经济增长方式的观念的影响，没有把集约型经济增长方式的思想运用到城市规模设定问题上来。事实上，无论是大城市，还是小城镇，其生产活动的最终目标是提高生产效率和交易效率，综合表现为城市或城镇的全要素生产率不断提高。因而，中国未来的城市化应该是以效率为导向的“高效率的城市化”。显著促进城市全要素生产率提高这一效率因素应该是城市规模确定的首要因素。

第二，城市经济增长的生产效率问题和城市经济发展的环境质量问题长期受到忽视。本质上忽略了城市化的结果——城市的经济可持续发展和环境可持续发展问题。已有研究指出，与“低价工业化”相比，中国城市化是高成本的城市化，并把高成本归纳为“四高”：高投入的基础设施、高价的房地产开发、高成本的城市劳动力和高税收的运营。这些城市化成本主要由社保支出、行政管理费用和住房价格决定[同144]。我们赞同这样的观点，因为持这样观点的学者们开始关注现阶段和未来城市化面临成本压力。但是，上述高成本的内涵仅考虑了显性成本，而没有全面考虑隐性成本，没有从城市经济可持续发展和环境可持续发展的双目标实现考虑城市化的结果——城市可持续发展问题。城市化过程不仅是劳动力向城市集中，还有大量的物质生产资源向城市集聚。从产业类别来看，制造业和服务业都在不同历史时期向城市集聚。改革开放期间只占全国40.1%的工业GDP的取得却消耗了全国67.9%的能源，排放出全国CO_2的83.1%。显然，中国工业的高增长带有明显的高投资、高能耗和高排放的特征[150]。那么高污染的制造业集聚必然给城市环境带来压力，这是集聚经济强加给城市的典型负外部性，这属于资本城市化带来的隐性成本。恰恰由于环境污染的隐性成本性质，我们很难用货币价值去衡量其大小。

二　城市化是推动经济增长的新引擎

在经济结构的一系列转变中，工业化和城市化这两个基本的结构转变较为引人注目。工业化进程一方面推动了非农就业；另一方面积累了大量的产能和资金。同时工业自身结构正处于调整之中，因此增长速度必然会趋于变缓。在这样的形势下，实现赶超目标必须要寻找新的增长引擎——城市化推动区域经济增长和城市群经济增长。20世纪90年代中后期以来，中国经济增长开始由工业化单引擎发展到工业化与城市化的双引擎[151]。在第一节对新中国成立以来我国城市化进程的回顾和总结的基础上，本节主要阐述新的历史时期城市化和城市群发展对区域经济增长的推动作用，从而证明作为城市化结果的城市，其经济总量增长和可持续发展在区域经济发展中的特殊重要地位。

1. 城市化对区域经济增长的推动作用

对于城市化与经济增长的关系上，无论是从理论上还是实证研究方面成果颇多。大量研究表明二者之间表现为显著的正相关关系。1965 年美国地理学家贝里选用 95 个国家的资料，发现城市化与经济增长之间具有正相关关系；Renaud（1981）在对 111 个国家分析后也发现，一国经济增长与城市化水平紧密相关[152]；Henderson（2000）计算出世界各国城市化与人均 GDP 对数变量之间的相关系数高达 0.85[153]。周一星（1995）利用 1977 年 157 个国家和地区的数据进行分析，发现城市化与经济增长之间存在十分明显的对数关系，相关系数达 0.9079[154]。许学强等（1989）根据美国人口普查局公布的 1981 年 151 个国家的资料，利用散点图选配对数曲线，得到城市化水平与人均 GNP 之间存在着对数曲线相关的结论，相关系数为 0.81[155]。高佩义（2004）通过 168 个国家和地区城市化水平及人均 GDP 排序、对比，得出城市化与经济发展间存在双向互促共进关系的结论[156]。成德宁（2004）根据世界银行公布的 2002 年 76 个国家人均 GNP 和城市化率的资料，拟合对数曲线模型，证明了城市化水平与人均 GNP 之间存在着对数曲线关系，相关系数为 0.82[157]。洪银兴（2007）从长三角地区的实践出发，从工业和城市反哺农业和农村路径的视角，提出反哺农业和农村的初期阶段是工业起主导作用，在进入全面反哺农业和农村阶段，则需要城市起主导作用[158]。中国经济增长与宏观稳定课题组（2009）对 38 个国家和地区 1976 年至 2007 年城市化和人均 GDP 回归发现，各国城市化随人均 GDP 的增长而提高[同144]。

为了得到城市化水平与经济增长之间关系的长期和近期特征，本市对中国城市化率与地区生产总值进行回归分析，建立如下计量经济学模型。

建立时间序列模型：

$$\ln GDP_t = \alpha_0 + \alpha_1 \ln URBAN_t + \mu_{1t} \quad (2.1)$$

在式（2.1）中，$\ln GDP_t$ 为第 t 年实际国内生产总值的自然对数值，$\ln URBAN_t$ 为第 t 年城市化率的自然数值，μ_{1t} 为随机扰动项。样本选择为 1978 年至 2007 年全国的 GDP 总量和城市化率，共 30 个样本观测年份。

其中名义国内生产总值用以 1978 年不变价的 GDP 指数平减，得到实际生产总值。数据来源自《中国统计年鉴》(历年)。

建立面板数据模型：

$$\ln GDP_{it} = \beta_0 + \beta_1 \ln URBAN_{it} + \mu_{2it} \quad (2.2)$$

在式 (2.2) 中，$\ln GDP_{it}$ 为第 i 个省区、直辖市第 t 年实际国内生产总值的自然对数值，$\ln URBAN_{it}$ 第 i 个省区、直辖市第 t 年为城市化率的自然数值，μ_{2it} 为随机扰动项。样本选择为 2005 年至 2007 年 30 个省区、直辖市的 GDP 总量和城市化率，共 90 个样本观测年份。其中名义国内生产总值用以 2005 年不变价的 GDP 指数平减，得到实际生产总值。由于我国对城镇人口统计口径的变化，影响各省区、直辖市的城市化率计算，所以不能得到较长时期的省区层面的城市化率面板数据。因此，为了较为准确地刻画城市化率与经济增长的关系，只能利用 2005 年至 2007 年面板数据进行回归分析，从而得到近期城市化水平与经济增长的数量变化关系。数据来源自《中国统计年鉴》(2006 年至 2008 年)。

对城市化水平与经济增长之间关系回归结果见表 2. 3。首先，从时间序列模型的结果看，无论是估计系数的显著性水平和模型整体的显著性水平，模型设定和回归结果都是稳健、可信的。我们分别用城市化率水平的当期值、滞后 1 期、滞后 2 期、滞后 3 期分别作为解释变量进行回归发现，在不考虑其他因素影响的条件下，城市化率每提高 1%，经济增长总量实际 GDP 将增长 1. 97%，并且在 1% 统计水平上显著。接着，从面板数据模型估计结果看，估计系数和模型整体显著性都通过了检验，并且显著性水平都达到了 1%。因而模型设定和回归结果都是可信的。BP 检验结果证明随机效应模型的估计结果更为稳健。从 2005 年至 2007 年的面板数据回归可知，地区城市化水平提高 1%，地区的经济增长总量将提高约 1. 25%。通过实证分析表明，无论从改革开放 30 年较长时期来看，还是从 21 世纪以来的近期来看，城市化的确是推动区域经济增长的引擎。同时，对不同地区而言，城市化水平差距较大是地区间经济总量差距的重要原因。可见，在我国城市化进程中，虽然城市化明显滞后于工业化，但是城市化对经济增长的作用却毫不逊色。我国已经到了以城市化作为经济增长新引擎的历史发展阶段。

表 2.3　　被解释变量为实际 ln*RGDP*

解释变量	时间序列模型				面板数据模型	
	当期值	滞后 1 期	滞后 2 期	滞后 3 期	随机效应估计	固定效应估计
ln*URBAN*	1.9075 [16.21]***	1.9220 [15.16]***	1.9423 [14.42]***	1.9731 [14.02]***	1.2565 [11.98]***	1.2658 [11.81]***
常数项	2.5890 [6.54]***	2.5971 [6.11]***	2.5879 [5.76]***	2.5461 [5.45]***	3.7040 [8.63]***	3.6686 [8.99]***
调整 R - sq	0.90	0.89	0.88	0.88	0.70	0.70
模型整体性检验	262.78 (0.00)***	229.92 (0.00)***	207.90 (0.00)***	196.56 (0.00)***	143.63 (0.00)***	139.38 (0.00)***
观测数量	30	29	28	27	30 × 3	
样本区间	1978—2007 年				2005—2007 年	
—					BP 检验统计值	89.85 (0.00)***

注：随机效应 GLS 估计系数的统计值为 z 统计值，固定效应估计系数的统计值为 t 统计值，分别列在估计系数的下方 [ ] 内；模型整体显著性检验 F 统计值的截尾概率在（ ）中列出。

反过来，把城市化率作为被解释变量，国内生产总值作为解释变量，建立计量经济学模型。

建立时间序列模型：

$$\ln URBAN_t = \gamma_0 + \ln GDP_t + \mu_{3t} \tag{2.3}$$

在式（2.3）中，$\ln URBAN_t$ 为被解释变量，$\ln GDP_t$ 为解释变量，μ_{3t} 为随机扰动项。变量含义、样本区间和数据来源与式（2.1）相同。

建立面板数据模型：

$$\ln URBAN_{it} = \beta_0 + \eta_1 \ln GDP_{it} + \mu_{4it} \tag{2.4}$$

在式（2.4）中，$\ln URBAN_{it}$ 为被解释变量，$\ln GDP_{it}$ 为解释变量，μ_{4it} 为随机扰动项。变量含义、样本区间和数据来源与式（2.2）相同。

地区经济总量增长对城市化水平的解释模型回归结果见表 2.4。首先，从时间序列模型的结果看，估计系数和模型整体都是显著的。我们分别用实际 GDP 的当期值、滞后 1 期、滞后 2 期、滞后 3 期分别作为解释变量进行回归发现，在不考虑其他因素影响的条件下，实际 GDP 每增长 1%，城市化水平将提高 0.45% 左右，并且在 1% 统计水平上显著。接着，从面板数据模型估计结果看，估计系数和模型整体显著性都通过了检验，并且显著性水平都达到了 1%。因而模型设定和回归结果都是可信的。BP 检验结果证明随机效应模型的估计结果更为稳健。从 2005 年至 2007 年的面板数据回归可知，地区经济总量增长 1%，地区城市化水平将提高约 0.37%。这些结果表明，经济总量增长提供了加速城市化的物质基础；同时经济越发达地区，城市化水平越高。所以，城市化与区域经济增长是相互推动的。

表 2.4　　被解释变量为城市化率 ln*URBAN*

解释变量	时间序列模型				面板数据模型	
	当期值	滞后 1 期	滞后 2 期	滞后 3 期	随机效应估计	固定效应估计
ln*RGDP*	0.4738 [16.21]***	0.4639 [16.10]***	0.4565 [16.51]***	0.4488 [17.48]***	0.3719 [8.61]***	0.5550 [11.81]***
常数项	-0.9034 [-3.43]***	-0.7868 [-3.04]***	-0.6930 [-2.80]**	-0.5968 [-2.60]***	0.6508 [1.75]*	-0.9038 [-2.26]**
调整 R-sq	0.90	0.91	0.91	0.92	0.70	0.70
模型整体性检验	262.78 (0.00)***	259.24 (0.00)***	272.46 (0.00)***	305.39 (0.00)***	74.19 (0.00)***	139.38 (0.00)***
观测数量	30	29	28	27	30×3	
样本区间	1978—2007 年				2005—2007 年	
BP 检验统计值					88.51 (0.00)***	

注：随机效应 GLS 估计系数的统计值为 z 统计值，固定效应估计系数的统计值为 t 统计值，分别列在估计系数的下方 [ ] 内；模型整体显著性检验 F 统计值（固定效应模型）或 Wald 检验统计值（随机效应模型）的截尾概率在（ ）中列出。

可见，从全国性和区域的城市化率数据分析中，城市化与经济增长的相关程度并不相同。其中，不同地区城市化水平差距是一个重要原因。吴福象、刘志彪（2008）研究发现，在长三角城市化群落中，城市化率与经济增长之间具有显著的正相关关系，城市群对经济增长也正发挥着越来越重要的新引擎作用[159]。因此，从区域层面数据再深入到城市群层面数据来研究城市经济发展在整个国民经济发展中的重要地位和作用是十分有研究价值和现实意义的。

2. 城市群发展领跑区域整体经济增长

(1) *城市群的界定与城市群经济特征*

城市化的结果表现为城市规模的增大，形成城市群。前一小节已经论证了城市化率与经济增长之间具有显著的正相关关系，那么城市群对经济增长也正发挥着越来越重要的新引擎作用[同159]。

城市群（urban agglomerations）是“在特定的地域范围内具有相当数量的不同性质、类型和等级规模的城市，依托一定的自然环境条件，以一个或两个特大或大城市作为地区经济的核心，借助于现代化的交通工具和综合运输网的通达性以及高度发达的信息网络，发生与发展着城市个体之间的内在联系，共同构成一个相对完整的城市‘集合’”[160]。这里城市是外生的。城市群（agglomeration）是指一定地域内城市分布较为密集的地区[161]。城市群是一种要素高度聚集的区域经济网络系统，从经济学意义来讲是“由一个具有较高首位度的城市经济中心和与中心密切关联且通过中心辐射带动的若干腹地城市所构成的环状经济区域”。

城市群一般由一个具有较高首位度的城市经济中心和与中心密切关联且通过中心辐射带动的若干腹地城市所构成的环形经济区域。它有三个特征：第一，有一个核心城市经济中心。经济中心的首位度（一般以经济总量居第一的中心城市与经济总量居第二的城市的比值来衡量）越高，其凝聚力和聚集功能越强，该城市群的发展规模和经济效能也越大。城市群意味着市场化、工业化、信息化进程中诸种基本生产要素（如人口、土地、资源、资本等）和高等生产要素（如知识、高新技术及人才、科研机构、领先学科、跨国公司和现代通信网络等）呈网络形态的区域聚集，它具体表现为以一个或多个特大城市为核心的若干城市网络集合或区域城市共同体的形成。第二，有若干腹地或周边城市。它们既是中心城市经济能量释放或扩散的接收地，也是支撑中心城市发展的要素（资源劳动力）的供给源和重要的市场。第三，中心与腹地的内在经济联系紧密，具有“极地——扩散”效应。中心与腹地的经济联系的密切度，与两者之间的经济能量成正比，与中心至腹地的距离成反比。

2005 年《中共中央关于制定“十一五”规划的建议》首次提出城市群，并明确要求“珠江三角洲、长江三角洲、环渤海地区，要继续发挥对内地经济发展的带动和辐射作用，加强区内城市的分工协作和优势互补，增强城市群的整体竞争力”，“有条件的区域，以特大城市和大城市为龙头，通过统筹规划，形成若干用地少、就业多、要素集聚能力强、人口合理分布的新城市群”。这是关于坚持大中小城市和小城镇协调发展、走中国特色城市化道路思想的新发展，是针对近年我国城市发展出现的新情况做出的新总结，是根据中国城市化发展客观规律进行的新概括。当今世界建设大城市群有其历史和现实的必要性，是工业化进程、信息化发展、服务产业发展、现代化进程效率、全球经济一体化、国土资源利用效率的需要。

（2）产业集聚是城市群引领区域经济增长的重要机制

城市的出现内生于产业集聚活动。伴随着企业生产区位选择，产业集聚活动在区域内所形成的不同等级城市就构成了“城市群”。城市群是驱动经济增长的重要机制之一。当要素在区域间能自由流动时，一些优质要素主动向大城市集聚，而普通要素则选择向小城市集中，提高城市群要素积聚的外部经济性，表现为提高城市群研发创新的效率，促进了经济增长。

产业集聚促进了城市群的形成与稳固。在线形经济体中，制造业企业首先在中心地区集聚；其次在次级地区发生集聚；最后在边缘地区集聚。而根据各地区均衡产业集聚水平不同，最先发生产业集聚的中心地区经过历史累积作用最终演变为中心城市，次级地区演变为卫星城市，而边缘地区则演变为乡镇。中心城市、卫星城市以及乡镇共同组成了线形经济体的城市群，使得线形经济体中各区域的市场联系变得更加紧密，而中心城市由于在历史累积过程中形成了强大的市场区位优势，将在整个经济的发展中占据核心地位，对外围地区产生强大的市场辐射力。以长三角城市群为例，20 世纪 90 年代以来，随着市场分割不断地被打破，长三角一体化进程开始加速，城市群整体竞争力持续增强，经济、社会结构及其运行效率明显提升，长三角城市化群落在竞争中实现了“雁阵式齐飞”。而长三角城市群对长三角地区经济增长的贡献与产业集聚是分不开的。所以研究城市的可持续发展必须把城市放在集聚经济环境下来研究，必须考虑集聚经济对城市经济可持续发展和环境可持续发展的影响。既然工业化早已被研究者普遍看成是驱动经济增长的引擎，那么，城市化群落将会和产业集群一样，是未来经济增长的新引擎。

三 我国不同城市群之间城市经济增长水平的差异

既然城市化水平与区域经济增长的关系十分紧密，城市群在区域经济发展中发挥越来越重要的引领作用，那么我国不同城市群之间和不同地区之间在城市经济增长方面的差异具体表现出哪些特点呢？以往研究多数关注省级区际层面的经济增长差异，那么在城市化水平快速发展并对经济增长产生积极影响的环境下，城市群之间的城市经济增长差异特征应该纳入研究者的视野。本节将先后从不同城市群之间城市经济增长的差异方面进行阐述和分析，为下一节提炼出我国当前城市经济增长存在的主要问题做准备。需要说明的是，本书在第四章对估计的城市绿色全要素生产率的（GTFP）比较分析中，将对城市群内部和城市群之间的城市 GTFP 进行细致讨论，与本节相呼应，从而探索城市群层面的城市经济差异与城市 GTFP 差距的不同特征。

1. 不同城市群之间的城市经济增长水平差异

依据第二节的分析，一方面城市化对区域经济增长有显著的推动作用；另一方面，城市群为区域整体经济增长的领跑者。那么在中国区域之间经济发展差距客观存在的环境下，比较城市群之间的城市经济差异是十分必要的。城市经济不仅是在区域经济大范围内发生、发展的，而且一些城市还是在城市群内与其他城市经济发生关联的。因此，在考察城市经济可持续发展问题时，城市群视角的城市间经济增长差异比较研究是不能忽视的。本节对城市群的划分主要参考宋吉涛、方创琳和宋敦江(2006)[162]对中国城市群空间结构稳定性研究结果，我们选择比较有代表性的城市群，通过人均 GDP 水平差异来分析城市群之间经济发展差异的演变趋势。

城市群是典型的中心外围结构。首先城市群是区域经济发展的中心，相对于城市群这个中心，区域内其他地区的经济活动构成外围；进一步地，城市群内部核心城市是城市群经济发展的核心，相对于核心城市这个中心，城市群内其他非核心城市的经济活动构成外围。因此，依据宋吉涛等（2006）[同162]对典型城市群的核心城市的划分，我们对城市群内核心城市和非核心城市的实际人均 GDP 均值进行对比分析，并计算了二者之差，考察城市群内部核心城市与非核心城市经济发展水平的差距。

（1）对东部地区重点分析 4 个代表性城市群

京津冀都市圈包括北京、天津、廊坊 3 个核心城市及石家庄、张家口、秦皇岛、沧州共 7 个城市。京津冀都市圈中核心城市（北京、天津、廊坊）的实际人均 GDP 均值在多数年份都高于都市圈内非核心城市实际人均 GDP 均值（表 2.5），这说明京津冀都市圈的城市经济发展水平在各市分布中，城市群核心城市处于优势地位，均值检验结果证明核心城市与非核心城市人均 GDP 均值存在显著差异。长三角城市群包括上海、镇江、杭州 3 个核心城市及南京市、无锡市、常州市、苏州市、南通市、扬州市、泰州市、宁波市、嘉兴市、湖州市、绍兴市、舟山市、台州市共 16 个城市。长三角城市群核心城市（上海、镇江、杭州）的人均 GDP 均值在多数年份也高于城市群内非核心城市人均 GDP 均值，均值检验结果证明核心城市与非核心城市人均 GDP 均值存在显著差异。

表 2.5　东部地区典型城市群内核心城市、非核心城市人均 GDP

单位：万元

年份	京津冀都市圈			长三角城市群		
	核心城市	非核心城市	差值	核心城市	非核心城市	差值
2003	2.4099	1.1506	1.2594	3.4511	2.4723	0.9788
2004	2.5934	2.5198	0.0736	4.1201	3.3225	0.7976
2005	2.6806	2.4071	0.2735	3.7576	3.2168	0.5408
2006	2.8237	2.3141	0.5095	3.8802	3.4778	0.4024
2007	2.7163	2.2902	0.4261	3.6041	3.5450	0.0591
T 检验	原假设	统计值 截尾概率	检验结论	原假设	统计值 截尾概率	检验结论

续表

	京津冀都市圈			长三角城市群		
	核心城市	非核心城市	差值	核心城市	非核心城市	差值
T 检验	差值的期望 < 0	0.9673	不能拒绝原假设	差值的期望 <0	0.9874	不能拒绝原假设
	差值的期望 =0	0.0654	拒绝原假设	差值的期望 =0	0.0252	拒绝原假设
	差值的期望 > 0	0.0327	拒绝原假设	差值的期望 >0	0.0126	拒绝原假设
年份	山东半岛城市群			珠三角城市群		
	核心城市	非核心城市	差值	核心城市	非核心城市	差值
2003	2.3769	2.3375	0.0394	4.1810	3.7571	0.4240
2004	3.3832	3.6638	-0.2806	2.7679	4.2196	-1.4517
2005	3.4762	3.9819	-0.5057	3.9778	2.8462	1.1317
2006	3.4945	3.8397	-0.3452	3.5555	2.8787	0.6768
2007	3.6319	3.7578	-0.1259	3.6293	2.9299	0.6994
T 检验	原假设	统计值截尾概率	检验结论	原假设	统计值截尾概率	检验结论
	差值的期望 < 0	0.0297	拒绝原假设	差值的期望 <0	0.7261	不能拒绝原假设
	差值的期望 =0	0.0595	拒绝原假设	差值的期望 =0	0.5479	不能拒绝原假设
	差值的期望 > 0	0.9703	不能拒绝原假设	差值的期望 >0	0.2739	不能拒绝原假设

山东半岛城市群包括济南、淄博、青岛 3 个核心城市及潍坊、威海、东营、烟台、日照共 8 个城市。山东半岛城市群核心城市（济南、淄博、青岛）的人均 GDP 均值在 2004 年以来，一直低于城市群内非核心城市人均 GDP 均值，不过二者之间差距在逐年缩小。

珠三角城市群包括广州、佛山、中山 3 个核心城市及东莞、江门、肇庆、惠州、深圳、珠海共9个城市。珠三角城市群核心城市（广州、佛山、中山）的人均GDP均值除了在2004年以外高于城市群内非核心城市人均GDP均值，但是均值检验结果却表明核心城市与非核心城市人均GDP均值并不存在显著差异。

可见，在经济总体水平较高的东部地区内部，不同城市群的核心城市与非核心城市的经济发展水平分布具有不同的特点。因而，这说明了从地区内部的城市和城市群视角考察地区间经济发展差距的必要性。

（2）东北地区包括2个代表性城市群

辽东半岛城市群包括沈阳、抚顺、阜新3个核心城市及盘锦、鞍山、本溪、葫芦岛、营口、丹东、大连共10个城市。辽东半岛城市群核心城市（沈阳、抚顺、阜新）的人均GDP均值总体上看与城市群内全部非核心城市人均GDP均值相差较大，核心城市的人均GDP均值显著低于非核心城市(表2.6)。吉黑城市群：长春、哈尔滨2个核心城市及大庆、齐齐哈尔共4个城市。吉黑城市群核心城市（长春、哈尔滨）的人均GDP均值在很大程度上低于城市群非核心城市人均GDP均值。所以，辽东半岛城市群、吉黑城市群与山东半岛城市群的城市经济发展水平分布具有相似特点，即城市群内部城市经济发展水平分布区域平均化，核心城市经济发展水平不是十分突出。

（3）中部地区包括3个代表性城市群

长株潭城市群包括长沙、株洲、湘潭3个核心城市及岳阳、常德、益阳、娄底、衡阳共8个城市。长株潭城市群核心城市（长沙、株洲、湘潭）的人均GDP均值近年来显著高于城市群内非核心城市人均GDP均值(表2.7)。可见，核心城市人均GDP均值与非核心城市人均GDP均值确实存在差异。中原城市群包括郑州、洛阳、许昌3个核心城市及新乡、焦作、开封、平顶山、漯河共8个城市。中原城市群核心城市（郑州、洛阳、许昌）的城市实际人均GDP均值也显著高于城市群内非核心城市实际人均GDP均值。武汉都市圈包括武汉、黄石2个核心城市及黄冈、鄂州、咸宁共5个城市。武汉都市圈中核心城市（武汉、黄石）的城市实际人均GDP均值在近年来也显著高于城市群内非核心城市实际人均GDP均值。从城市群核心城市与非核心城市实际人均GDP的横向比较来看，武汉都市圈的核心城市人均GDP与非核心城市的人均GDP差距最大，其次是长株潭城市群，差距最小的是中原城市群。

表 2.6 东北地区典型城市群内核心城市、非核心城市人均 GDP

单位：万元

年份	辽东半岛城市群 10 市			吉黑城市群 4 市		
	核心城市	非核心城市	差值	核心城市	非核心城市	差值
2003	1.4174	1.7702	−0.3528	1.6789	2.5141	−0.8352
2004	1.9274	2.8089	−0.8815	3.0158	4.9652	−1.9494
2005	1.8845	2.8024	−0.9179	2.6917	4.8874	−2.1957
2006	1.9840	2.8007	−0.8167	2.4373	4.9549	−2.5176
2007	2.1023	2.8110	−0.7087	2.5027	4.8926	−2.3899
T 检验	原假设	统计值截尾概率	检验结论	原假设	统计值截尾概率	检验结论
	差值的期望 < 0	0.0010	拒绝原假设	差值的期望 < 0	0.0014	拒绝原假设
	差值的期望 = 0	0.0020	拒绝原假设	差值的期望 = 0	0.0028	拒绝原假设
	差值的期望 > 0	0.9990	不能拒绝原假设	差值的期望 > 0	0.9986	不能拒绝原假设

表 2.7 中部地区典型城市群内核心城市、非核心城市人均 GDP

单位：万元

年份	长株潭城市群 8 市			中原城市群 8 市		
	核心城市	非核心城市	差值	核心城市	非核心城市	差值
2003	1.1858	0.6856	0.5001	1.2395	0.7881	0.4514
2004	2.5298	1.6262	0.9036	1.9971	1.4873	0.5098
2005	2.5737	1.4749	1.0988	2.0448	1.2881	0.7567
2006	2.5209	1.4867	1.0342	2.0711	1.2750	0.7962
2007	2.6764	1.5977	1.0787	1.8422	1.2187	0.6235
T 检验	原假设	统计值截尾概率	检验结论	原假设	统计值截尾概率	检验结论

续表

	长株潭城市群 8 市			中原城市群 8 市		
	核心城市	非核心城市	差值	核心城市	非核心城市	差值
T 检验	差值的期望 < 0	0.9994	不能拒绝原假设	差值的期望 < 0	0.9996	不能拒绝原假设
	差值的期望 = 0	0.0011	拒绝原假设	差值的期望 = 0	0.0007	拒绝原假设
	差值的期望 > 0	0.0006	拒绝原假设	差值的期望 > 0	0.0004	拒绝原假设
年份	武汉都市圈 5 市					
	核心城市	非核心城市	差值	原假设	统计值截尾概率	检验结论
2003	1.6195	0.7885	0.8310	差值的期望 < 0	0.9993	不能拒绝原假设
2004	2.2195	0.9612	1.2583	差值的期望 = 0	0.0013	拒绝原假设
2005	2.2557	0.8960	1.3597	差值的期望 > 0	0.0007	拒绝原假设
2006	2.8252	0.9488	1.8764	—	—	—
2007	2.4942	0.9771	1.5170	—	—	—

(4) 西部地区包括 2 个代表性城市群

成渝城市群包括成都、德阳、重庆 3 个核心城市及绵阳、自贡、广源、达州、南充、宜宾共 9 个核心城市。成渝城市群核心城市（成都、德阳、重庆）的实际人均 GDP 均值显著高于城市群内非核心城市实际人均 GDP 均值（表 2.8）。关中城市群包括西安、咸阳 2 个核心城市及宝鸡、铜川、渭南共 5 个城市。关中城市群核心城市（西安、咸阳）的实际人均 GDP 均值也显著高于城市群内非核心城市实际人均 GDP 均值。同时，成渝城市群核心城市与非核心城市实际人均 GDP 均值的差距要大于关中城市群。

表 2.8　西部地区典型城市群内核心城市、非核心城市人均 GDP

单位：万元

年份	成渝城市群			关中城市群		
	核心城市	非核心城市	差值	核心城市	非核心城市	差值
2003	1.1824	0.5073	0.6751	0.9097	0.5609	0.3488
2004	1.7239	1.0554	0.6685	1.6715	1.1155	0.5560
2005	1.7475	1.0095	0.7380	1.6853	1.2570	0.4283
2006	1.7888	1.0399	0.7489	1.6630	1.2495	0.4135
2007	1.5620	1.0845	0.4774	1.4427	1.3479	0.0948
T 检验	原假设	统计值截尾概率	检验结论	原假设	统计值截尾概率	检验结论
	差值的期望 < 0	0.9999	不能拒绝原假设	差值的期望 < 0	0.9958	不能拒绝原假设
	差值的期望 = 0	0.0002	拒绝原假设	差值的期望 = 0	0.0084	拒绝原假设
	差值的期望 > 0	0.0001	拒绝原假设	差值的期望 > 0	0.0042	拒绝原假设

2. 不同地区之间的城市群经济增长差异

不同地区城市群的城市经济增长显示出不同的特点。从各地区城市群的城市人均 GDP 绝对值来看，2003 年以来，各地区城市群的城市人均 GDP 都大体表现为增长趋势。但是，地区之间的城市人均 GDP 水平的差距也十分明显。通过均值检验可以发现，东部与东北地区城市群的城市人均 GDP 差距并不显著，而东部地区城市群的城市人均 GDP 显著高于中部、西部地区；东北地区城市群的城市人均 GDP 也显著高于中部、西部地区；中部地区城市群的城市人均 GDP 显著高于西部地区（表 2.9）。可见，不同地区城市群层面的城市经济发展差距分析表明，东部和东北地区城市群城市经济增长水平领先于中部和西部地区，中部地区城市群城市经济增长水平略强于西部地区，但是二者与东部、东北地区城市群城市经济增长水平确实存在较大差距。这也说明，不同地区城市经济发展水平是地区之间总量经济增长水平差距的一个缩影。

表 2.9　**各地区典型城市群内全部城市人均 GDP 均值**　单位：万元

年 份	东部	东北	中部	西部
2003	2.6492	1.8804	0.9838	0.7164
2004	3.3294	3.2675	1.7027	1.3081
2005	3.2145	3.1583	1.6329	1.3419
2006	3.2251	3.1259	1.7158	1.3522
2007	3.2256	3.1481	1.6796	1.3148

原假设	T 统计值的截尾概率		
	东部 VS 东北	—	—
差值的期望 < 0	0.8994	—	—
差值的期望 = 0	0.2012	—	—
差值的期望 > 0	0.1006	—	—
原假设	东部 VS 中部	东北 VS 中部	中部 VS 西部
差值的期望 < 0	1.0000	0.9998	0.9999
差值的期望 = 0	0.0000	0.0004	0.0002
差值的期望 > 0	0.0000	0.0002	0.0001
原假设	东部 VS 西部	东北 VS 西部	—
差值的期望 < 0	1.0000	0.9999	—
差值的期望 = 0	0.0000	0.0003	—
差值的期望 > 0	0.0000	0.0001	—

四　现阶段我国城市可持续发展面临的主要问题

由低价工业化到高价城市化的转化，一方面引起近年来中国经济整体快速发展；另一方面也对未来中国经济增长的可持续性带来挑战。城市作为城市化的结果，其可持续发展面临一些棘手的问题。有学者认为中国的工业化道路是 20 世纪 80 年代基本靠“老农”（即乡镇企业的发展以及大量农村劳动力的转移)，20 世纪 90 年代基本靠"老外"（即大量外国直接投资企业的发展以及沿海地区外向型产业模式的基本形成)[163]。那么，对于中国城市化道路来说，21 世纪中国新型城市化道路只能依靠城市经济活动效率的不断增进，从而实现城市经济和环境的全面可持续发展。然而，在快速城市化环境下，城市可持续发展面临高成本城市化的挑战，体现在：基础设施方面，如水电、燃气、公路和绿地等都是需要政府推动的高投入；社会保障方面，农民变为市民需要社会保障，需要政府财政支持大量的公共支出如教育、环境保护投入和城市运营等；高土地价格、高劳动力成本和高税收[164]。但是，这些都是显性成本，其变化只影响城市经济的可持续发展。从国民经济整体发展来看，高成本城市化损害中国的比较优势，降低就业能力。从城市自身可持续发展看，要素拥挤和环境污染问题制约城市的经济可持续发展和环境可持续发展。不容忽视的是，城市在经济规模和人口规模扩大的环境下，城市的生态环境可持续发展需要承担高昂的环境成本，这是隐性成本。城市的经济可持续发展与环境可持续发展之间存在诸多矛盾，导致现阶段城市经济发展存在一些困难。即在城市化进程中不断增大的城市经济体，其生产效率的贡献份额和如何提高的问题及处于产业集聚环境下的城市经济效率如何提高的问题。本节将对这些问题进行概述和分析，明确本文研究尝试解决的具体问题。

1. 城市经济可持续与环境可持续的和谐发展

从第三节城市经济增长水平差异分析可以发现，无论是城市群内部的核心城市与非核心城市之间，还是不同地区的典型城市群之间，城市的经济发展水平差异较大。那么接下来的问题是，推动城市经济增长的源泉是什么？推动城市经济可持续发展的源泉是什么？依据新古典理论和新增长理论以及制度经济学理论，答案显然是技术进步和制度创新，缩小城市之间的差异的根本途径在于提高城市的全要素生产率。因此，有必要估算城市全要素生产率，考察城市全要素生产率在城市经济增长的贡献份额，了解城市经济增长的源泉和主要推动力量，从而为缩小城市经济发展水平差距、缩小城市群经济发展水平差异乃至地区经济发展水平差异提供一个可持续的长期对策。又因为全要素生产率是衡量城市经济可持续发展的代表性指标，所以无论从地区之间、城市群之间的城市经济发展差距角度，还是城市经济可持续发展角度，对城市全要素生产率估算、比较和影响因素分析都是具有重要的理论和现实意义的。

传统的经济体全要素生产率估算在产出方面只把地区或城市生产总值作为单一的产出，同时在投入方面只考虑资本投入和劳动投入。这种估算方法显然忽视了经济生产活动过程中伴生的非合意产出——环境污染物排放，导致在不考虑环境因素时对某些地区或城市合意产出的高估，进而导致对某些地区或城市全要素生产率的高估。从现阶段我国城市环境状况看，随着城市化进程加快，在相当长一段时期内城市环境压力仍然较大。对部分直辖市、省会城市 2003 年和 2007 年主要污染物排放量和污染源治理投资额做出比较，发现虽然一部分直辖市、省会城市的主要污染物排放量出现了下降趋势，如北京、天津、太原、南京的 3 种污染源工业废水排放量、工业二氧化硫排放量、工业烟尘排放量都呈现出下降趋势，上海、南昌、广州、南宁、重庆、长沙、兰州、武汉等城市 3 种污染源中有两种污染物排放量是下降的［表 2.10（a）］，但是一些城市如福州、哈尔滨、西安、西宁只有一种污染物排放量减少，而其他污染物不是“减排”，却在持续“增排”；还有的城市 3 种污染物都呈现出“增排”趋势，例如沈阳、合肥、银川、乌鲁木齐、呼和浩特等［表 2.10（b）］。其中，对于工业废水排放量，西安市 2007 年工业废水排放量是 2003 年的 1.7 倍，西宁市 2007 年工业废水排放量是 2003 年的 2.11 倍，银川市 2007 年工业废水排放量是 2003 年的 1.94 倍；对于工业二氧化硫排放量，沈阳市 2007 年工业二氧化硫排放量是 2003 年的 2.51 倍，乌鲁木齐 2007 年工业二氧化硫排放量是 2003 年的 1.76 倍；对于工业烟尘排放量，沈阳市 2007 年工业烟尘排放量是 2003 年的 2.78 倍，呼和浩特市 2007 年工业烟尘排放量是 2003 年的 1.78 倍。由此可见，尽管 2003 年至 2007 年各直辖市和部分省会城市污染源治理年投资总额都有不同程度的增长，但是这些城市面临的环境压力较大。所以在核算城市经济增长和估算城市全要素生产率时必须把城市的环境因素考虑进来，从而把城市经济可持续发展和环境可持续发展协调统一起来。

表 2.10 2003 年和 2007 年部分城市环境污染物排放量和污染源治理投资（a）

城市	年份	工业废水排放量(亿吨)	工业二氧化硫排放量(万吨)	工业烟尘排放量(万吨)	污染源治理年投资总额(亿元)
北京	2003	1.31	11.40	3.21	6.41
	2007	0.91	8.29	2.05	49.33
天津	2003	2.16	23.02	8.65	12.02
	2007	2.14	22.48	6.27	121.74
太原	2003	0.44	18.17	7.22	1.07
	2007	0.31	10.67	4.63	23.43
南京	2003	4.88	14.16	4.46	1.63
	2007	4.04	13.84	3.72	99.70
上海	2003	6.11	30.07	4.98	191.53
	2007	4.76	36.44	4.04	366.12
南昌	2003	0.70	3.32	2.33	15.77
	2007	1.05	2.71	1.91	6.12
广州	2003	2.12	17.87	1.40	6.99
	2007	2.11	10.09	1.61	148.40
南宁	2003	1.53	4.38	4.88	0.45
	2007	1.43	6.08	3.67	26.12
重庆	2003	8.20	59.97	11.99	6.99
	2007	6.72	68.29	11.59	61.97
长沙	2003	0.40	5.45	4.04	3.68
	2007	0.44	4.95	3.37	15.88
兰州	2003	0.51	5.92	2.35	0.88
	2007	0.37	6.40	1.47	3.57
武汉	2003	3.46	11.11	5.63	4.72
	2007	2.28	12.83	4.09	7.23

数据来源：《中国城市统计年鉴》2004 年版、2008 年版。

表 2.10　2003 年和 2007 年部分城市环境污染物排放量和污染源治理投资（b）

城市	年份	工业废水排放量(亿吨)	工业二氧化硫排放量(万吨)	工业烟尘排放量(万吨)	污染源治理年投资总额(亿元)
福州	2003	0.50	3.64	1.45	27.03
	2007	0.61	10.41	0.85	7.46
哈尔滨	2003	0.58	3.93	5.57	23.49
	2007	0.34	5.82	6.01	34.18
西安	2003	1.12	7.17	3.83	1.69
	2007	1.91	9.82	2.44	1.23
西宁	2003	0.21	4.45	2.92	0.22
	2007	0.44	6.94	2.22	4.86
沈阳	2003	0.70	3.69	2.55	18.14
	2007	0.86	9.27	7.09	14.16
合肥	2003	0.70	2.44	1.24	1.93
	2007	0.50	2.47	1.14	4.38
银川	2003	0.27	1.46	0.48	0.38
	2007	0.52	1.55	0.52	2.61
乌鲁木齐	2003	0.40	7.04	3.94	0.26
	2007	0.48	12.40	4.50	10.15
呼和浩特	2003	0.13	3.65	1.02	0.17
	2007	0.14	5.76	1.82	2.93

数据来源：《中国城市统计年鉴》2004 年版、2008 年版。

2. 在集聚经济正负外部性效应环境下的城市综合可持续发展

用考虑非合意产出的城市全要素生产率可以较为全面地衡量经济和环境可持续发展。然而，这样的研究思路无异于忽视了区域经济可持续发展和城市经济可持续发展的差异。对于处于高速城市化进程的中国来说，城市经济显然面临着与区域经济不同的发展环境。城市经济发展面临的环境特点是城市化进程本身给城市发展带来的正外部性影响和负外部性影响。

在本质上，属于集聚经济给城市集聚体的正外部性效应和负外部性效应。为了与本书研究顺序保持一致，2.4.1 已经分析了城市经济增长面临的环境压力。那么为什么城市会面临如此大的环境污染压力呢？我们认为，除了城市自身经济活动增加和人口增长外，城市发展环境的典型特征之一是集聚经济的发生，生产要素的城市化方向集中使城市经济体的经济活动和人口加速增长。这种集聚效应一方面给城市带来正外部性效应，表现为知识溢出促进的城市技术进步加速和技术效率增进，即城市全要素生产率提高，促进城市经济可持续发展。另一个方面集聚效应还会给城市带来负外部性效应，表现为城市环境污染加剧和人口密度增大。因此，必须首先剔除集聚负外部性效应对城市的经济和环境可持续发展的影响，即在技术上我们在估算城市全要素生产率时剔除环境污染效应，同时考虑城市土地扩容和生态资源要素的投入。因为数据的限制，不能在数量上划分城市自身增长带来的环境污染和城市外部集聚经济给城市带来的环境污染。

在考虑了集聚经济给城市带来的负外部性效应之后，我们再分析制造业集聚和服务业集聚给城市可持续发展带来的正外部性影响。工业化是从以农业为基础的经济向以工业和服务业为基础的经济转变，其核心是发展大规模高效率的制造业，以此带动农业和服务业的发展；城市化不仅指乡村人口变为城市人口、农业人口变为非农业人口的过程，而且指满足人口对城市生产和生活需求的过程，还是一种人口持续不断地从农村向城市在地理空间上集聚和实现工业、城市反哺农业、农村的经济转换的过程（刘志彪、郑江淮，2007）[165]。所以，城市化进程给城市带来资本投入和劳动投入的集中，可能给城市带来知识溢出和技术溢出，提高劳动生产率和全要素生产率。因此，研究城市的经济和环境可持续发展，必须把城市经济增长放在城市正在面临的快速城市化进程这个环境中来分析集聚经济给城市带来的负的外部性影响和正的外部性影响。

五 本章小结

本章回顾了我国城市化历史进程的起步时期、停滞时期、显著和快速发展时期，比较了近年来各地区城市化发展水平，总结了我国城市化进程的历史经验与反思。对城市化作为推动经济增长的新引擎问题，从城市化对区域经济增长的推动作用和城市群发展领跑区域整体经济增长的地位两个方面进行了阐述。通过比较不同城市群之间的城市经济增长差异和不同地区之间的城市群经济增长差异，发现不同地区和不同城市群的城市经济发展水平存在一定差距。现阶段我国城市可持续发展面临的挑战有两个方面，一是城市经济可持续与环境可持续的和谐发展；二是在集聚经济正负外部性效应环境下城市的可持续发展。最后说明本章重点研究的若干问题与研究框架，进一步阐明本章的研究思路。

第三章　我国城市绿色全要素生产率估算

从第二章分析可知，中国城市经济和环境可持续发展面临严峻的挑战。为了实现城市经济增长的可持续发展，必须考虑城市环境的可持续影响以及为此付出的代价。因此，本章采用参数分析法的随机前沿生产函数方法估算考虑集聚经济负外部性效应——环境因素的中国城市全要素生产率，界定为城市绿色全要素生产率（Green Total Factor Productivity，GTFP），并对绿色全要素生产率变化进行分解，得到技术效率变化和前沿技术进步两部分。

一　估计方法选择

在生产过程中合意性产出（desirable output）和非合意性产出（undesirable output）相伴而生，但是通常由于受经济发展模式与战略的影响，以及非合意性产出的数据不可获取或不易估计而往往被忽略，这可能导致所估计的生产效率存在偏差，遗漏生产活动对环境质量的负外部性影响。因而本书基于随机前沿方法（Stochastic Frontier Approach，SFA）分析框架，尝试在生产函数中加入非合意性产出来估计中国城市绿色全要素生产率（Green Total Factor Productivity，GTFP）。

1. 随机前沿生产函数方法

随机前沿生产函数方法是一种参数分析方法，是对传统的索洛余值法的改进。

（1）随机前沿生产函数方法的基本思想

测算全要素生产率的传统方法是索洛余值法（Solow Residual Values

Approach，SRA），假定所有生产者都能实现最优的生产效率，从而将产出增长中要素投入贡献以外的部分全部归结为技术进步（technological progress）的结果，这部分索洛剩余被称为全要素生产率（李京文等，1998）。然而，由于现实经济中大部分生产者不能达到投入—产出关系的技术边界，SRA 的理论假设不完全符合现实（Farrell，1957）。为此，Aigner 和 Chu（1968）提出了前沿生产函数模型，将生产者效率分解为技术前沿（technological frontier）和技术效率（technical efficiency）两个部分，技术前沿是指刻画所有生产者投入—产出函数的边界（frontier of the production function），代表技术进步趋势；技术效率用来描述个别生产者实际技术与技术前沿的差距，用实际产出期望与前沿产出期望之比表示①（图 3.1）[166]。

由于实际得到的投入—产出观测值不可避免地包含随机误差，而且生产者技术效率也总会受到各种环境因素的影响，所以包含随机扰动的前沿模型才能更准确地描述生产者行为，这是随机前沿生产函数（stochastic frontier production function）分析方法的基本思想，为考察城市间全要素生产率差异在城市经济增长中的表现提供了有效的研究方法，随机前沿生产函数模型的一般形式可以表示为：

$$Y_{it} = F(X_{it}, t)\exp(v_{it} - \mu_{it}) \tag{3.1}$$

其中 Y_{it} 表示第 i 个生产者 t 时期的产出；X_{it} 为投入向量，表示各种生产投入要素；t 表示前沿技术进步趋势；$F(\cdot)$ 为前沿生产函数，表示经济中最优生产技术；t 为时间趋势，表示前沿技术进步趋势；$TE_{it} = \exp(-\mu_{it})$ 表示技术效率，表示现有资源最优化利用能力，在给定各种投入要素的条件下实现最大产出，或者给定产出水平下投入最小化的能力，其中 $\mu_{it} \geqslant 0$；μ_{it} 为生产过程中的技术非效率；v_{it} 为观测误差和其他随机因素，通常假定它独立于投入和技术水平，服从零均值、不变方差的正态分布，$vit \sim N(0, \sigma_{2v})$。尽管随机因素 v_{it} 和技术效率 TE_{it} 都不可观测，但是由于随机因素为白噪声（white noise），因而通过多次观测，生产者的技术效率可以用实际产出的期望与随机前沿产出的期望二者比值来

① S. C. Kumbhakar 和 C. A. K. Lovell（2000）总结，Meeusen 和 Broeck（1977）、Aigner，Lovell 和 Schmidt（1977）、Battese 和 Corra（1977）是标志 SFA 技术诞生的开创性文献。

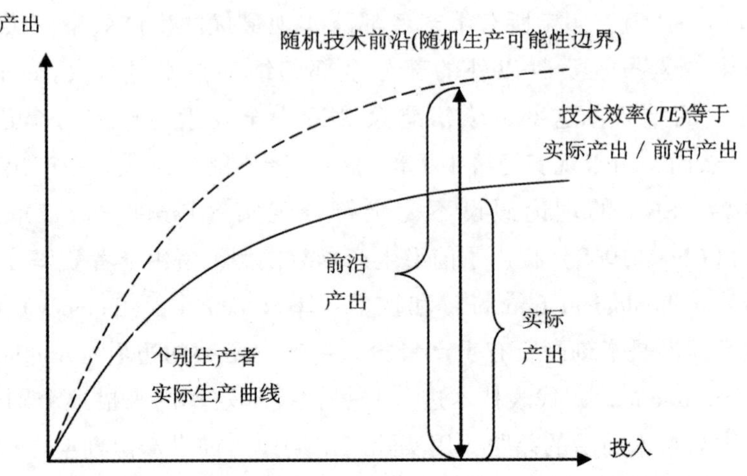

图 3.1 生产可能性边界与实际生产曲线及技术效率的关系

确定。

（2）考虑非合意性产出的 SFA 方法拓展

假定在既定投入下，合意性产出和非合意性产出只能同比例减少。当非合意产出为零时，合意产出也为零[167]。

$$EY_{it} = Y_{it}(1/udoutput) = F(X_{it}, t)\exp(v_{it} - \mu_{it}) \tag{3.2}$$

其中 $Y_{it}(1/udoutput)$ 表示用环境污染物排放指数调整的“绿色产出”，令 $Y_{it}(1/udoutput)$ 为 EY_{it} 表示。我们运用主成分分析法、使用地级及以上城市主要环境污染物排放量数据构建环境污染物排放指数对城市总产出进行调整，得到“绿色产出” EY_{it}，从而剔除了总产出中的“非合意”产出的干扰。

生产者由于受随机扰动和技术效率两方面影响而向下偏离或向上偏离投入—产出关系的最优技术边界，这是随机前沿模型具有更为接近经济现实中生产行为的优点。由于技术效率都是相对于最优生产效率而言的，因而各生产者间技术效率差异实际上反映了全要素生产率的差距①[同25]。根据前沿生产函数模型，只要测算城市生产技术效率水平则可以分析全要素生产率差异在城市经济增长过程中的贡献。

① 这里以城市为生产单元，可以将各城市全要素生产率差距分解为要素投入差异、地区规模差异和技术效率差异三个部分。

2. 模型设定

在选定的生产函数形式下，依据 u 的分布形式，利用极大似然法（Maximum Likelihood Estimation）确定生产函数中的参数值。因而，生产函数形式的选择对模型估计结果的可信性至关重要。目前较为常用的生产函数主要有柯布 - 道格拉斯生产函数和超越对数生产函数两种。我们可以构建柯布 - 道格拉斯（Cobb - Douglas Function，C - D）前沿生产函数，但由于 Wald 参数检验值在 1% 显著水平上拒绝资本和劳动力的产出弹性之和为 I，即我国城市经济增长存在规模报酬不变的原假设，无法采用 C - D生产函数的密集形式。超越对数生产函数形式的优点是放宽了产出弹性固定和技术中性的假设，允许生产要素之间的替代弹性可变与非中性技术进步，并且可以将 TFP 增长率拆分为技术进步和技术效率提高两个组成部分，技术效率提高还可以进一步分为技术效率变化和规模效率变化。但缺点是不方便进行产出分解，且估计中容易产生多重共线性问题①[同12][同25]。同时考虑到技术进步的因素以及超越对数生产函数形式灵活、限制少的特点，因此本文先后采用柯布 - 道格拉斯生产函数［式(3.3)］和超越对数生产函数［式（3.4）］形式分别作为前沿生产函数。

假定生产过程中需要三种投入要素：资本投入、劳动投入、土地，生产出两种类型的产出，即合意性产出 GDP 和非合意性产出环境污染排放。按照柯布 - 道格拉斯生产函数形式对式（3.2）做线性变换，得到线性形式的前沿生产函数模型为：

$$\ln EY_{it} = \delta_0 + \delta_1 \ln K_{it} + \delta_2 \mathrm{In} L_{it} + \delta_3 t + \delta_4 U_{it} + \delta_5 G_{it} + \upsilon_{1it} - \mu_{1it} \tag{3.3}$$

超越对数生产函数形式的前沿生产函数模型为：

$$\ln EY_{it} = \beta_0 + \varphi_1 t + 1/2\varphi_2 t^2 + (\alpha_1 + \alpha_2 t)\ln K_{it} + (\beta_1 + \beta_2 t)\ln L_{it} + 1/2\vartheta_1 \ln K_{it} \ln K_{it} + \vartheta_2 \mathrm{In} K_{it} \ln l_{it} + 1/2\vartheta_3 \ln l_{it} \mathrm{In} L_{it} + \xi_1 U_{it} + \xi_2 G_{it} + \upsilon_{2it} - \mu_{2it} \tag{3.4}$$

其中，Y_{it} 、L_{it} 和 K_{it} 分别为第 i 个地级及以上城市在第 t 年的产出、劳动和资本，t 为观察变量的年份，2003 年取值为 1；技术变化的时间趋势

① 但是也有学者认为柯布 - 道格拉斯生产函数适合现阶段中国经济增长状况。

系数用来解释希克斯中性技术变化；U_{it} 代表城市空间规模，由城市市辖区行政土地范围表示；G_{it} 代表建成区绿化覆盖面积，作为生态环境投入变量；υ_{1it}、μ_{1it}、υ_{2it}、μ_{2it} 代表的含义同式（3.1）；δ_0 和 β_0 为常数项，分别表示两种生产函数形式中的初始技术水平。

（1）对技术效率及其变化的估计

由式（3.3）或式（3.4）估计得到技术效率 TE_{it}，表示现有资源最优化利用能力，在给定各种投入要素的条件下实现最大产出，或者给定产出水平下投入最小化的能力：

$$TE_{it} = \exp(-\mu_{it}) \tag{3.5}$$

与技术效率水平本身相比，我们更加重视技术效率的变化。由式（3.5）技术效率 TE_{it} 来计算第 t 年和第 $t-1$ 年的技术效率变化 CH_TE_{it}：

$$CH\_TE_{it} = TE_{it}/TE_{i(t-1)} \tag{3.6}$$

由式（3.6）得到技术效率变化 CH_TE_{it} 减去 1，计算技术效率变化率 CHR_TE_{it}：

$$CHR\_TE_{it} = (TE_{it}/TE_{i(t-1)}) - 1 \tag{3.7}$$

（2）对前沿技术水平和前沿技术进步的估计

前沿技术水平也称前沿技术边界，即图 3.1 中期望产出的位置。前沿技术进步是指前沿技术水平变动的轨迹，可以用前沿技术变化和前沿技术进步率表示其变化方向和程度。

由式（3.3）估计结果对 t 求偏导数得到基于 C－D 生产函数估计的前沿技术水平：

$$FTP_{it} = \exp(\delta_0 + \delta_3 t) \tag{3.8}$$

这里 FTP_{it} 表示纯粹的技术变化，是所有城市面临的共同技术进步。

再由式（3.4）估计结果对 t 求偏导数得到基于超越对数生产函数估计的前沿技术水平：

$$FTP_{it}^{trg} = \exp(\beta_0 + 1/2\varphi_2 t + \alpha_2 \ln K_{it} + \beta_2 \ln l_{it}) \tag{3.9}$$

式（3.9）中 $\exp(\alpha_2 \ln K_{it} + \beta_2 \ln L_{it})$ 表示随不同城市和时期而变的非中性技术进步。如果前沿技术进步不是中性时，即它随时间而变化，前沿技术进步会随着投入向量的不同而不同。因此，相邻年份第 t 年和第（$t-1$）年的前沿技术进步的估计应采用邻近两年的几何平均值（Coelli，

Rao and Battase，1998）。这样由式（3.3）或式（3.4）估计结果对 t 求（偏）导数得到前沿技术进步：

$$FTP_{it} = \left[\frac{\partial \ \ln E(Y_{i(t-1)})}{\partial \ (t-1)} \times \frac{\partial \ \ln E(Y_{it})}{\partial \ t}\right]^{\frac{1}{2}} \tag{3.10}$$

$$= \begin{bmatrix} \left(\varphi_1 + \alpha_2 \ln K_{i(t-1)} + \beta_2 \ln L_{i(t-1)} + \frac{1}{2}\varphi_2 (t-1)\right) \times \\ \left(\varphi_1 + \alpha_2 \ln K_{it} + \beta_2 \ln L_{it} + \frac{1}{2}\varphi_2 t\right) \end{bmatrix}^{\frac{1}{2}}$$

其中 $E(Y)$ 表示产出的期望值。

（3）对全要素生产率及其变化的估计

由式（3.5）和式（3.8）TE_{it} 和 FTP_{it}，计算得到全要素生产率水平 $GTFP_{it}$：

$$GTFP_{it} = TE_{it} \times FTP_{it} \tag{3.11}$$

式（3.11）中 TE_{it} 为第 t 年的技术效率，FTP_{it} 为第 t 年的前沿技术水平。可见，在随机前沿生产函数模型中，技术效率的差异实际上反映了城市全要素生产率的差异。

技术效率的相关研究改变了传统增长理论将全要素生产率的增长等同于技术进步的处理方法，Nishinizu 和 Page（1982）[168]将全要素生产率（GTFP）增长分解成前沿技术变化和相对前沿技术效率的变化，此后多数研究都沿用他们的方法来分解全要素生产率的增长，即全要素生产率水平（GTFP）变化（CH_GTFP_{it}）是技术效率变化 CH_TE_{it} 和前沿技术进步 CH_FTP_{it} 两者的和，故由式（3.6）和式（3.9）的 CH_TE_{it} 和 CH_FTP_{it} 得到：

$$CH\_GTFP_{it} = CH\_TE_{it} + CH\_FTP_{it} \tag{3.12}$$

二　数据选取

我们将基于随机前沿生产函数方法估计 2003 年至 2007 年 262 个地级及以上城市市辖区（不包含辖县）的绿色全要素生产率和一般意义的全要素生产率及技术效率。下面介绍数据使用说明，对数据进行描述性统计分析。

1. 数据使用说明

本书的研究覆盖 2003 年至 2007 年 262 个地级及以上城市市区（不包

含辖县）年度面板数据，共1310个观测结果。样本时间区间选择从2003年开始是因为：第一，进入21世纪后的近几年我国城市化水平加速提高，出现了新的特点和发展趋势[同148第50—59页]；第二，从2003年到2007年，我国经济增长率年均超过10%，属于新一轮的高速经济增长阶段。所以，本节采用2003年至2007年262个地级及以上城市市区（不包含辖县）面板数据作为经验研究的观测单位。此外，从反映城市功能和本章考察目的出发，采取的都是市辖区数据。本节使用的城市投入和产出变量的定义如下：

（1）产出指标

采用城市市区生产总值（Gross Domestic Product，GDP）指标，作为“好”产出，也称为“合意产出”。数据来自《中国城市年鉴》历年各卷和《中国城市统计年鉴》历年各卷①，单位为亿元。用2003年至2007年各省区生产总值指数平减得到2003年不变价格的实际地区生产总值（Real Gross Domestic Product，RGDP）。

（2）非合意产出

也称为“坏”产出，通常指厂商在生产过程中产生的环境污染物。关于如何全面、科学地表达某地区的环境破坏整体水平，国内外现有研究还没有一致的看法。国内外相关研究一般采用具体污染指标来表征环境污染水平。例如，把“三废”排放量，即废水、废气、固体废物作为非合意产出的研究有Kaneko和Managi（2004）[169]、程丹润和李静（2009）[170]等；Managi和Kaneko（2006）[171]还把工业废水中的COD六价铬、铅，工业废气中的二氧化硫、工业烟尘、工业粉尘排放量作为非合意产出；单独把二氧化硫排放量作为非合意产出的研究有Watanabe和Tanaka（2007）[172]、涂正革（2008）[同108]等；胡鞍钢等（2008）[同91]考虑了废水、工业固体废物、二氧化硫、二氧化碳、化学需氧量作为非合意产出；王兵等（2010）把二氧化硫和化学需氧量作为测算环境全要素生产率的非合意产出[173]。二氧化硫和二氧化碳是两种主要的气体排放物，但由于缺乏有关城市二氧化碳排放的年度数据，我们在本节分析工业废水排放、工业二氧化硫的排放和工业烟尘排放。二氧化硫是一种主要的空气污染物，它主要来源于燃烧含硫

① 用插值法和趋势外推法估算了个别缺失数据。

的化合物，对大气环境有显著的负面影响。煤炭和石油常常含有硫化物，因此，使用这些燃料会导致二氧化硫的排放。2007 年，中国二氧化硫的排放总量高达 2549 万吨，高居世界第一位。2008 年略有下降，二氧化硫的排放总量为 2321.3 万吨。由于二氧化硫排放所导致的酸雨污染，已严重制约着全面建设小康社会目标的顺利实现，因此，二氧化硫总量控制成为中国“十一五”期间环境保护的主要目标。“十一五”规划明确提出，到 2010 年，全国二氧化硫排放总量将比“十五”期末减少 10%，总量必须控制在 2295 万吨。考虑到尽可能对城市环境污染排放物研究的完整性，本章将工业废水排放量也作为构成污染指数的一个重要指标。

基于研究的全面性和数据的可得性，本节以各地级及以上城市 2003 年至 2007 年工业废水排放量、工业二氧化硫排放量、工业烟尘排放量共三个指标作为污染排放的原始指标。这些数据具有良好统计性，同时又与经济发展过程密切相关。原始数据来源于相应年份《中国环境年鉴》《全国环境统计公报》和《中国城市统计年鉴》。由于 SFA 方法要求产出指标不能过多，本节采用主成分方法，把三种污染排放指标综合成一个污染排放指数，为使模型有合理意义，取污染排放指数的倒数作为模型非合意产出。①

（3）资本投入

一般基于省际数据估算全要素生产率的经验研究多采用地区资本存量指标代表资本投入②[174]多数采用“永续盘存法”来估计每年的实际资本存量。但是由于以下困难，我们无法使用资本存量代表中国城市经济增长的资本投入。第一，中国地级及以上城市新增固定资产投资和固定资产投资指数的数据很难得到较长期的完整的面板数据。第二，中国地级及以上城市的初始资本存量估计的准确性较难把握。第三，对省际区域资本存量的估算方法还存在一定争议，造成在中国地级及以上城市资本存量估计方法选择上的实际困难。因此，本节参照已有的中国城市全要素生产率的代

① 对于缺失的城市市区工业污染数据，限于现有数据统计口径为包含辖县的全市工业污染物排放量，我们用城市市区工业总产值占全市（包含辖县）工业总产值的比重乘以全市工业污染物排放量，从而间接得到城市市区工业污染物排放量来补齐。

② 张军等（2004）对我国资本存量的估算进行了开创性的研究，多数学者都直接或间接采用张军估算的资本存量数据进行研究。

表性研究的做法①，选用中国地级及以上城市年固定资产投资总额作为资本投入的替代变量，单位为亿元，并以2003年的不变价格进行折算，具体折算系数为各年度各省区的“固定资产投资价格指数”。

（4）劳动投入

一般采用全社会从业人员指标代表区域经济增长的劳动投入。限于我国地级以上城市劳动数据统计仅公布了各市单位从业人员和城镇私营个体从业人员，所以本文的劳动力指标统一采用城市从业人员数据，即市辖区的单位从业人员和城镇私营个体从业人员加总所得②，单位为万人。

（5）土地

城市规模经济除了人口规模经济和资本规模经济以外，还有土地规模经济。刘永亮（2009）研究发现，2001年至2005年我国地级及以上城市的土地规模经济显著存在，并且高于同期的资本规模经济和人口规模经济[175]。在我国土地资源短缺的环境下，城市土地应该作为城市经济增长的一种投入要素，同时作为控制变量代表城市规模的变化，使我们估计的绿色全要素生产率不受到城市土地规模变动的影响。在回归模型中使用各地级及以上城市市辖区行政土地面积代表土地投入要素。

（6）生态资源

在产出中仅考虑剔除环境污染“非合意产出”是不够完备的，在投入变量中，把城市生态资源因素纳入绿色全要素生产率估算中，可以得到一个含生态因素的GTFP。这里用各地级及以上城市市辖区绿地面积代表城市生态资源指标，与资本投入、劳动投入、土地共同作为四种投入要素

① 俞立平等（2006）研究中国省会城市及计划单列城市2001年至2004年全要素生产率时选取固定资产投资总额作为资本投入的代表；金相郁（2006）利用当年固定资产投资总额代表城市的资本存量。尽管高炜宇（2008）认为金相郁（2006）的方法很可能忽略了以往固定资产投资的累计效应，而采用固定资产投资总额的折旧叠加方法来拟合城市的资本存量，采用的年折旧率为10%。但是，我们认为目前对资本存量的估计方法在没有取得一致认同的情况下，俞立平等（2006）、金相郁（2006）的做法是可取的。

② 俞立平等（2006）以在岗职工人数作为劳动投入指标；高春亮（2007）劳动力以单位从业人员数作为样本数据。显然这两种做法都忽略了城市个体从业人员对城市经济增长的贡献，将会造成对劳动投入对经济增长贡献的低估。因此，在考察城市劳动投入对经济增长贡献时须纳入城市个体从业人员人数，这样可以更准确地得到劳动对产出的贡献，从而得到的全要素生产率也较为可信。

用作估算 GTFP 的随机前沿生产函数模型。

2. 变量的描述性统计分析

估算 2003—2007 年中国地级及以上城市全要素生产率所用变量含义及指标统计性描述特征见表 3.1。

表 3.1　2003—2007 年中国 262 个地级及以上城市投入产出指标数据描述性统计

指标	城市人口规模类型	均值	最大值	最小值	标准差	极差	观测个数
产出指标名义 GDP（亿元）	400 万人以上	2984.870	12100.000	514.481	2516.584	11585.520	65
	200 万—400 万	1141.998	6801.571	207.298	996.851	6594.272	125
	100 万—200 万	338.377	3151.913	28.530	354.423	3123.383	385
	50 万—100 万	156.544	1192.922	24.366	124.308	1168.556	525
	50 万以下	85.391	515.130	17.693	65.375	497.437	210
工业废水排放量（万吨）	400 万人以上	30630.720	85735.000	3356.000	24807.510	82379.000	65
	200 万—400 万	15672.220	77682.000	1505.000	15805.360	76177.000	125
	100 万—200 万	7194.442	91260.000	274.000	6867.266	90986.000	385
	50 万—100 万	6044.437	65249.000	22.000	53000	65227.000	525
	50 万以下	3920.414	20136.000	191.000	3578.462	19945.000	210
工业二氧化硫排放量（万吨）	400 万人以上	17.039	68.316	1.574	16.408	66.743	65
	200 万—400 万	11.201	29.649	1.695	6.929	27.954	125
	100 万—200 万	6.206	30.457	0.014	4.909	30.443	385
	50 万—100 万	5.265	33.322	0.027	4.346	33.295	525
	50 万以下	4.646	16.776	0.006	4.203	16.770	210
工业烟尘排放量（万吨）	400 万人以上	5.344	20.307	0.360	4.226	19.947	65
	200 万—400 万	4.248	25.031	0.121	3.638	24.910	125
	100 万—200 万	2.771	17.222	0.010	2.621	17.212	385
	50 万—100 万	2.619	13.959	0.010	2.175	13.949	525
	50 万以下	1.959	7.670	0.005	1.952	7.666	210

续表

指标	城市人口规模类型	均值	最大值	最小值	标准差	极差	观测个数
资本投入（亿元）	400万人以上	1373.152	4364.557	103.230	954.114	4261.328	65
	200万—400万	494.292	1370.934	49.169	312.688	1321.765	125
	100万—200万	154.063	1060.310	14.272	146.184	1046.038	385
	50万—100万	76.138	440.525	2.638	62.591	437.887	525
	50万以下	46.151	285.064	9.754	31.000	275.310	210
劳动投入（万人）	400万人以上	271.051	840.211	62.617	180.879	777.594	65
	200万—400万	99.763	478.820	26.181	71.033	452.639	125
	100万—200万	32.689	130.185	4.241	22.427	125.944	385
	50万—100万	19.362	92.952	2.540	10.605	90.412	525
	50万以下	10.205	41.280	3.426	4.405	37.855	210
土地投入（平方公里）	400万人以上	5613.400	26041.000	1615.000	4640.389	24426.000	65
	200万—400万	2491.300	9955.000	145.000	1679.144	9810.000	125
	100万—200万	2052.140	7077.000	80.000	1393.249	6997.000	385
	50万—100万	1476.899	19576.000	115.000	2067.242	19461.000	525
	50万以下	1758.498	14448.000	50.000	2561.849	14398.000	210
生态资源建成区绿化覆盖面积（公顷）	400万人以上	17647.540	54355.000	5145.000	11831.950	49210.000	65
	200万—400万	7070.208	34380.000	1050.000	5068.135	33330.000	125
	100万—200万	2737.170	9436.000	92.000	1678.114	9344.000	385
	50万—100万	1797.897	6190.000	49.000	1000.864	6141.000	525
	50万以下	980.129	3084.000	36.000	576.861	3048.000	210

三　实证结果分析

1. 生产函数估计结果分析

我们估计2003—2007年中国262个地级及以上城市的柯布－道格拉斯生产函数形式前沿生产函数（模型1）和超越对数生产函数形式前沿生产函数（模型2），见表3.2。

表 3.2　随机前沿生产函数时间可变滞后效率模型估计结果

变量	模型 1		模型 2	
	估计参数	Z 统计量	估计参数	Z 统计量
ln$K$	0.158	4.970***	-0.709	-1.20
ln$L$	0.303	7.410***	0.135	0.24
ln$U$	0.074	2.820***	0.065	2.69***
LnG	0.053	1.700*	0.061	1.98**
t	-0.070	-4.300***	0.074	0.58
t^2	—	—	0.018	4.27***
t ln$K$	—	—	-0.018	-1.43
t ln$L$	—	—	0.009	0.65
ln$K$ln$L$	—	—	-0.012	-0.20
(ln$K$)^2	—	—	0.036	1.32
(ln$L$)^2	—	—	0.050	1.21
常数	12.701	22.030***	17.19	5.13***
$\sigma_s^2=\sigma_u^2+\sigma_v^2$	0.539	{0.047}	0.797	{0.130}
σ_u^2	0.484	{0.047}	0.741	{0.130}
σ_v^2	0.056	{0.002}	0.056	{0.002}
$\gamma=\sigma_u^2/\sigma_s^2$	0.897	{0.010}	0.929	{0.012}
μ	2.215	7.59***	1.146	6.19***
η	0.021	3.39***	0.227	1.39***
Waldχ^2 (n)	193.760	389.71		
似然函数对数值	-474.902	-472.056		
观测个数	1310	1310		

注：(1) * 代表 10% 的显著性水平，** 代表 5% 的显著性水平，*** 代表 1% 的显著性水平；(2) 模型 1 为柯布－道格拉斯生产函数形式前沿生产函数，模型 2 为超越对数生产函数形式前沿生产函数；(3) 大括号 { } 内为统计值标准差；(4) 本表回归结果是使用 STATA11.0 软件计算的，估计结果的软件截图请见附录。

(1) 对随机前沿生产函数方法的适用性的分析

判断前沿生产函数设定的合理性，需要识别式（3.3）和式（3.4）

的技术非效率项占随机扰动项的比例，即表 3.2 估计结果中 γ 的大小。当 γ 趋近于 1，说明前沿生产函数的误差主要来自技术非效率项，表明采用随机前沿模型对生产函数进行估计是合适的。模型 1 和模型 2 估计结果中参数 $\gamma = \sigma_u^2/\sigma_s^2 = \sigma_u^2/(\sigma_u^2 + \sigma_v^2)$ =分别为 0.897、0.899，$\sigma_s^2 = \sigma_u^2 + \sigma_v^2$ 值分别为 0.539、0.538，显著不为零，显示了估计模型残差有十分明显的复合结构，即存在技术非效率和随机扰动。实际产出与随机前沿的偏差由技术非效率和随机误差项共同决定。在实际产出与随机前沿之间的偏差中约 90% 取决于技术非效率，可见技术无效率对产出存在显著影响，同时说明从总体上我国城市技术效率仍有较大的上升空间。这证明了我们选择随机前沿生产函数方法估计我国城市技术效率和全要素生产率是合理的，随机前沿生产函数方法比确定性生产函数方法更加适合估计我国城市技术效率和全要素生产率。

（2）对随机前沿生产函数的函数形式的分析

在已经证明随机前沿生产函数方法估计应用合理的基础上，进一步地，需要对随机前沿生产函数方法的具体生产函数形式选择进行判断和选择。表 3.2 中模型 1 为柯布－道格拉斯生产函数形式随机前沿生产函数，模型 2 为超越对数生产函数形式随机前沿生产函数。从模型估计整体显著性来看，两个模型的 Wald $\chi^2(n)$ 统计值分别为 193.76 和 228.33，在统计上都达到 0.99 置信水平。从两个模型单个估计系数的显著性水平看，模型 1 的所有估计系数都在 1%—10% 的水平显著。但是，模型 2 中多数变量估计参数在统计上不显著。

H_{01}：所有的二阶估计系数都为零，即 $\varphi_2 = \alpha_2 = \beta_2 = \vartheta_1 = \vartheta_2 = \vartheta_3 = 0$。

对模型限制性假设检验中，对原假设 H_{01} 检验统计值 $\chi^2(6)$ 为 117.85，并且在 1% 水平上显著，不能拒绝原假设 H_{01}，因此柯布－道格拉斯（C－D）生产函数更适合作为随机前沿生产函数的具体函数形式，放弃超越对数生产函数的估计结果。同时这意味着放弃对模型 2 估计结果的后续分析。

H_{02}：不存在非效率项，即 $\gamma = \mu = \eta = 0$。

对原假设 H_{01} 检验统计值 $\chi^2(3)$ 为 55.89，并且在 1% 水平上显著，拒绝原假设 H_{02}，因此存在技术非效率项。

（3）对技术进步的存在性、变化速度和类型的分析

H_{03}：无技术进步，即 $\delta_3=0$。

对原假设 H_{03} 检验统计值 χ^2（4）为 91.85，并且在 1% 水平上显著，拒绝原假设 H_{03}，可以认为存在技术进步。在表 3.2 模型 1 估计结果中，变量 t 的估计系数为 -0.07，在 1% 水平上显著。这意味着近年来我国城市经济增长技术进步的速度是下降的。为了分析 2003—2007 年中国 262 个地级及以上城市经济增长的技术进步类型是中性技术进步还是有偏技术进步，我们还估计了包含时间项 t 与主要投入要素乘积项的前沿生产函数。估计结果见表 3.3。其中模型 1 为柯布 - 道格拉斯生产函数形式前沿生产函数，模型 2 为超越对数生产函数形式前沿生产函数。我们发现，时间项 t 与主要投入要素乘积项的估计系数中，除了模型 1 中时间项与土地要素投入的乘积项估计系数在 10% 水平统计显著以外，其余投入变量与时间乘积项的估计系数都没有通过显著性检验。这说明 2003—2007 年中国 262 个地级及以上城市的技术进步类型为中性技术进步，而不是非中性技术进步（有偏技术进步）。

另外，从随机前沿生产函数的形式上看，模型 2 除了时间的平方项估计系数显著以外，其余投入变量及其与时间乘积项的估计系数都没有通过显著性检验。这再次证明超越对数生产函数不适用 2003—2007 年中国 262 个地级及以上城市生产函数的估计，而柯布 - 道格拉斯生产函数形式前沿生产函数是合适的。

表 3.3 有偏技术进步的随机前沿生产函数模型估计结果

变量	模型 1		模型 2	
	估计参数	Z 统计量	估计参数	Z 统计量
$\ln K$	0.146	3.39***	-0.755	-1.28
$\ln L$	0.281	5.20***	0.193	0.34
$\ln U$	0.048	1.68*	0.046	1.67
$\ln G$	0.046	1.04	0.053	1.21
$t\ln K$	0.006	0.59	-0.020	-1.55
$t\ln L$	-0.004	-0.34	0.006	0.39
$t\ln U$	0.009	1.77*	0.008	1.50

续表

变量	模型 1		模型 2	
	估计参数	Z 统计量	估计参数	Z 统计量
$t\ln G$	0.005	0.49	0.003	0.31
t	-0.190	-1.82*	0.031	0.23
t2	—	—	0.018	4.25***
$\ln K \ln l$	—	—	-0.015	-0.25
$\ln K2$	—	—	0.039	1.40
$\ln l2$	—	—	0.050	1.19
常数	13.117	19.02***	17.563	5.23***
$\sigma_s^2=\sigma_u^2+\sigma_v^2$	0.585	{0.049}	0.797	{0.131}
σ_u^2	0.530	{0.049}	0.740	{0.130}
σ_v^2	0.056	{0.002}	0.056	{0.002}
$\gamma=\sigma_u^2/\sigma_s^2$	0.904	{0.009}	0.930	{0.012}
μ	2.411	6.46***	1.146	6.13***
η	2.248	21.53***	2.580	14.39***
Wald χ^2 (n)	223.72	389.38		
似然函数对数值	-477.26	-470.91		
观测个数	1310	1310		

注：(1) * 代表 10% 的显著性水平，** 代表 5% 的显著性水平，*** 代表 1% 的显著性水平；(2) 模型 1 为柯布－道格拉斯生产函数形式前沿生产函数，模型 2 为超越对数生产函数形式前沿生产函数；(3) 大括号 { } 内为统计值标准差；(4) 本表回归结果是使用 STATA11.0 软件计算的。

(4) 对技术非效率项的变化方向的分析

表 3.2 模型 1 估计结果中参数 $\gamma=\sigma_u^2/\sigma_s^2$ 为 0.897，$\sigma_s^2=\sigma_u^2+\sigma_v^2$ 为 0.539，并显著不为零，说明存在技术非效率 μ 和随机扰动 v。技术非效率可以解释实际产出与随机前沿之间偏差的 89.7%。模型 1 中 η 值为 0.021，在 1% 水平上显著，这表明技术非效率不仅存在，而且它会随时间变化。又因为 η 值的符号为正，所以技术非效率 μ 会随时间发展而减小。

通过以上分析，模型 1 估计结果和假设检验结论都支持我们所采用的带有非效率项、非中性技术进步的 C－D 生产函数形式的随机前沿生产函数模型，可以较好地拟合 2003—2007 年我国城市经济增长和环境污染物排放量样本数据，因此下面将依据式（3.5）至式（3.11）利用模型 1 的估计系数和技术效率水平 TE_{it} 来计算技术效率变化 CH_TE_{it} 、技术效率变化率 CHR_TE_{it} 、前沿技术进步 FTP_{it} 、全要素生产率 $GTFP_{it}$ 和全要素生产率变化 CH_GTFP_{it} 。

2. 考虑非合意产出的城市经济增长函数的要素产出弹性分析

通过对城市绿色全要素生产率的估计，我们发现在剔除环境污染影响以后，资本投入 $\ln K$ 的估计系数为 0.158，劳动投入 $\ln L$ 估计系数为 0.303，大于资本投入的估计系数。我国地级及以上城市劳动产出弹性大于资本产出弹性，这说明地级及以上城市的产出在很大程度上依靠劳动投入来实现，属于劳动密集型经济。城市劳动投入每增长 1%，可以带来纯净总产出平均增长 0.303%。城市资本投入每增长 1%，可以带来纯净总产出平均增长 0.158%。城市土地规模 $\ln U$ 的估计系数为 0.074，城市绿地面积 $\ln G$ 的估计系数为 0.053，时间趋势项的估计系数为 －0.070，这些估计系数都至少在 0.10 统计水平上显著。这表明，把城市土地规模和城市绿地面积两个变量作为城市生产活动投入变量是合适的。用 1 减去资本投入、劳动投入、城市土地规模和城市绿地面积这 4 种投入的产出弹性，得到绿色全要素生产率的产出弹性为 0.412。这意味着，城市绿色全要素生产率每提高 1%，城市产出平均增长 0.412%。

显然，在考虑城市环境污染、土地面积和生态资源的条件下，城市绿色全要素生产率的产出弹性最大，其次是劳动投入和资本投入。我们估计的主要投入要素产出弹性可以概括为“4－3－2”特点，即我们估计得到城市绿色全要素生产率的产出弹性为 0.412，劳动投入产出弹性为 0.303，资本投入产出弹性为 0.158（可以近似等于 0.2）。

这一特点与中国宏观经济增长方式有很大区别。依据中国经济增长与宏观稳定课题组的最新研究（2010）[176]，改革开放以来，我国宏观经济增长的资本产出弹性为 0.48—0.63，三十年来其均值是 0.57；劳动产出弹性为 0.35—0.58，三十年来其均值是 0.42。这表明中国经济整体增长是典型的要素投入型增长和资本积累型增长。从本章估计结果看，在剔除环境污染影响后，2003—2007 年期间我国城市经济增长是劳动和全要素生产率双驱动型经济增长，属于典型的清洁经济发展模式。其特点为劳动投入、技术进步和制度创新占主导，资本处于次级地位。因此，可以认为在考虑环境质量的情形下，近年来我国地级及以上城市经济发展模式要优于区域乃至宏观经济增长模式，走上了经济可持续发展之路。

四 本章小结

本章使用基于柯布-道格拉斯生产函数形式的随机前沿生产函数方法估计了 2003—2007 年中国地级及以上城市绿色全要素生产率。在模型设定上，一方面，我们利用 3 种环境污染物排放量构建了环境污染指数对地级及以上城市市区的实际生产总值进行了调整，使总产出“净化”为剔除“非合意”产出的绿色产出；另一方面，在投入变量中，增加了城市土地规模和城市绿地面积作为估计城市绿色全要素生产率的投入变量。这样做既可以从产出角度剔除集聚经济负外部性影响——环境污染，又可以从投入角度控制城市土地规模扩大和生态环境投入增加对城市绿色全要素生产率估算的影响。估计结果显示柯布-道格拉斯生产函数回归结果的模型整体显著性和单个估计系数的显著性都很好，运用随机前沿生产函数模型是合适的。经过分析发现，2003 年以来，地级及以上城市的经济发展具有劳动密集型经济特点，同时在各种投入要素中绿色全要素生产率的产出弹性最大，对城市经济可持续发展发挥了重要作用。

第四章　我国城市绿色全要素生产率分布与变化特征分析

中国在过去30年中取得高速持续的经济增长的同时，地区间的不平等处于非常高的水平，收入分配不平等的状况持续加剧。在进入21世纪后，我国确立了全面、协调、可持续的科学发展观，党的十六届三中全会提出了指导中国社会今后发展的“五个统筹”，其中“统筹区域发展”是最为重要的一环。21世纪内能否统筹我国的区域发展直接关系到我国全面建设小康社会以及实现整个现代化事业的成败。统筹区域发展的核心目标就应该是通过对不同区域的发展方向、发展水平、发展潜力及与其他区域的联系的规划与调整，从而促进国民经济的健康快速发展。当前区域经济的发展差异已经成为关注焦点。从第一章的文献回顾可知，目前学术界较多关注区域和产业的全要素生产率收敛性存在与收敛类型问题的研究。对全要素生产率是否收敛问题研究，无论是基于区域层面的，还是基于产业层面的，对于研究如何缩小区域经济发展差距问题都具有重要的理论价值。但是，如第二章所述，城市经济增长质量和全要素生产率深刻影响了地区经济活动，因此，研究中国城市全要素生产率整体分布和各区域特点及其动态变化特征规律，对于我们理解中国严重的地区收入差异是一个崭新的研究视角，相信这个探索对区域经济可持续发展和城市经济可持续发展的政策选择是大有裨益的。因而，利用第三章随机前沿生产函数方法对城市绿色全要素生产率（GTFP）估计的实证研究结果为进一步分析GTFP提供了可以定量化研究的分析对象。本章主要考察剔除了集聚经济的负外部性效应的GTFP在各地区、各城市群层面的分布特点、动态变化特征和收敛性，尝试回答GTFP是否存在收敛、各地区及城市群 GTFP 的收敛模式等问题。在结构安排上（图4.1），第一节采用核密度分析方法考察中国城市 GTFP 的整体分布和变化特征；第二节对不同地区之间的城市 GTFP 变化特征进行比较分析；第三节进一步地，对不同城市群之间的城市 GTFP 变化特征做出比较分析；第四节将对中国2003年至2007年各地区之间、各城市群之间的城市 GTFP 进行收敛性检验；第五节为本章小结。

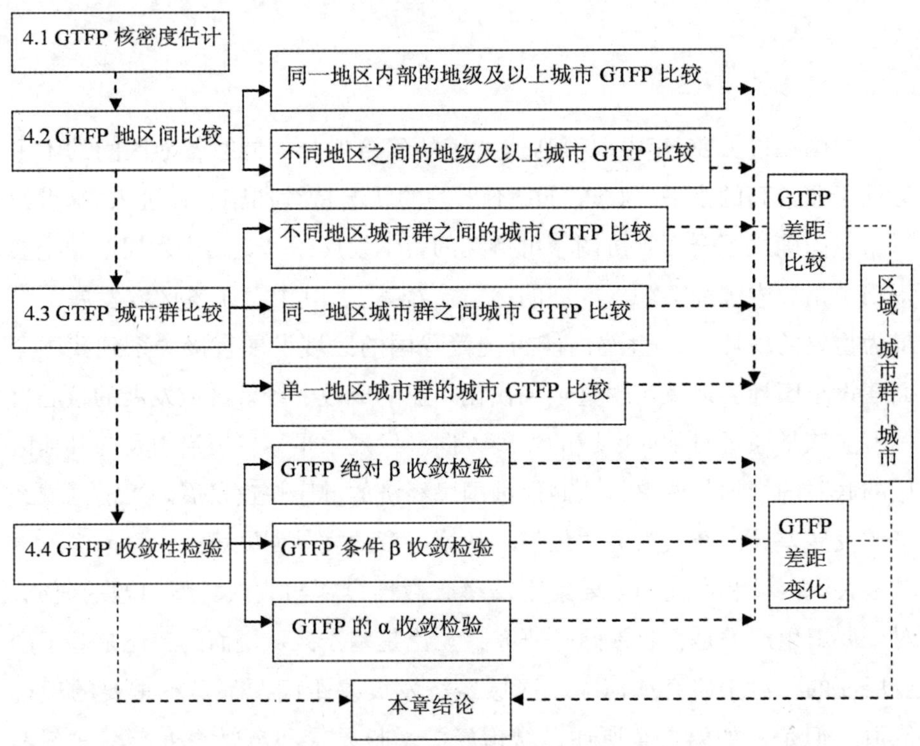

图4.1 我国城市绿色全要素生产率分布与动态变化特征分析逻辑图

一 中国城市绿色全要素生产率核密度估计分析

一般对统计指标整体状况的判断方法有洛伦茨曲线、帕累托分布、对数正态分布和核密度估计。洛伦茨曲线虽然可以提供指标分布较为直观的画面，但却不能对分布的水平或形态特征进行准确的刻画（Burkhauser et al.,1999）[177]。因而，基于核密度估计的非参数估计方法近年来在收入分布的动态演进经验研究中得到了广泛的应用①。目前核密度估计方法在国内应用主要集中在收入分配研究中，代表性研究文献有李竹渝(2001)[178]、徐现祥和王海港（2008）[179]、刘靖等（2009）[180]、潘文卿(2010)[181]，而应用核密度估计对其他统计指标的应用性研究较少。Hall和Jones（1996，1997，1999）[182—184]认为，除了比较不同经济主体平均增长率以外，考察不同经济主体生产率水平的相对差异也很有必要。郭庆旺等（2005）利用核密度估计对中国省份经济的相对全要素生产率等做了分布动态演进分析发现，中国省份经济增长差异较大且有逐步增大的倾向，主要由全要素生产率增长尤其是技术进步率差异较大且逐步增大所致[185]。回顾中国城市全要素生产率研究文献，我们发现，鲜有文献针对中国城市全要素生产率的近期整体变动进行全面描述和刻画。尤其是采用非参数核密度估计分析城市全要素生产率的研究更为少见。对城市全要素生产率的研究不能仅停留在估算阶段，还要在科学估算的基础上，对城市全要素生产率的分布进行整体分析。因此，本章首先利用非参数核密度估计方法对第三章估算的中国城市绿色全要素生产率（GTFP）进行整体统计描述和全面判断。

1. 核密度估计方法

统计指标分布的核密度估计（kernel density estimation）对于传统的概括性的统计方法是一个较好的替代。其显著优越性表现在：可以较好展现分布位置（position）、延展性（stretch）和形态（modes）。分布整体所在位置所反映的指标水平和变动情况；分布的延展性所反映的指标差异状况及其变动；分布的不同形态所反映的指标的分化状况及其变动。能够同时观察到这三种重要的分布特性才是一个不错的统计指标刻画方法[186]。

一般地，对于观测样本统计指标 x_1，x_2，…，x_n 为它的一个独立同分布的样本，固定带宽的核密度估计函数采取下列形式为（Silverman，1986）[187]：

$$f_h(x) = \frac{1}{nh^p}\sum_{i=1}^{n} K\left(\frac{x - x_i}{h}\right) \tag{4.1}$$

① 关于联合核密度的分析可以参见Quah关于收敛的相关研究，如Quah（1996a）等。

其中，K(·)为核函数，表示权重，满足 K≥0，K(*x*) = K (- *x*) 和 ∫ K (*x*) d*x* = 1。其中 *h* 为正数，称为带宽或平滑参数，h 值越大，平滑度越大。(1)式中 *h* 对于所有的 *x*R 都为恒定的值。尽管式 (4.1)中的 K (·) 和 *h* 都可以自由选择，但 *h* 的选择更为重要。对于大样本而言，非参数估计对于 K(·)的选择并不灵敏[188]。理论上，为了核密度估计的一致性，*h* 应该随着样本量的增加而减小，但在不同位置数据的分布状况可能不同，一般而言尾端观测值信息都远远少于中间的观测值，此时设定基于数据稀疏区域选择的固定带宽将过度平滑数据稠密的区域 (Burkhauser et al.，1999)[188]，从而扭曲了整体的密度形状。比较理想的办法就是分布比较稠密的区域（多为中间部分）使用较窄的带宽，而在分布比较稀疏的区域使用较宽的带宽 (Jenkins，1995)[189]，这可以通过采用适应性 (adaptive) 核密度度估计而实现，最佳带宽选取的基本思想是使得均方误差最小（李子奈、叶阿忠，2000[190]；叶阿忠，2003[191]；叶阿忠，2008[192]）。

核函数形式很多，经济分析常用函数为 Epanechnikov 核函数。下面估计中将采取 Epanechnikov 核函数：

$$K(t) = [0.75(1 - t^2)/5] / (5)^{1/2} \tag{4.2}$$

其中 $|t|$ 小于 $(5)^{1/2}$，否则为 0。

2. 中国城市绿色全要素生产率的增长率核密度估计结果

(1) GTFP 增长率核密度分布

为了集中追踪近期中国城市绿色全要素生产率分布的演进，选取 Epanechnikov 核函数和最佳带宽，利用第三章估算的 2004 年至 2007 年中国城市绿色全要素生产率（GTFP）数据，使用核密度估计方法给出城市 GTFP 的整体分布，分析年度间城市 GTFP 密度分布变动差异（见图 4.2）。

图 4.2 中光滑曲线为正态分布曲线，相对不光滑的曲线为核密度估计曲线。从该图中我们观察到这 4 年间中国城市 GTFP 增长率的动态演进。较低城市 GTFP 增长率的概率密度占据的面积始终较大，表明期间有很大一部分城市的 GTFP 增长率一直处于同期较低水平。从图像形状上看，左侧有较长拖尾，并且向左超过了 -0.02 处。这意味着一部分 GTFP 增长率较低的

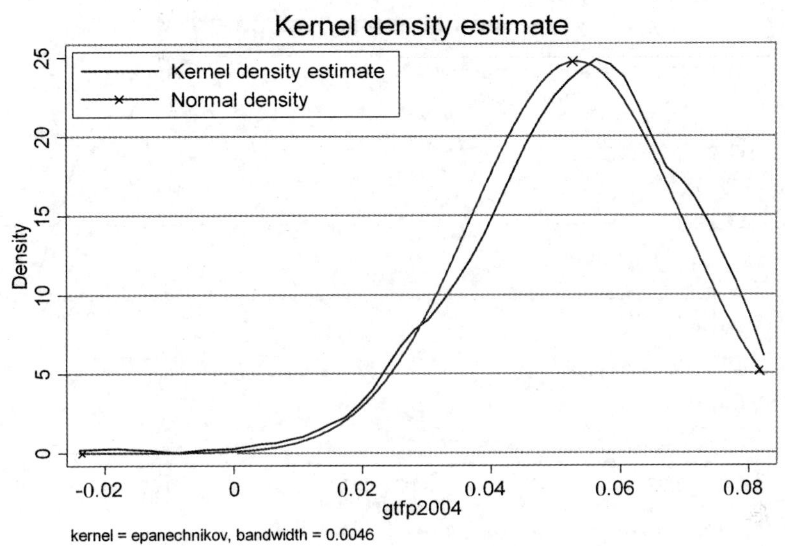

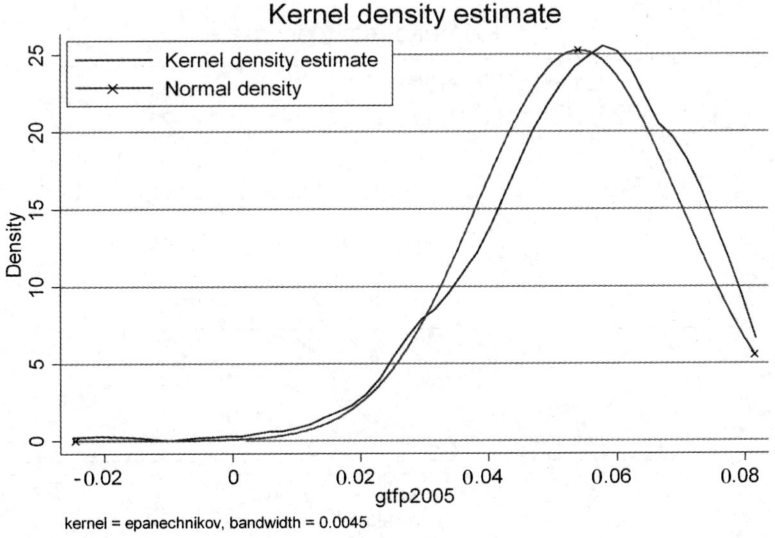

城市，其 GTFP 成负增长状态，而且这一状况在 2004 年至 2007 年没有明显变化。从图形移动趋势看，右半部分逐渐向右偏移，说明 2004 年至 2007 年我国城市 GTFP 增长率在连续增长。峰值点在从 2004 开始至 2007 年逐渐向 0.6 处移动，说明整体上城市 GTFP 增长率在提高。波峰高度没有明显变化，说明城市 GTFP 增长率变动的城市数量基本没有变化。从 2004 年开始

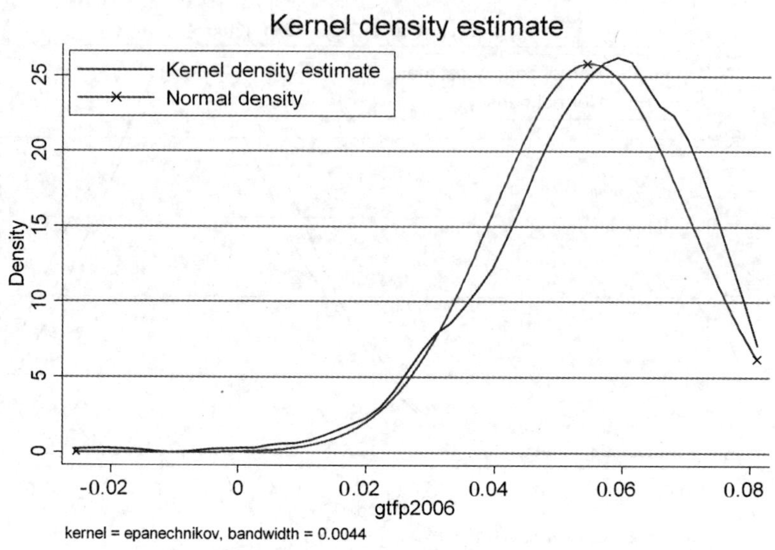

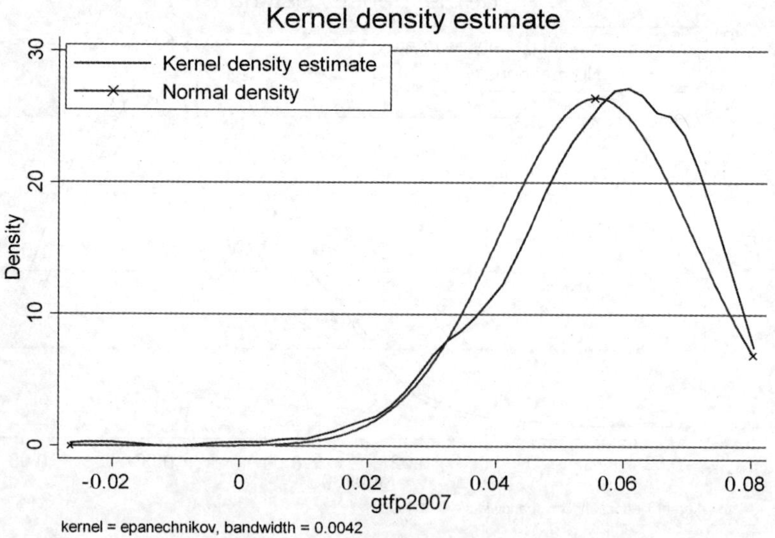

图 4.2 2004 年至 2007 年全国 GTFP 增长率核密度估计图

右侧出现越发明显的双峰趋势，与正态分布曲线向右逐渐偏离，但整体上可以认定仍为单峰分布。这意味着中国各城市之间的 GTFP 增长率差距在逐步拉大，GTFP 增长率较低的城市很难赶超高 GTFP 的城市。

(2) 技术效率水平和技术效率变化率的核密度分布图

进一步地，观察同期中国城市技术效率 TE 水平分布的演进，同样选取 Epanechnikov 核函数和最佳带宽，利用第三章估算的 2004 年至 2007 年中国城市技术效率（TE）数据，使用核密度估计方法给出城市 TE 的整体分布，分析年度间城市 TE 密度分布变动差异（见图 4.3）。

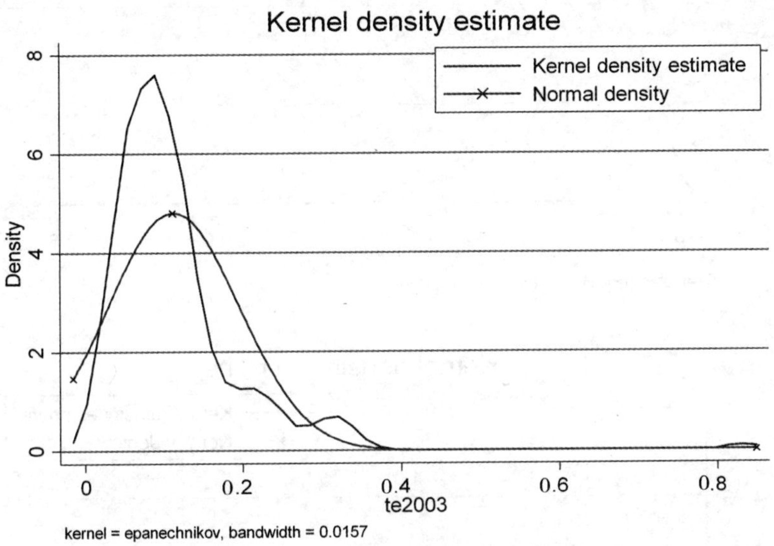

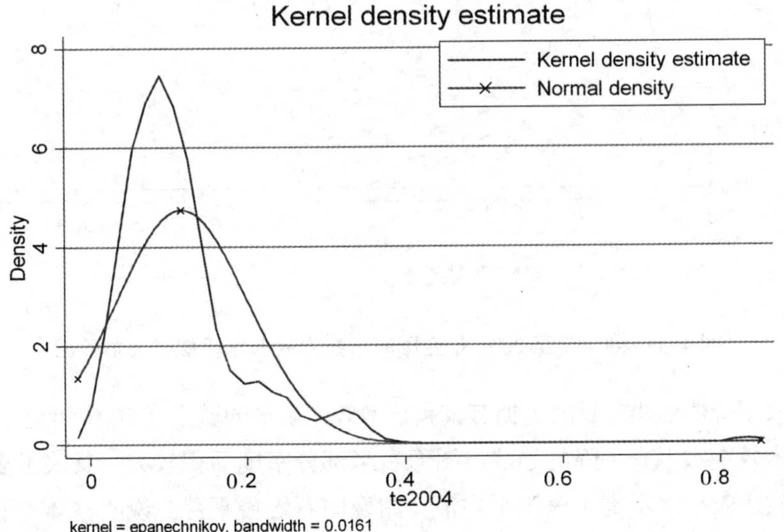

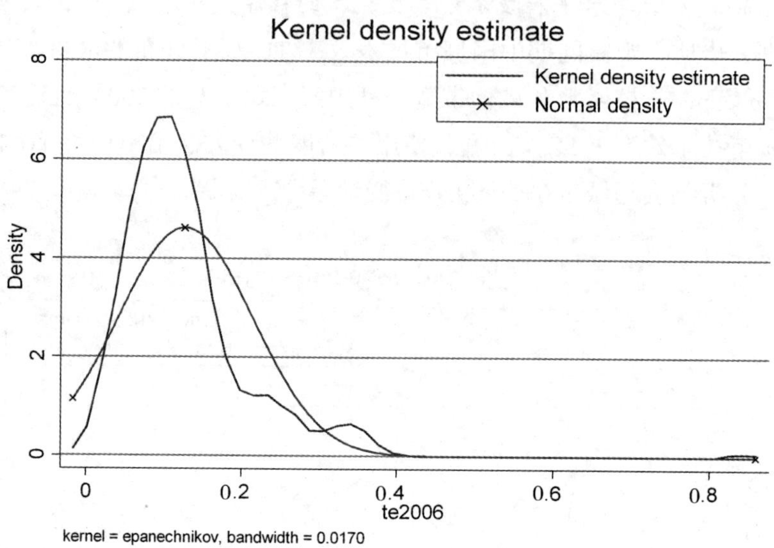

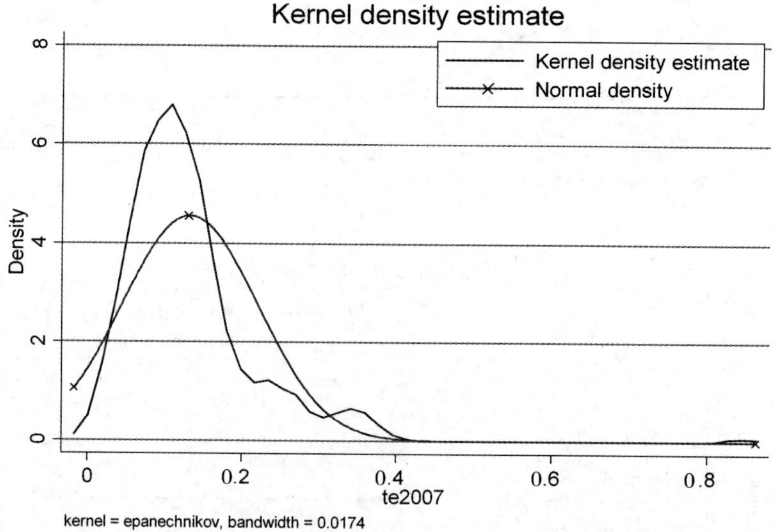

图 4.3　2004 年至 2007 年全国城市技术效率水平核密度估计图

技术效率峰值变小，反映了拥有较高技术效率水平的城市在 2004 年至 2007 年的技术效率水平有下降的趋势。图像右半部分密度面积较大，反映了多数城市的技术效率水平高于全国平均值。图像向右缓慢平移，说明整体上看，期间城市技术效率 TE 是增长的。出现多峰趋势，三峰的趋势是较为明显的。

对同期中国城市技术效率增长率分布的演进情况，同样选取 Epanechnikov 核函数和最佳带宽，利用第三章估算的 2004 年至 2007 年中国城市技术效率增长率数据，使用核密度估计方法给出城市技术效率增长率的整体分布，分析年度间城市技术效率增长率密度分布变动差异（见图 4.4）。观察发现，技术效率增长率的变化不是十分明显。

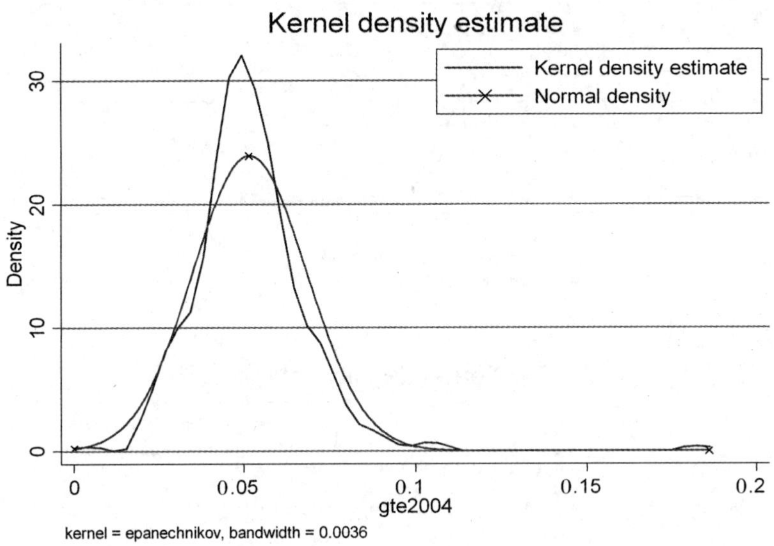

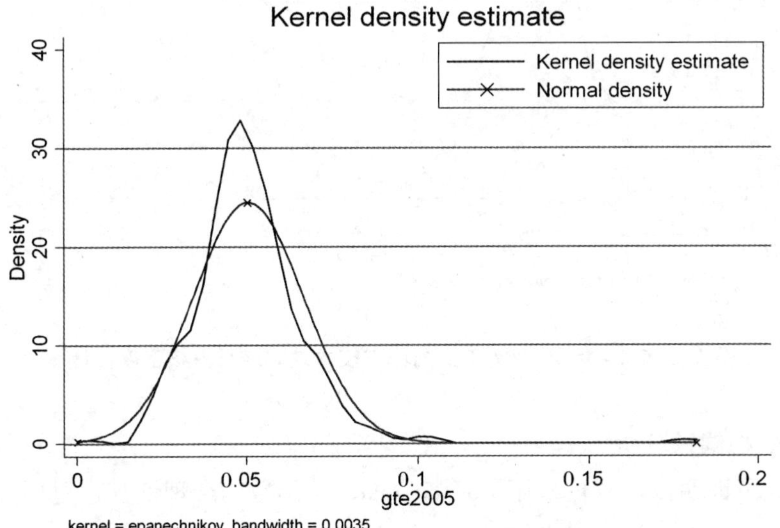

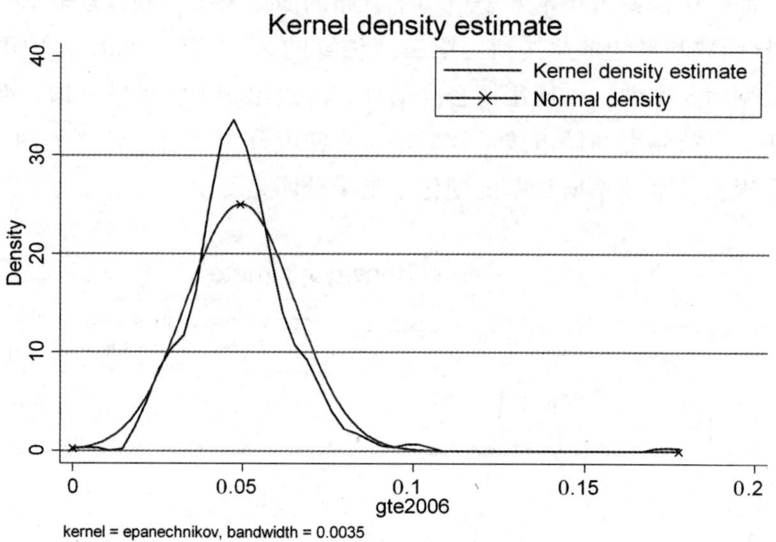

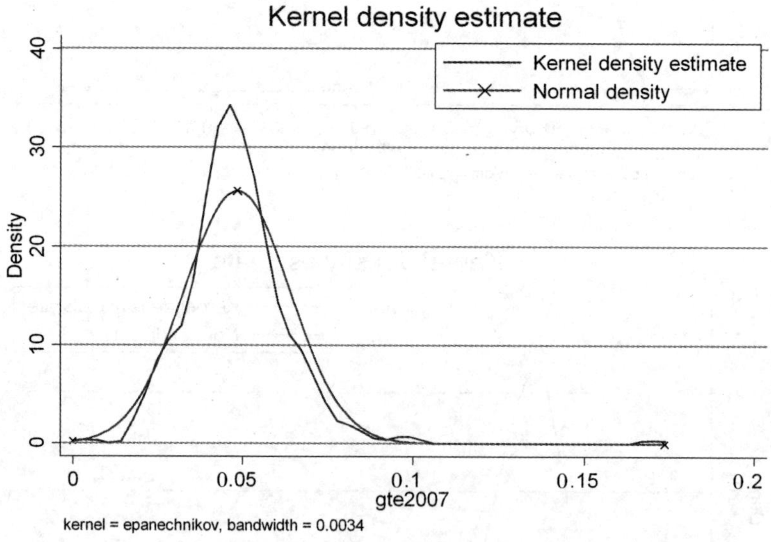

图 4.4　2004 年至 2007 年全国城市技术效率增长率核密度估计图

3. 稳健性分析

为了证明以上分析采用 Epanechnikov 核函数的合理性，这里用高斯核函数的核密度估计 2004 年至 2007 年全国城市 GTFP 增长率进行稳健性分析。从图 4.5 中图形移动趋势看，右半部分逐渐向右偏移更加明显，说明 2004 年至 2007 年我国城市 GTFP 增长率在连续增长，证明了选取 Epanechnikov 核函数得到的核密度估计结果是可信的。

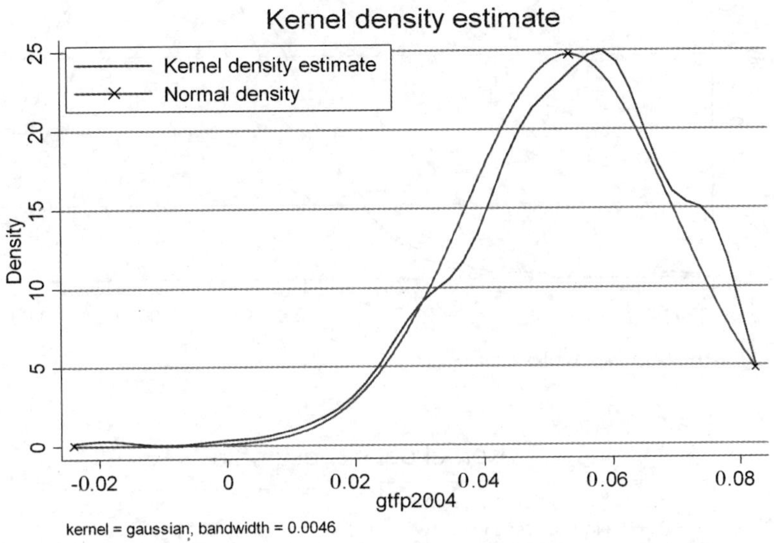

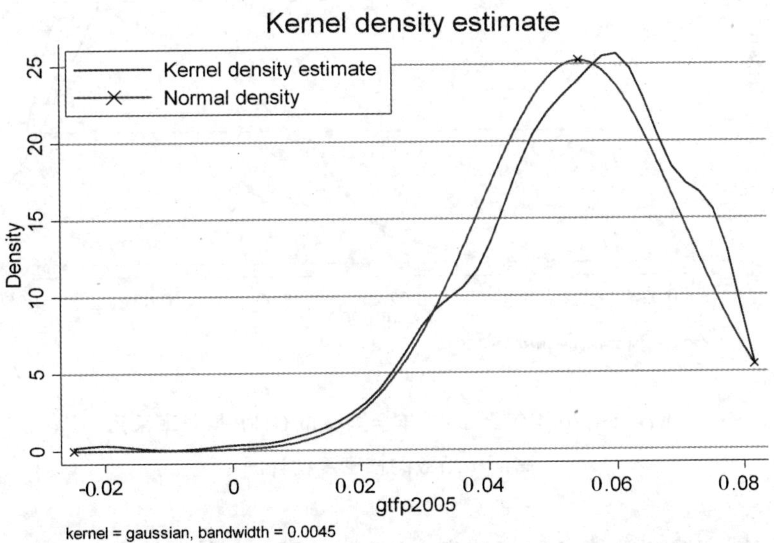

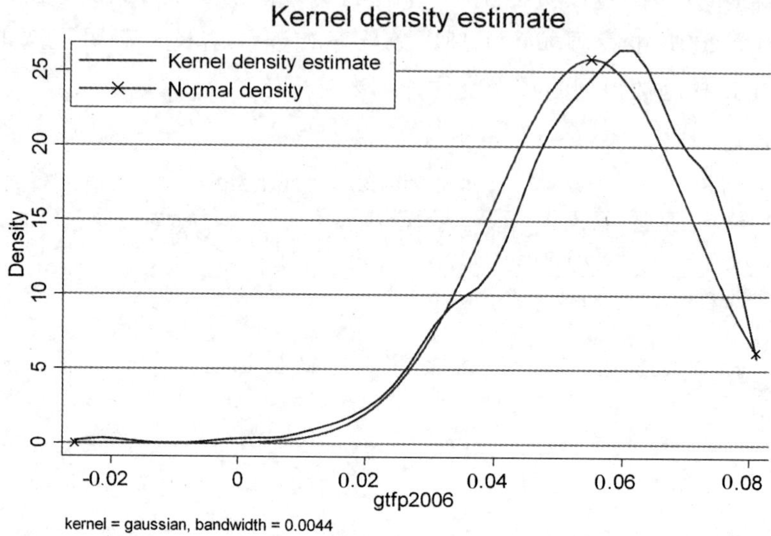

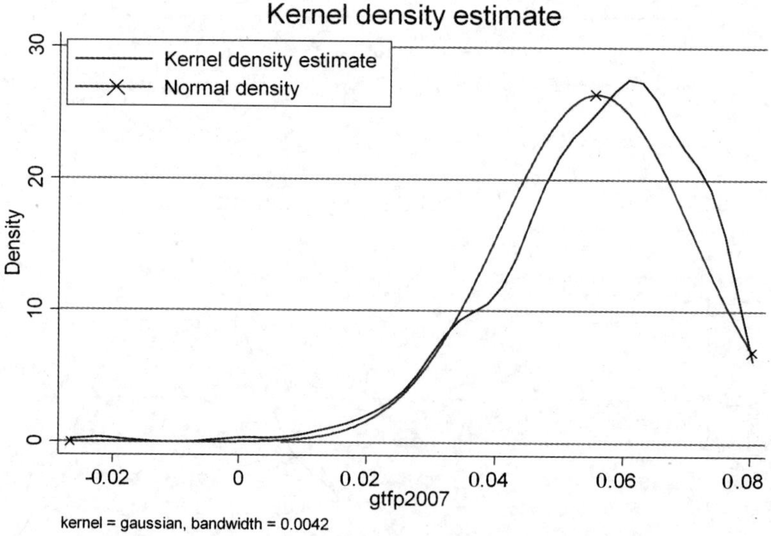

图 4.5 2004 年至 2007 年全国城市 GTFP 增长率采用高斯核函数的核密度估计图

4. 城市 GTFP 增长率与城市 GDP 增长率分布的对比分析

为了进一步比较城市 GTFP 增长率与城市 GDP 增长率的总体分布，

采用 Epanechnikov 核函数分别估计了 2004 年至 2007 年中国城市经过环境因子调整的实际 GDP 增长率（图 4.6）和实际 GDP 增长率（图 4.7）分布。通过观察发现，无论是否经过环境因子调整，城市实际 GDP 增长率的分布宽度比城市 GTFP 分布宽度大很多，说明城市间实际 GDP 增长率的差

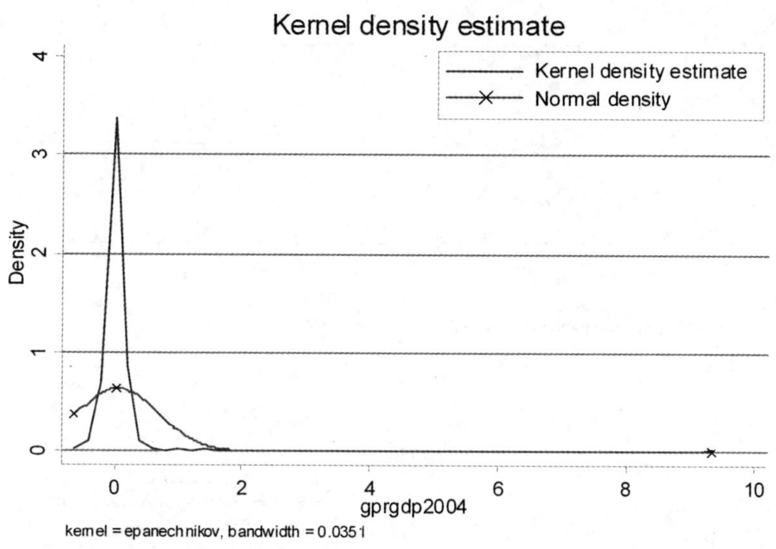

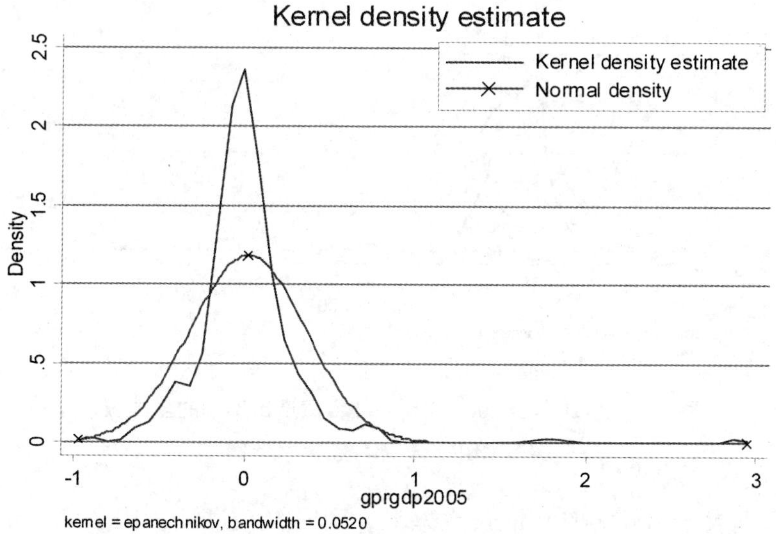

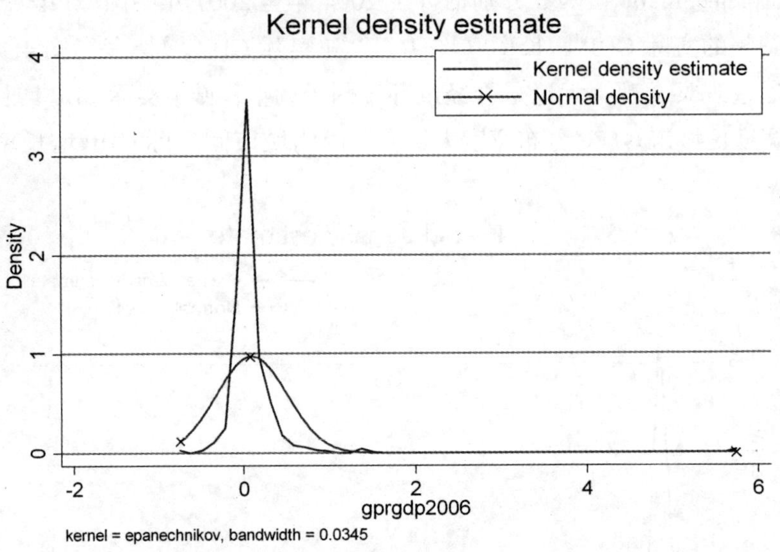

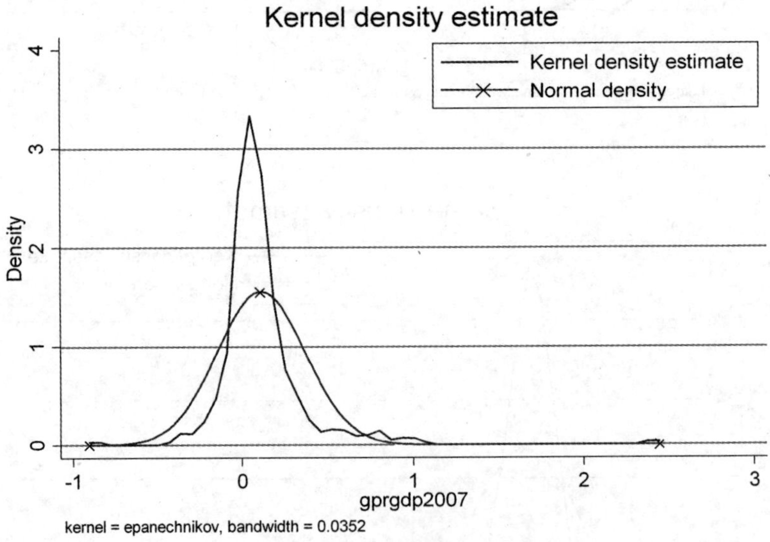

图 4.6　2004 年至 2007 年剔除非合意产出影响的全国城市实际 GDP 增长率核密度估计图

异要远远大于城市 GTFP 增长率差异。同时，经过环境因子调整的实际 GDP 增长率比实际 GDP 增长率低，这说明考虑到非合意产出——环境污

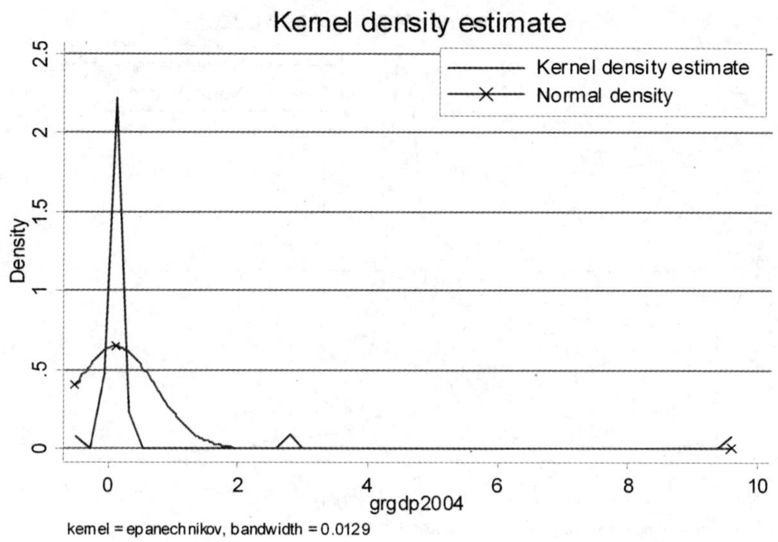

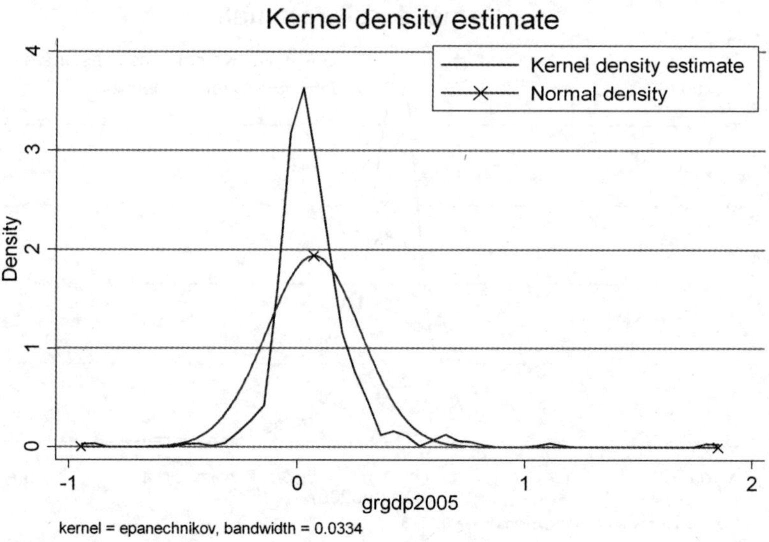

染影响之后，城市实际经济总量增长速度是小于单纯的 GDP 增长速度的。从图 4.5 和图 4.6 可以看出，2005 年，较高的 GDP 增长率城市增长下降，出现了一些城市实际 GDP 各年增长率为负数。2006 年，实际 GDP 各年增长率较快的城市和负增长的城市都增多。2007 年，实际 GDP 负增长的城

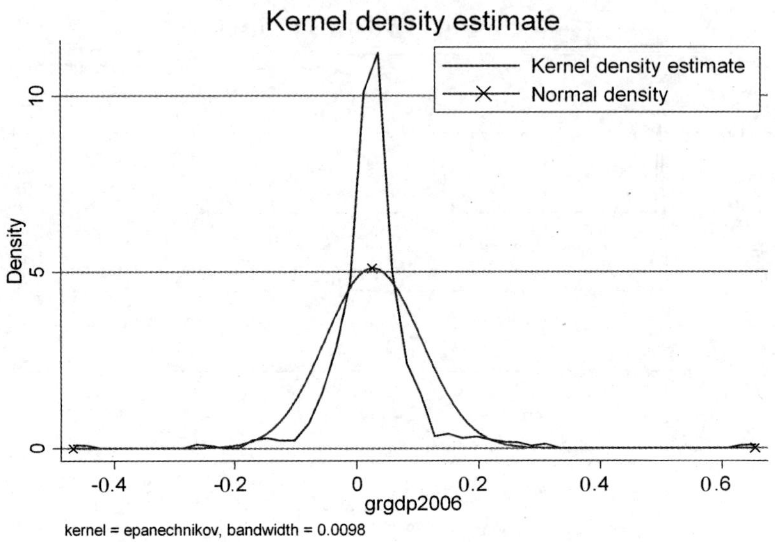

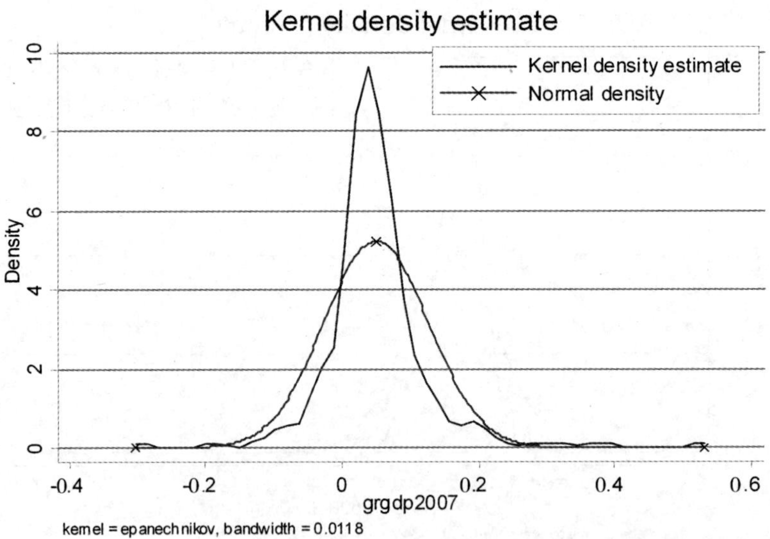

图 4.7　2004 年至 2007 年全国城市实际 GDP 增长率核密度估计图

市数量变小，实际 GDP 正向增长的城市数量增多，图像逐年变宽表明城市 GDP 增长率有趋于平均化趋势。可见，城市 GTFP 增长率、TE 增长率的分布与城市实际 GDP、经过环境因子调整的实际 GDP 分布的特点有较大差异。

二　地区层面的城市绿色全要素生产率的比较分析

由第一节核密度估计结果可知，2004 年至 2007 年中国城市绿色全要素生产率（GTFP）分布具有整体稳定提高的特点，并且与城市 GDP 增长率分布相比，城市间 GTFP 差异是小于 GDP 增长差异的。但是，这只是对整体分布的概括性描述，有必要对区域层面的城市间 GTFP 差异做进一步细致分析。考虑到国家地区经济发展战略政策“西部大开放”“振兴东北老工业基地”“中部崛起”及地理区位因素，在区域层面的城市 GTFP 分析过程中，设定东部地区包括北京、天津、河北、上海、江苏、浙江、福建、山东、广东、海南共 10 个省市，东北地区包括辽宁、黑龙江、吉林、内蒙古共 4 个省区，中部地区包括安徽、山西、江西、河南、湖北、湖南共 6 个省，西部地区包括：广西、重庆、四川、贵州、云南、陕西、甘肃、青海、宁夏、新疆共 10 个省区市。下文分为两个部分，首先比较不同地区之间的城市绿色全要素生产率差异；其次比较单一地区内部的城市绿色全要素生产率差异。

1. 不同地区之间的城市绿色全要素生产率差异比较

从 2003 年至 2007 年各年看，不同地区之间的城市绿色全要素生产率（GTFP）差异较大。东部地区城市 GTFP 最高，期间平均值为 12. 615；东北地区城市 GTFP 与东部地区相比差距很大，期间平均值为 7. 950；西部地区城市 GTFP 低于东北地区，同时与东部地区城市 GTFP 的差距更大，期间平均值为 6. 117；中部地区城市 GTFP 最低，期间平均值仅为 4. 791，不足东部地区城市 GTFP 的一半。东部地区城市 GTFP 不仅绝对水平最高，而且相对来看，地区内部的城市 GTFP 差异也最大，体现在 GTFP 标准差年平均值为 19. 157；东部地区城市 GTFP 标准差年平均值为 14. 774 中部地区城市 GTFP 水平最低，同时地区内城市 GTFP 标准差也较小，期间平均值为 5. 473；西部地区城市 GTFP 水平要高于中部地区，但是西部地区内城市 GTFP 的标准差却十分小，期间平均值仅为 1. 006。可见，从不同地区的层面看，城市绿色全要素生产率（GTFP）依次为东部地区最高，东北地区次之，西部和中部地区较低；从地区内部 GTFP 差距看，东部地区内部的城市 GTFP 差距最大，东北和中部地区次之，西部地区内部的城市 GTFP 差距最小。

表 4.1　　地区间地级及以上城市绿色全要素生产率 GTFP 水平比较

年份	GTFP 水平均值				GTFP 水平标准差			
	东部	东北	中部	西部	东部	东北	中部	西部
2003	10.935	6.944	4.235	5.375	16.448	12.660	4.668	1.004
2004	11.719	7.414	4.493	5.721	17.721	13.652	5.043	1.005
2005	12.558	7.916	4.770	6.091	19.075	14.708	5.445	1.006
2006	13.455	8.453	5.068	6.488	20.510	15.830	5.876	1.007
2007	14.410	9.025	5.387	6.911	22.030	17.021	6.335	1.008
2004—2007	12.615	7.950	4.791	6.117	19.157	14.774	5.473	1.006
观测值个数	86×5	39×5	80×5	56×5	86×5	39×5	80×5	56×5

注：东部地区剔除掉深圳市 GTFP 极端值数据。

在 2003 年至 2007 年期间，从各地区城市 GTFP 差异的动态演变来看（见图 4.8），东部从各地区城市绿色全要素生产率的各年增长率看（表 4.2），

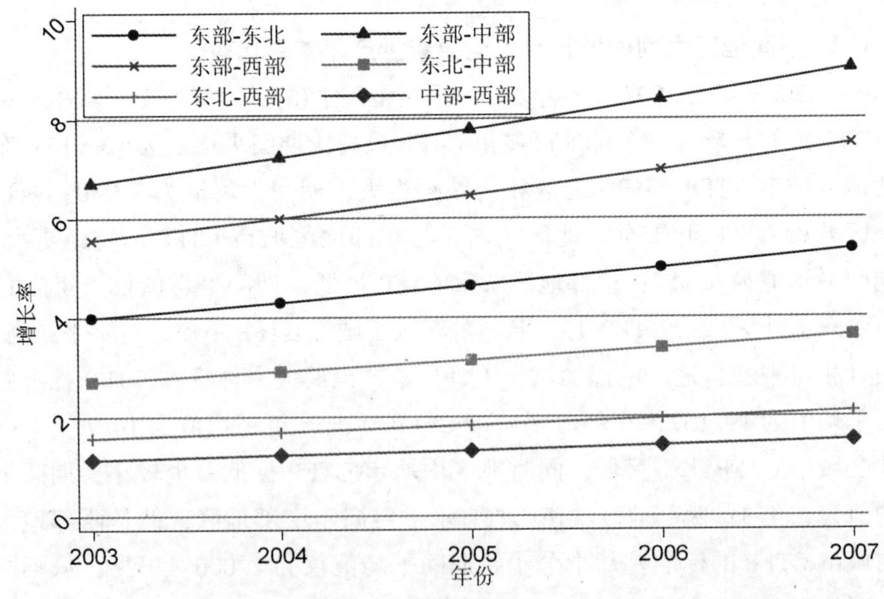

图 4.8　2003 年至 2007 年地区之间城市绿色全要素生产率（GTFP）差距变化

2004 年至 2007 年期间，各地区城市 GTFP 年增长率平均为 5% 左右，各地区城市 GTFP 年增长率也在稳定增长。在各地区内部，东部地区、东北地区和西部地区内部的城市 GTFP 年增长率差异逐年缩小。但是，中部地区与其他地区不同，中部地区内的不同城市 GTFP 年增长率差异越来越大。其 2004 年不同城市 GTFP 年增长率标准差为 1.67%，2007 年不同城市 GTFP 年增长率标准差为 1.99%，城市 GTFP 年增长率标准差增大了 0.32%。各地区城市 GTFP 2004 年至 2007 年年均增长率分别为东部地区 5.99%、东北地区 5.49%、中部地区 5.18% 和西部地区 5.11%。

表 4.2　地区间地级及以上城市绿色全要素生产率（GTFP）增长率　　单位：%

年份	GTFP 增长率均值				GTFP 增长率标准差			
	东部	东北	中部	西部	东部	东北	中部	西部
2004	5.90	5.33	5.04	4.98	1.58	1.22	1.67	1.63
2005	5.96	5.43	5.14	5.07	1.53	1.17	1.77	1.60
2006	6.02	5.51	5.23	5.16	1.48	1.12	1.87	1.58
2007	6.07	5.69	5.32	5.24	1.42	1.07	1.99	1.55
2004—2007	5.99	5.49	5.18	5.11	1.50	1.15	1.83	1.59
观测值个数	86	39	80	56	86	39	80	56

注：东部地区剔除掉了深圳和厦门数据。

2. 同一地区内部的城市绿色全要素生产率差异比较

（1）东部地区城市绿色全要素生产率差异比较

东部地区 2007 年城市绿色全要素生产率排名前十位的城市（见表 4.3）分别为：北京（94.669）、汕头（87.037）、珠海（70.560）、中山（65.518）、济南（60.966）、莆田（52.363）、广州（41.161）、惠州（35.367）、台州（31.902）、东营（30.127）。这 10 个城市 2003 年至 2007 年 GTFP 年均增幅平均值为 2.8873。其中，北京 GTFP 年均增幅为 4.726，省会城市济南 GTFP 年均增幅为 3.104、广州 GTFP 年均增幅为 2.110。此外，东部地区的其他省会城市 2007 年 GTFP 分别为，福州（24.824）、天津（2.410）、南京（2.222）、杭州（1.693）、上海（1.682）、石家庄（1.669）。可见，东部地区省会城市尽管在经济产出总量和要素投入总量上占有优势，但是除了北京、济南、广州和福州以外，其他省会城市的绿色全要素生产率偏低，而且低于一些中小人口规模城市的 GTFP，如汕头、珠海、中山、莆田、惠州、台州和东营等城市。这些中小城市多数属于广东、福建等经济发达省份。

表 4.3　东部地区 2007 年城市 GTFP 水平 Top10 城市和部分省会城市

GTFP 位次	城市	2007 年 GTFP	2003 年 GTFP	2003—2007 年均增幅	所在省份
1	北京	94.669	71.038	4.726	北京
2	汕头	87.037	65.208	4.366	广东
3	珠海	70.560	52.689	3.574	广东
4	中山	65.518	48.878	3.328	广东
5	济南	60.966	45.446	3.104	山东
6	莆田	52.363	38.981	2.677	福建
7	广州	41.161	30.609	2.110	广东
8	惠州	35.367	26.302	1.813	广东
9	台州	31.902	23.734	1.634	浙江
10	东营	30.127	22.420	1.541	山东
13	福州	24.824	18.505	1.264	福建
75	天津	2.410	2.040	0.074	天津
76	南京	2.222	1.900	0.065	江苏
80	杭州	1.693	1.503	0.038	浙江
81	上海	1.682	1.495	0.037	上海
82	石家庄	1.669	1.486	0.037	河北

（2）东北地区城市绿色全要素生产率差异比较

东北地区 2007 年城市绿色全要素生产率排名前十位的城市（见表4.4）分别为：大庆（84.90）、盘锦（66.86）、沈阳（35.91）、长春（20.38）、鞍山（14.67）、哈尔滨（10.12）、呼和浩特（7.13）、辽阳（6.69）、绥化（5.73）、松原（5.16）。与 2007 年东部地区城市 GTFP 的前十名城市 GTFP 水平相比，东北地区城市 GTFP 与东部地区的差距是非常明显的。东北地区这10个城市2003年至2007年GTFP年均增幅平均值为1.2818，比东部地区城市GTFP的前十名城市GTFP水平低1.5个单位，不足东部地区城市GTFP水平的一半。东北地区的大庆GTFP年均增幅为4.26，沈阳GTFP年均增幅为1.84，长春为1.03，鞍山为0.73，哈尔滨为0.48。可以发现，东北地区城市绿色全要素生产率水平较低，城市GTFP较高的城市不多，省会城市GTFP在地区内部较为突出，其他中小城市GTFP水平偏低，而且增长缓慢。

表4.4　　东北地区2007年城市GTFP水平Top10城市

GTFP位次	城市	2007年GTFP	2003年GTFP	2003—2007年均增幅	所在省份
1	大庆	84.903	63.582	4.264	黑龙江
2	盘锦	66.857	49.890	3.394	辽宁
3	沈阳	35.911	26.706	1.841	辽宁
4	长春	20.379	15.234	1.029	吉林
5	鞍山	14.672	11.046	0.725	辽宁
6	哈尔滨	10.117	7.711	0.481	黑龙江
7	呼和浩特	7.132	5.524	0.322	内蒙古
8	辽阳	6.687	5.198	0.298	辽宁
9	绥化	5.731	4.496	0.247	黑龙江
10	松原	5.163	4.078	0.217	吉林

（3）中部地区城市绿色全要素生产率差异比较

中部地区2007年城市绿色全要素生产率排名前十位的城市（见表4.5）分别为：合肥（46.68）、南昌（24.19）、长沙（22.00）、芜湖（21.50）、马鞍山（13.00）、随州（11.30）、十堰（10.03）、漯河（9.01）、岳阳（8.68）、铜陵（8.67）。与东部地区、东北地区不同的是，中部地区省会城市GTFP水平具有两极分化的特点，表现在合肥、南昌和长沙GTFP水平位于中部地区前三位，而武汉（3.83）、太原（3.46）和郑州（1.94）的GTFP水平在中部地区80个城市中列于中后位名次。中部地区GTFP前10个城市2003年至2007年GTFP年均增幅平均值为0.871，比同期东北地区GTFP年均增幅低0.41个单位，比东部地区低 2 个单位。

表 4.5 **中部地区 2007 年城市 GTFP 水平 Top10 城市**

GTFP 位次	城市	2007 年 GTFP	2003 年 GTFP	2003—2007 年均增幅	所在省份
1	合肥	46.678	34.725	2.391	安徽
2	南昌	24.192	18.039	1.231	江西
3	长沙	21.995	16.422	1.115	湖南
4	芜湖	21.496	16.055	1.088	安徽
5	马鞍山	13.004	9.825	0.636	安徽
6	随州	11.302	8.578	0.545	湖北
7	十堰	10.026	7.644	0.476	湖北
8	漯河	9.010	6.900	0.422	河南
9	岳阳	8.683	6.661	0.404	湖南
10	铜陵	8.665	6.648	0.403	安徽
37	武汉	3.826	3.092	0.147	湖北
42	太原	3.459	2.820	0.128	山西
66	郑州	1.941	1.689	0.037	河南

（4）西部地区城市绿色全要素生产率差异比较

西部地区 2007 年城市绿色全要素生产率排名前十位的城市（见表 4.6）分别为：克拉玛依（75.57）、玉溪（71.13）、昆明（22.96）、兰州（14.78）、自贡（11.42）、南充（8.14）、银川（7.38）、德阳（6.69）、防城港（6.63）、遵义（6.18）。这 10 个城市 2003 年至 2007 年 GTFP 年均增幅平均值为 1.144。其中，省会城市中除了昆明、兰州和银川的 GTFP 位列西部地区前十位外，其他省会城市 GTFP 却较低，西安（5.69）、乌鲁木齐（5.03）、西宁（3.59）、贵阳（2.42）、成都（1.55），直辖市重庆 GTFP 仅为 1.01。由此可见，在城市 GTFP 平均水平较低的西部地区，大部分省会城市绿色全要素生产率并不突出，说明一些省会城市技术进步和制度创新优势不明显，没有在区域和城市群内发挥技术进步和技术效率提高的引领作用。

表 4.6　西部地区 2007 年城市 GTFP 水平 Top10 城市

GTFP 位次	城市	2007 年 GTFP	2003 年 GTFP	2003—2007 年均增幅	所在省份
1	克拉玛依	75.570	56.486	3.817	新疆
2	玉溪	71.127	53.118	3.602	云南
3	昆明	22.955	17.128	1.165	云南
4	兰州	14.783	11.127	0.731	甘肃
5	自贡	11.417	8.662	0.551	四川
6	南充	8.144	6.266	0.376	四川
7	银川	7.375	5.702	0.335	宁夏
8	德阳	6.691	5.201	0.298	四川
9	防城港	6.625	5.152	0.295	广西
10	遵义	6.183	4.828	0.271	贵州
14	西安	5.686	4.463	0.245	陕西
18	乌鲁木齐	5.032	3.982	0.210	新疆
31	西宁	3.586	2.914	0.134	青海
40	贵阳	2.424	2.050	0.075	贵州
52	成都	1.546	1.394	0.031	四川
56	重庆	1.008	1.004	0.001	重庆

利用箱线图观察 2004 年至 2007 年各省区内部及直辖市城市 GTFP 增长率的分布情况（见图 4.9），我们发现，东部地区内不同省区的城市 GTFP 增长率差异较大，但城市 GTFP 增长率较高，城市 GTFP 增长迅速。东北地区内不同省区的城市 GTFP 增长率差异比东部地区小，但是城市 GTFP 增长缓慢。中部地区内不同省区的城市 GTFP 增长率不仅差异较大，而且整体上城市 GTFP 增长速度比东北地区还慢。西部地区内不同省区的城市 GTFP 增长率差异较小，城市 GTFP 增长速度较快。

三　城市群层面的城市绿色全要素生产率的比较与分析

对于经济学意义的中国地区划分依据问题，孙红玲（2005）作出了较多研究，她认为将现有经济区改为横向集聚性划分，构建以珠三角、长三

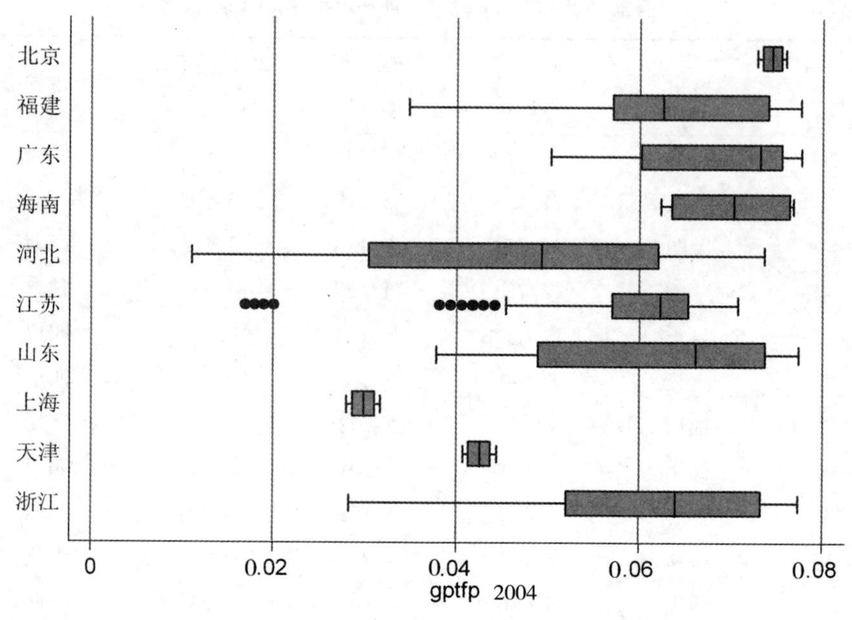

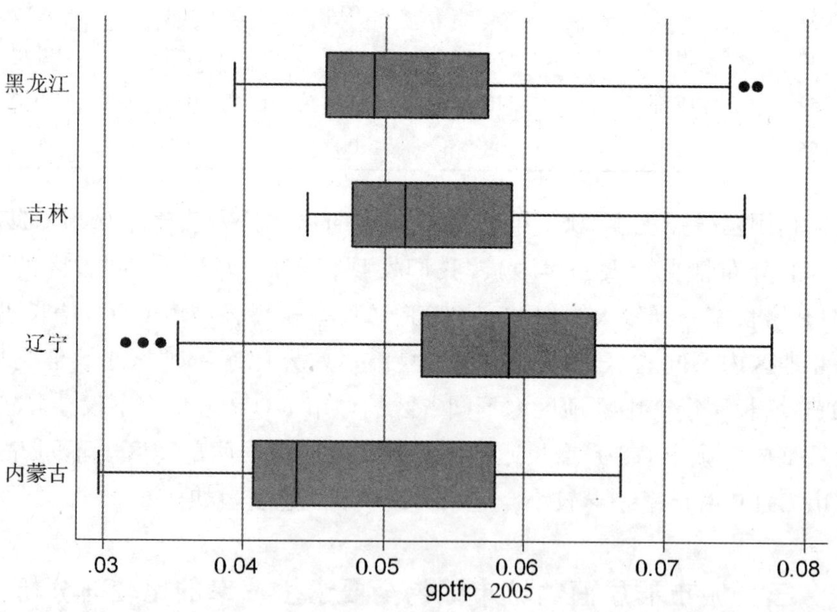

角和环渤海三大城市群增长极为龙头和引擎，辐射带动广大中西部经济腹地的泛珠三角、泛长三角和大环渤海“三大块”新的区域，以“形成促进

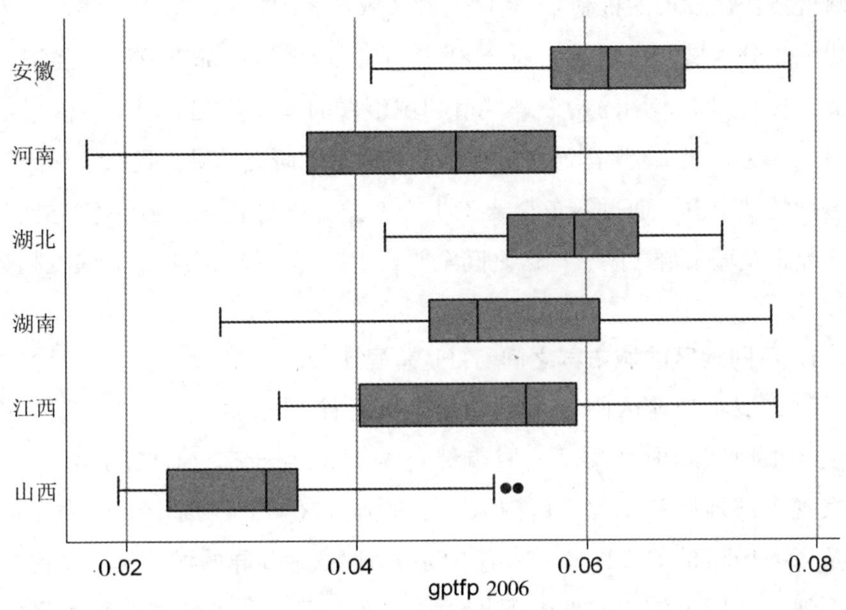

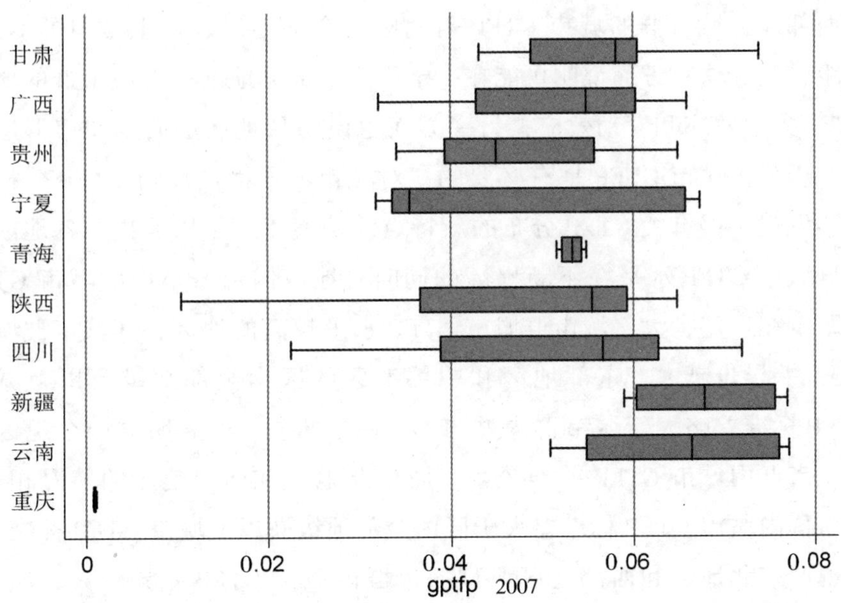

图 4.9　2004 年至 2007 年各省区、直辖市城市绿色全要素生产率（GTFP）增长率箱图

区域经济协调发展的机制”，实现统筹区域发展的目标[193—194]。我们认为无论纵向划分区域，还是横向划分区域，在区域经济内部以及区域经济之间起着连接与纽带作用的始终是城市和城市群的率先崛起。因此，依据宋吉涛等（2006）[同162]对中国城市群空间结构稳定性研究结果，我们选择比较有代表性的城市群，通过绿色全要素生产率差异来分析城市群绿色全要素生产率差距及城市群之间、地区之间全要素生产率差异分布特点和演变趋势。

1. 不同地区的城市群之间 GTFP 差异比较

对比表 4.7 地区间城市群内城市绿色全要素生产率（GTFP）水平和表 4.1 地区间地级及以上城市绿色全要素生产率（GTFP）水平，可以发现东部地区和东北地区内城市群的城市 GTFP 要高于地区内全部地级及以上城市的 GTFP 水平，其中东北地区城市群的城市 GTFP 比区内全部地级及以上城市 GTFP 高出较大幅度。但是，中部和西部地区内城市群的城市 GTFP 却低于地区内全部地级及以上城市的 GTFP 水平，而且西部地区城市群的城市 GTFP 与地区内全部地级及以上城市的 GTFP 差距较大。这一方面说明可能在一定程度上部分地区存在城市群的城市 GTFP 集中效应和互动效应；另一方面也说明从地区层面到城市群层面进一步分析城市 GTFP 是有必要的，对城市群层面的城市 GTFP 分析可能会发现一些有关 GTFP 分布的新特点。从表 4.7 可以看出，各地区城市群城市 GTFP 水平在不断提高的同时，地区内部城市群的城市 GTFP 差距也在逐年扩大。城市群城市 GTFP 水平越高的地区，其城市群城市 GTFP 差异也越大。东部地区和中部地区的区内全部地级及以上城市 GTFP 标准差略大于城市群内城市 GTFP 标准差。这表明这两个地区典型城市群内城市 GTFP 差异较小。而东北地区和西部地区的情况相反，城市群内城市 GTFP 标准差大于区内全部地级及以上城市 GTFP 标准差。这说明东北地区和西部地区典型城市群内城市 GTFP 差异较大。那么，同一地区内部，不同的城市群内城市 GTFP 分布和变化又存在哪些特点？因此，下一部分将对 4 个地区的 11 个典型城市群中核心城市和非核心城市 GTFP 进行比较分析。

表 4.7　　地区间城市群内城市绿色全要素生产率（GTFP）水平

年 份	GTFP 水平均值				GTFP 水平标准差			
	东部	东北	中部	西部	东部	东北	中部	西部
2003	14.672	16.675	3.870	3.270	16.332	19.375	3.331	2.235
2004	15.756	17.909	4.099	3.450	17.611	20.890	3.600	2.413
2005	16.915	19.227	4.345	3.644	18.973	22.502	3.889	2.604
2006	18.152	20.632	4.609	3.853	20.420	24.214	4.200	2.810
2007	19.472	22.127	4.893	4.078	21.955	26.029	4.533	3.032
2004—2007	16.993	19.314	4.363	3.659	19.058	22.602	3.911	2.619
观测值个数	39×5	14×5	21×5	14×5	39×5	14×5	21×5	14×5

注：东部地区剔除掉深圳市 GTFP 极端值数据。

2. 同一地区城市群之间 GTFP 差异比较

下面通过比较各地区内部城市群城市 GTFP 水平、核心城市 GTFP 均值与城市群内非核心城市 GTFP 均值的差距等来分析一个地区内不同城市群之间的城市 GTFP 特点。并对城市群内核心城市 GTFP 均值与城市群内非核心城市 GTFP 均值进行统计均值 T 检验。T 检验的原假设为核心城市绿色全要素生产率（GTFP）与城市群内非核心城市 GTFP 均值之差为零。T 检验统计值的截尾概率小于 0.10 时，那么至少在统计上 90% 可靠性拒绝原假设，说明城市群内核心城市 GTFP 均值与城市群内非核心城市 GTFP 均值显著不相等。“差值”是指城市群内核心城市绿色全要素生产率（GTFP）与城市群内非核心城市绿色全要素生产率（GTFP）均值之差。

（1）东部地区

在京津冀都市圈中核心城市为北京、天津、廊坊，这 3 个城市 GTFP 均值在多数年份都显著高于都市圈内其余 4 个非核心城市石家庄、张家口、秦皇岛、沧州 GTFP 均值（表 4.8），并且核心城市 GTFP 均值与城市群内非核心城市 GTFP 均值的差距较大，2007 年二者之差达到 27.765。这与该都市圈包含北京市拥有较高的 GTFP 水平有关系。2003 年北京市 GTFP 水平为 71.358，到了 2007 年已经提高至 94.70。与京津冀都市圈城市 GTFP 分布特点不同的是，长三角城市群核心城市上海、镇江、杭州共三市均值在多数年份却低于城市群内其他 13 个非核心城市 GTFP 均值。山东半岛城市群核心城市为济南、淄博、青岛 3 个城市，其 GTFP 均值高于城市群内其他 5 个非核心城市潍坊、威海、东营、烟台、日照的 GTFP 均值，不过二者之差较小，不足京津冀都市圈的核心城市与非核心城市 GTFP 之差的一半。珠三角城市群核心城市广州、佛山、中山的 GTFP 均值也高于其他 6 个非核心城市东莞、江门、肇庆、惠州、深圳、珠海 GTFP 均值，二者差距与山东半岛城市群的核心城市与非核心城市 GTFP 之差相近。

表 4.8　东部地区 4 个典型城市群 GTFP 比较

年份	京津冀都市圈			长三角城市群		
	核心城市 GTFP 均值	非核心城市 GTFP 均值	二者之差	核心城市 GTFP 均值	非核心城市 GTFP 均值	二者之差
2003	25.665	4.859	20.806	2.569	6.043	-3.474
2004	27.569	5.168	22.401	2.695	6.447	-3.752
2005	29.592	5.501	24.090	2.830	6.882	-4.051
2006	31.737	5.859	25.878	2.976	7.348	-4.372
2007	34.008	6.244	27.765	3.132	7.848	-4.716
t 检验	统计值	检验结论		统计值	检验结论	
	19.6564 (0.00)***	拒绝原假设		-18.5420 (0.00)***	拒绝原假设	
年份	山东半岛城市群			珠三角城市群		
	核心城市 GTFP 均值	非核心城市 GTFP 均值	二者之差	核心城市 GTFP 均值	非核心城市 GTFP 均值	二者之差
2003	21.540	11.837	9.703	30.258	20.317	9.941
2004	23.175	12.711	10.465	32.587	21.851	10.736
2005	24.923	13.650	11.274	35.075	23.491	11.584
2006	26.789	14.658	12.131	37.730	25.242	12.489
2007	28.778	15.739	13.039	40.560	27.109	13.451
t 检验	统计值	检验结论		统计值	检验结论	
	19.1894 (0.00)***	拒绝原假设		18.7525 (0.00)***	拒绝原假设	

（2）东北地区

辽东半岛城市群和吉黑城市群的核心城市 GTFP 水平较为接近（表 4.9），2003 年 GTFP 约为 11，2007 年 GTFP 水平接近 15。但是这两个城市群的非核心城市 GTFP 水平相差较大。吉黑城市群中非核心城市大庆市 2003 年 GTFP 水平为 63.58，2007 年 GTFP 水平为 84.90。大庆市是东北地区 GTFP 水平最高的城市。辽东半岛城市群 3 个核心城市沈阳、抚顺、阜新的 GTFP 均值低于城市群内 7 个非核心城市 GTFP。吉黑城市群核心城市长春和哈尔滨的 GTFP 均值也低于城市群内 3 个非核心城市 GTFP 均值。但是，吉黑城市群核心城市与非核心城市 GTFP 之差较大。

表 4.9　东北地区 4 个典型城市群城市 GTFP 比较

<table>
<tr><th rowspan="2">年份</th><th colspan="3">辽东半岛城市群</th><th colspan="3">吉黑城市群</th></tr>
<tr><th>核心城市 GTFP 均值</th><th>非核心城市 GTFP 均值</th><th>差值</th><th>核心城市 GTFP 均值</th><th>非核心城市 GTFP 均值</th><th>差值</th></tr>
<tr><td>2003</td><td>11.009</td><td>11.224</td><td>-0.214</td><td>11.472</td><td>32.909</td><td>-21.437</td></tr>
<tr><td>2004</td><td>11.813</td><td>12.031</td><td>-0.218</td><td>12.316</td><td>35.389</td><td>-23.073</td></tr>
<tr><td>2005</td><td>12.675</td><td>12.895</td><td>-0.220</td><td>13.224</td><td>38.026</td><td>-24.801</td></tr>
<tr><td>2006</td><td>13.598</td><td>13.817</td><td>-0.220</td><td>14.200</td><td>40.824</td><td>-26.624</td></tr>
<tr><td>2007</td><td>14.584</td><td>14.800</td><td>-0.216</td><td>15.248</td><td>43.789</td><td>-28.541</td></tr>
<tr><td rowspan="2">t 检验</td><td>统计值</td><td colspan="2">检验结论</td><td>统计值</td><td colspan="2">检验结论</td></tr>
<tr><td>-2.3e+02
(0.00)***</td><td colspan="2">拒绝原假设</td><td>-19.8155
(0.00)***</td><td colspan="2">拒绝原假设</td></tr>
</table>

（3）中部地区

2003 年至 2007 年期间，长株潭城市群城市 GTFP 水平最高（表 4.10），武汉都市圈城市 GTFP 水平次之，中原城市群城市 GTFP 水平偏低。长株潭城市群核心城市长沙、株洲、湘潭的 GTFP 均值高于非核心城市岳阳、常德、益阳、娄底、衡阳 5 市 GTFP 均值，2007 年二者之差为 4.647。武汉都市圈中核心城市武汉和黄石 GTFP 均值与非核心城市黄冈、鄂州、咸宁 GTFP 均值十分接近，差距很小。中原城市群核心城市郑州、洛阳、许昌 3 市的 GTFP 均值低于非核心城市新乡、焦作、开封、平顶山、漯河 5 个城市 GTFP 均值。

（4）西部地区

关中城市群的核心城市 GTFP 水平高于成渝城市群核心城市 GTFP（表 4.11），但是关中城市群的非核心城市 GTFP 水平却低于成渝城市群非核心城市 GTFP。在成渝城市群内部，核心城市成都、德阳、重庆的 GTFP 水平低于成渝城市群非核心城市绵阳、自贡、广源、达州、南充、宜宾的 GTFP，这一点与长三角城市群、辽东半岛城市群、吉黑城市群、中原城市群城市 GTFP 情况相似。关中城市群核心城市西安和咸阳 GTFP 均值高于城市群非核心城市宝鸡、铜川、渭南 GTFP 均值。

表 4.10　中部地区 4 个典型城市群 GTFP 比较

年份	中原城市群			长株潭城市群			武汉都市圈		
	核心城市 GTFP 均值	非核心城市 GTFP 均值	差值	核心城市 GTFP 均值	非核心城市 GTFP 均值	差值	核心城市 GTFP 均值	非核心城市 GTFP 均值	差值
2003	2.337	3.219	-0.882	7.263	3.688	3.575	3.716	3.677	0.039
2004	2.444	3.395	-0.951	7.768	3.903	3.865	3.930	3.889	0.041
2005	2.559	3.585	-1.026	8.310	4.133	4.177	4.159	4.116	0.043
2006	2.683	3.790	-1.107	8.892	4.381	4.511	4.407	4.361	0.046
2007	2.816	4.009	-1.193	9.516	4.647	4.868	4.672	4.624	0.048
t 检验	统计值	检验结论		统计值	检验结论		统计值	检验结论	
	-18.7379 (0.00)***	拒绝原假设		18.3481 (0.00)***	拒绝原假设		26.6107 (0.00)***	拒绝原假设	

表 4.11　西部地区 2 个典型城市群 GTFP 比较

年份	成渝城市群			关中城市群		
	核心城市 GTFP 均值	非核心城市 GTFP 均值	差值	核心城市 GTFP 均值	非核心城市 GTFP 均值	差值
2003	2.533	4.097	-1.564	3.355	2.703	0.653
2004	2.655	4.344	-1.689	3.541	2.838	0.704
2005	2.787	4.611	-1.823	3.741	2.982	0.759

续表

年份	成渝城市群			关中城市群		
	核心城市 GTFP 均值	非核心城市 GTFP 均值	差值	核心城市 GTFP 均值	非核心城市 GTFP 均值	差值
2006	2.929	4.897	-1.968	3.956	3.138	0.818
2007	3.081	5.205	-2.123	4.188	3.306	0.882
	统计值	检验结论		统计值	检验结论	
t 检验	-18.5204 (0.00)***	拒绝原假设		18.7440 (0.00)***	拒绝原假设	

综上所述，一些城市群的核心城市 GTFP 在城市群中处于领先地位，如京津冀都市圈、珠三角城市群、山东半岛城市群、长株潭城市群、关中城市群、武汉都市圈，这一方面表明了核心城市在引领整个城市群以及所在区域经济和环境可持续发展的协调统一；另一方面也说明了城市群内部非核心城市与核心城市之间、区域内城市群城市与非城市群城市之间的绿色全要素生产率存在一定差距。因而，推动城市群和区域经济整体的经济环境可持续发展，提高非核心城市绿色全要素生产率，必须加快城市群非核心城市、区域内非城市群城市的技术进步、制度创新和环境治理。而另一些城市群的核心城市 GTFP 水平低于非核心城市，如长三角城市群、辽东半岛城市群、吉黑城市群、中原城市群城市、成渝城市群。长三角城市群的这种特点与江苏、浙江的块状经济发展模式有关，即表现为没有出现大城市经济增长极，城市发展较为均衡。辽东半岛城市群的城市 GTFP 水平也比较均衡。吉黑城市群的这种特点与大庆市拥有较高的 GTFP 水平密切相关。中原城市群城市和成渝城市群的核心城市 GTFP 水平较为接近，但是成渝城市群的非核心城市 GTFP 要高于中原城市群。

3. 单一城市群内部 GTFP 差异比较

在以上分析的 11 个城市群中，按照东部地区、中部地区和西部地区分别选取长三角城市群、长株潭城市群和关中城市群 3 个代表性城市群来分析单一城市群内部的城市绿色全要素生产率（GTFP）的差异分布和变化特点。2003 年以来，东部地区长三角城市群中的城市绿色全要素生产率（GTFP）的分布具有城市 GTFP 水平高、分布均匀、差距小、中小城市 GTFP 突出的特点［图 4.10（a）和（b）］。与长三角城市群中的城市 GTFP 的分布特点不同，中部地区长株潭城市群同期的城市 GTFP 则呈现出城市 GTFP 水平低、分布不均匀、差距大、省会城市 GTFP 突出的特点［图 4.11（a）、（b）］，表现为在长株潭城市群内除了长沙市 GTFP 较高以外，其余城市 GTFP 都处于较低水平。关中城市群的城市 GTFP 结构与长三角城市群、长株潭城市群又具有不同特征［图 4.12（a）、（b）］。2003 年至 2007 年期间，关中城市群的城市 GTFP 水平要显著低于前两者，但是关中城市群的城市 GTFP 分布具有由低到高的阶梯结构特点，2007 年西安、铜川、宝鸡、咸阳、渭南共 5 个城市 GTFP 水平接近 5、4、3、2、1 的连续递减状态。因此，在一个城市群内部，不同城市绿色全要素生产率（GTFP）水平分布具体不同的特点，东部地区的长三角城市群城市 GTFP 是均衡发展的，大城市 GTFP 反而没有优势；中部地区的长株潭城市群城市 GTFP 是极化发展，只有大城市 GTFP 突出；西部地区的关中城市群城市 GTFP 分布具有由高到低的梯度结构，但是城市 GTFP 水平普遍较低。

四 对城市绿色全要素生产率的收敛分析

本章第一、第二、第三节的研究结果表明，不同地区之间的、单一地

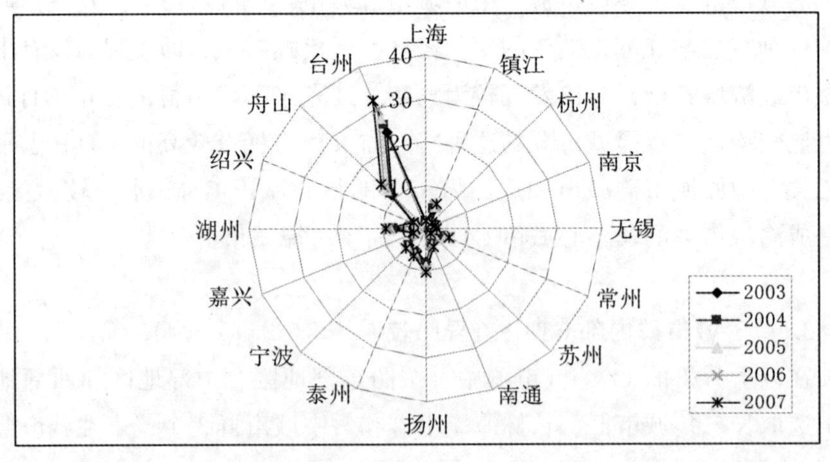

（a）

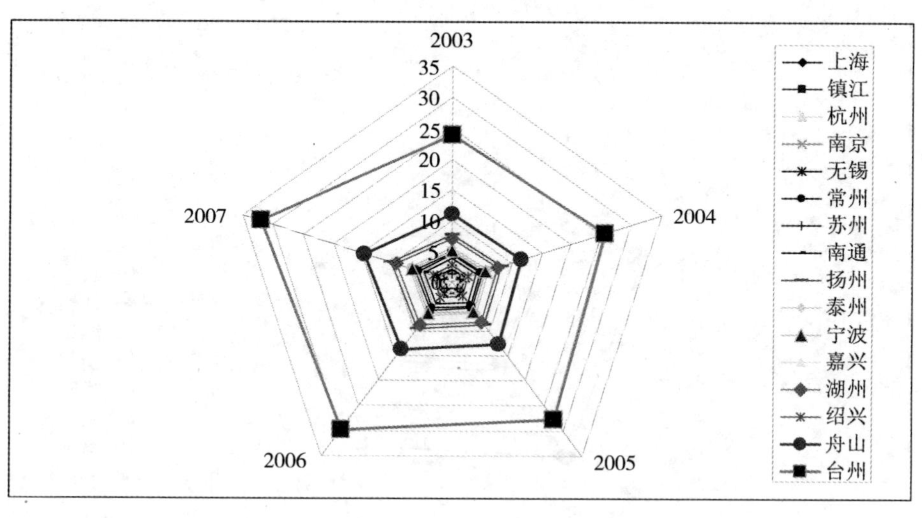

(b)

图 4.10 长三角城市群 2003 年至 2007 年城市绿色全要素生产率（GTFP）分布雷达图

区的城市绿色全要素生产率（GTFP）之间存在显著的差异，不同地区的城市群之间、单一地区的城市群内部城市 GTFP 之间也存在显著差异。那么，接下来的问题是这种差异是否会持续存在，还是会随着经济的发展逐渐减弱或消失？为了解释这个疑问，本节对全国的、不同地区的、不同城市群的城市 GTFP 进行了收敛性检验。

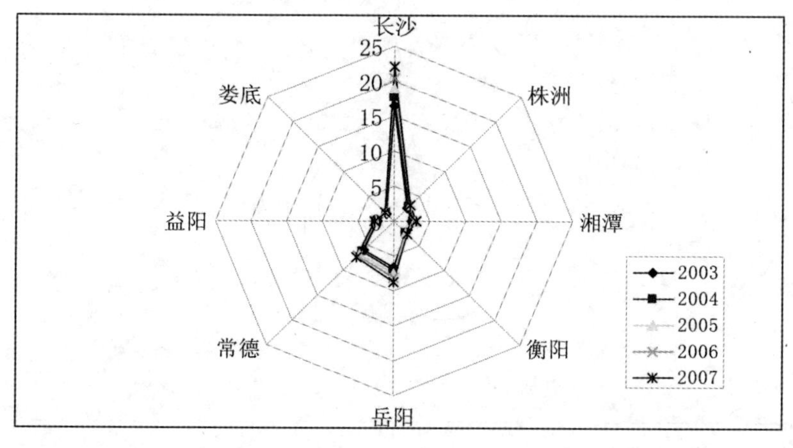

(a)

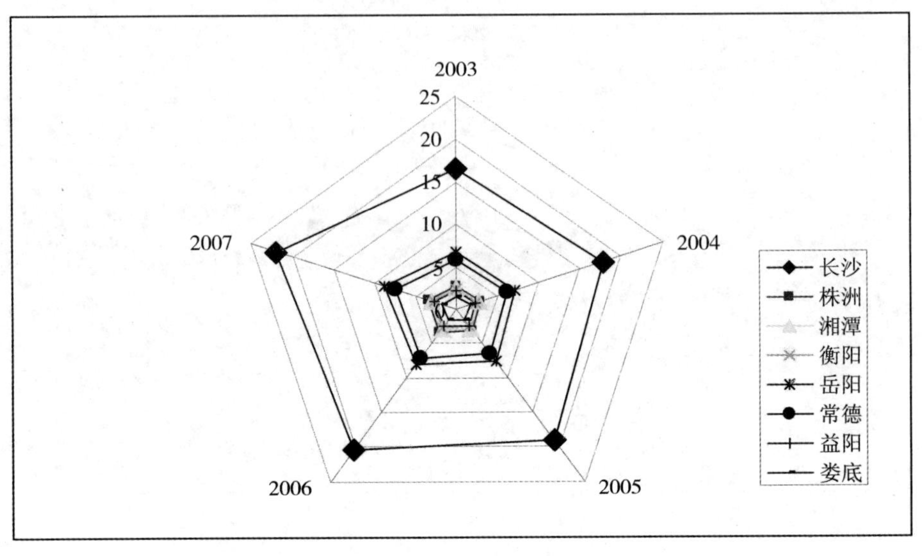

（b）

图4.11　长株潭城市群2003年至2007年城市绿色全要素生产率（GTFP）分布雷达图

1. 对全要素生产率收敛性检验方法的回顾

（1）对中国地区和产业全要素生产率收敛性检验的文献回顾

关于生产率收敛方面的研究主要集中在国家间生产率收敛的比较

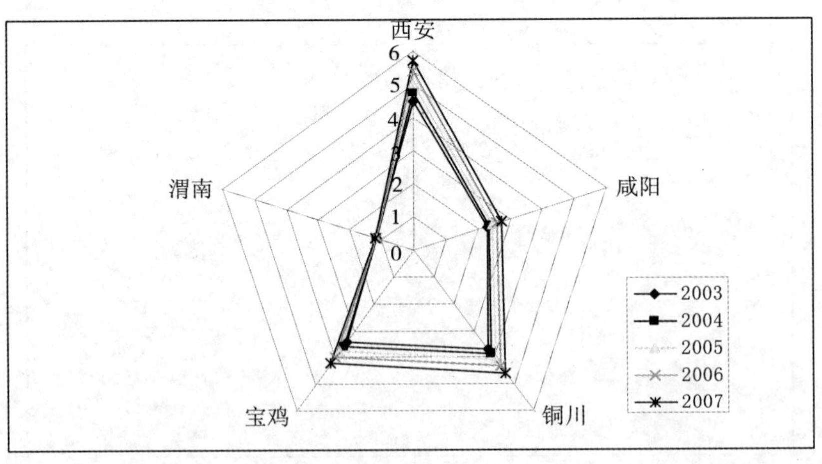

（a）

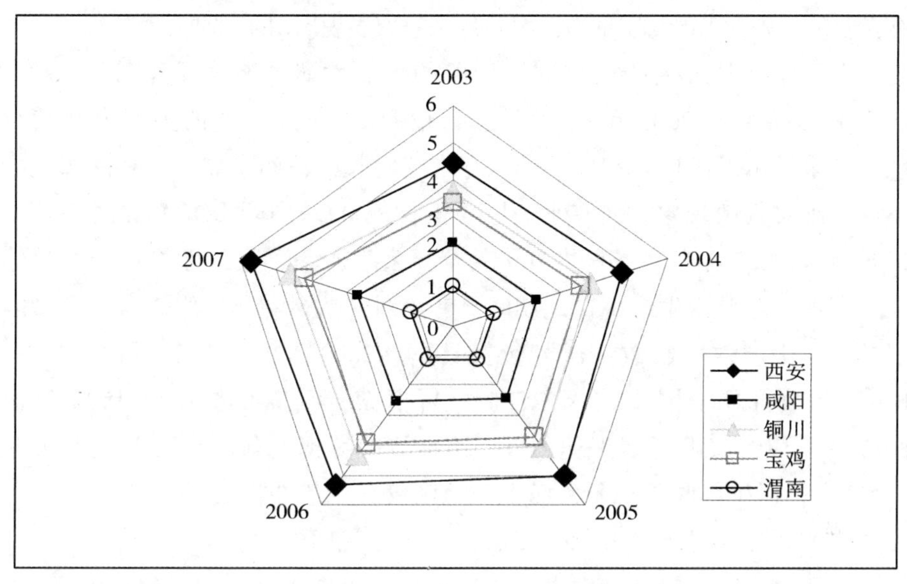

(b)

图 4.12 关中城市群 2003 年至 2007 年城市绿色全要素生产率(GTFP)分布雷达图

(Bernard 和 Jones, 1996; Miller 和 Upadhyay, 2002; Islam, 2003; 潘文卿, 2010), 而对我国地区间全要素生产率 (Total Factor Productivity) 差异及收敛性研究相对较少。

对区域全要素生产率收敛性检验的代表性研究有彭国华(2005)测度了 1982 年至 2002 年我国各省全要素生产率并进行了收敛性分析, 结果表明全国范围内只存在条件收敛, 不存在绝对收敛, 认为 GTFP 与收入的收敛模式具有很大的相似性, 但是 GTFP 的收敛速度明显高于收入的收敛速度[同22]。Miller 和 Upadhyay(2002)进行了国家间收入和 GTFP 收敛的对比研究, 研究结果表明收入的收敛和 GTFP 的收敛既有相似的地方, 也有不同之处[195]。张学良(2010)运用数据包络分析方法(DEA)对 1993 年至 2006 年长三角地区技术效率和技术进步做出测算和收敛检验, 发现效率改善和技术进步等因素使长三角地区经济增长趋异[196]。考虑环境因素的地区经济效率收敛性研究有杨龙和胡晓珍(2010)对各地区综合环境污染指数引入效率测度 DEA 模型测度 1996 年至 2007 年我国 29 个省区市绿色经济效率增长差异进行了收敛性检验。他们发现, 由于各地区经济基础条件与特征不同, 全国总体绿色经济效率不存在收敛趋势，东部与中部地区绿色经济效率表现出俱乐部收敛[同98]。

对产业全要素生产率收敛性检验的代表性研究有谢千里等（2008）研究了1998年至2005年我国各地区规模以上工业企业的生产率及其收敛，结果显示沿海地区和中部地区存在绝对收敛，而东北地区和西部地区不存在绝对收敛现象[197]。刘忠生和李东（2009）运用DEA方法测定了1999年至2007年各个省份内外资的全要素生产率，收敛性检验表明总体上中国地区全要素生产率在此期间具有绝对β收敛趋势[同70]。考虑环境因素的工业生产效率收敛性研究包括吴军（2009）通过Malmquist – Luenberger指数将环境因素纳入GTFP分析框架，测算分析中国1998年至2007年环境约束下地区工业GTFP的收敛性发现，东部和西部地区工业GTFP存在俱乐部收敛现象，而中部地区仅存在条件收敛[198]。

（2）对全要素生产率收敛性检验方法的说明

在所发表的大量文献中占优势的收敛概念有4个，包括绝对β收敛、条件β收敛、俱乐部收敛和α收敛。绝对β收敛是指较贫穷国家或区域与较富裕国家或区域的人均收入水平将随时间推移而趋于同一稳态水平。条件β收敛指每一国家或区域的人均收入将随时间推移趋于各自的稳态水平。俱乐部收敛指结构特征相似的一组国家或区域人均收入水平向某一稳态水平趋近。α收敛指的是在不同国家或区域间，人均收入分布的分散程度倾向于随时间推移而降低。这4种收敛概念的含义不同。两种β收敛概念所指的收敛方向目标值的个数不同。绝对β收敛指的是向同一人均收入水平发展的趋势，意味着经历一个较长时期，世界各国、各地区之间人均收入水平将不会存在差异。条件β收敛指的是向不同人均收入水平发展的趋势，尽管贫富差距在缩小，但差距却永远存在。俱乐部收敛是指具有相似结构特征的国家或区域的人均收入稳态水平非常接近，它强调向同一稳态水平趋近，因而具有绝对β收敛的特征；它是以按结构特征的相似性分组为条件的，各分组向各自的稳态水平趋近，于是它又兼容了条件β收敛的特点。可以说，俱乐部收敛是绝对β收敛与条件β收敛的结合。α收敛是用不同时点上，国家或地区间人均收入水平分布距均值的离差来测度人均收入水平的均一化程度，它指的是收入水平离散程度降低的趋势。对于β收敛与α收敛的关系，β收敛是α收敛的必要条件，但非充分条件，而α收敛是β收敛的充分条件，但非必要条件。本节主要

通过 β 收敛、俱乐部收敛、α 收敛，对我国城市绿色全要素生产率的收敛性进行检验，并对检验结果作出原因解释。

2. 城市绿色全要素生产率收敛性检验结果

关于 β 收敛检验在本文则主要是指条件 β 收敛检验，即区域之间可能存在技术、制度、偏好等方面的不同，从而不具有相似的经济稳态，但是经济的增长速度与距离稳态的差距有正相关关系。

（1）绝对 β 收敛

绝对 β 收敛检验的思想是如果贫穷经济体的增长速度高于富裕经济体的增长速度，则在未来某一时刻，两者的收入差异会消失，最终达到相同的稳态增长水平。借鉴 Martin（1996）进行 β 收敛使用的回归模型对城市绿色全要素生产率做绝对 β 收敛检验：

$$ggtfp_{it} = \alpha + \beta ptfp_{i0} + \varepsilon_{it} \tag{4.3}$$

其中，$ggtfp_{it}$ 为城市绿色全要素生产率的增长率，α 为常数项，$gtfp_{i0}$ 为城市的初始绿色全要素生产率水平，ε 为误差项。如果 $\beta<0$ 则表示存在 β 收敛，即城市向着同一个稳态 GTFP 水平趋近，否则不存在 β 收敛。用城市绿色全要素生产率的增长率 $ggtfp_{it}$ 做因变量，用 GTFP 初始水平 $gtfp_{i0}$ 做解释变量，对第三章估算的2004 年至2007 年城市 GTFP 面板数据做绝对 β 收敛检验。从表4.12 绝对 β 收敛检验结果看，绝对 β 收敛检验回归系数 β 均为正值，并且

表 4.12　**全国和 4 个地区城市 GTFP 绝对 β 收敛检验结果**

解释变量	全国	东部	东北	中部	西部
$gtfp_{i0}$	0.0007 (10.33)***	0.0006 (6.06)***	0.0006 (4.95)***	0.0020 (7.34)***	0.0007 (3.87)***
常数项	0.0497 (54.24)	0.0537 (31.89)	0.0507 (30.66)	.0436 (26.02)	0.0471 (21.79)
Wald chi2（1）	106.81***	36.68***	24.47***	53.89***	14.98***
R^2	0.29	0.31	0.39	0.41	0.22
观测个数	260×4	85×4	39×4	80×4	56×4
收敛检验结论	不收敛	不收敛	不收敛	不收敛	不收敛

注：*** 代表估计参数和统计值在 1% 水平上显著。

绝对β收敛检验的估计系数均在1%水平上显著。这表明全国、东部地区、东北地区、中部地区和西部地区的城市绿色全要素生产率（GTFP）均不存在绝对β收敛，同时不存在俱乐部收敛，意味着全国和各地区城市绿色全要素生产率（GTFP）的增长差异没有表现出递减趋势。

（2）条件β收敛

条件β收敛检验的思想是各个地区由于不同的经济基础及特征，其经济增长水平不会向同一个稳态水平趋近，而是向他们各自的稳态增长路径发展，最终达到稳定的增长速度与增长水平，这个稳态水平取决于各地区自身特征与条件，但先进与落后地区之间的绝对收入差距可能在很长一段时间内持续存在。进行条件β收敛使用固定效应模型通过设定截面与时间固定效应，既考虑不同地区的不同稳态水平，又考虑各地区稳态值随时间的变化。建立条件β收敛模型：

$$d(gtfp_{it}) = gtfp_{it} - gtfp_{i(t-1)} = \alpha + \beta gtfp_{i(t-1)} + \varepsilon_{it} \tag{4.4}$$

其中，$gtfp_{it}$ 为城市 i 在 t 时期的绿色全要素生产率，当 $\beta<0$ 时，表明存在条件β收敛，即各城市向各自的稳态GTFP水平趋近，否则不存在条件收敛趋势。用城市绿色全要素生产率差分 $d(ptfp_{it})$ 做因变量，用GTFP的一期滞后值 $gtfp_{i(t-1)}$ 为解释变量，对第三章估算的2004年至2007年城市GTFP面板数据做条件β收敛检验。从表4.13条件β收敛检验结果发现，条件β收敛检验回归系数β均为正值，并且条件β收敛检验的估计系数均在1%水平上显著。这表明全国、东部地区、东北地区、中部地区和西部地区的城市绿色全要素生产率（GTFP）均不存在条件β收敛，也不存在俱乐部收敛，意味着全国和各地区城市绿色全要素生产率（GTFP）的增长差异没有表现出递减趋势。

表4.13　全国和4个地区城市GTFP条件β收敛检验结果

解释变量	全国	东部	东北	中部	西部
$gtfp_{i(t-1)}$	0.074 (406.70)***	0.073 (218.66)***	0.074 (151.54)***	0.078 (436.11)***	0.075 (245.99)***
常数项	−0.046 (−15.85)	−0.024 (−3.33)	−0.045 (−5.14)	−0.074 (−56.62)	−0.061 (−15.10)

续表

解释变量	全国	东部	东北	中部	西部
Wald chi2(1)	165400.89***	47811.36***	22965.18***	190193.69***	60511.91***
R^2	0.994	0.994	0.996	0.998	0.996
观测个数	260×4	85×4	39×4	80×4	56×4
收敛检验结论	不收敛	不收敛	不收敛	不收敛	不收敛

注：*** 代表估计参数和统计值在1%水平上显著。

（3）σ 收敛检验

σ 是一种统计指标分析方法，收敛检验的思想是通过计算个体间考察变量，如人均 GDP 的标准差从而反映绝对差异的变化，据此来判断它的敛散情况。如果标准差随时间衰减，则检验结果为 σ 收敛，意味着区域间该变量值的差异越来越小；以 $\delta_{t,ptfp}$ 代表城市 i 在 t 时期绿色全要素生产率 $gtfp_{it}$ 的标准差，如果发生了 $\delta_{t+1,gtfp} < \delta_{t,gtfp}$ ，则说明 σ 收敛存在。利用 2004 年至 2007 年城市 GTFP 标准差反映绝对差异的变化，以此来判断我国城市 GTFP 差异是否呈现 σ 发散现象。从表 4.14 全国和各地区城市 GTFP 水平的 σ 收敛检验结果可见，城市 GTFP 水平的标准差随时间逐渐增大，没有出现变小趋势，因此，全国和各地区城市 GTFP 不存在 σ 收敛趋势，呈现出 σ 发散特点。

表 4.14　　全国和 4 个地区城市 GTFP 水平的 σ 收敛检验结果

年份	全国	东部	东北	中部	西部
2003	10.939	16.448	12.660	4.668	1.004
2004	11.799	17.721	13.652	5.043	1.005
2005	12.714	19.075	14.708	5.445	1.006
2006	13.688	20.510	15.830	5.876	1.007
2007	14.723	22.030	17.021	6.335	1.008
2004—2007	12.773	19.157	14.774	5.473	1.006
观测值个数	260×4	86×4	39×4	80×4	56×4
收敛检验结论	不收敛	不收敛	不收敛	不收敛	不收敛

注：东部地区剔除掉深圳、厦门极端值数据以后。

3. 城市人均收入收敛性与 GTFP 收敛性的比较

由本节对中国城市 GTFP 收敛性检验可知，全国和各地区城市 GTFP 不存在绝对 β 收敛、条件 β 收敛、σ 收敛和俱乐部收敛。那么，城市 GTFP 收敛特征与城市收入收敛特征是否相似呢？如果城市 GTFP 与城市收入收敛特点相近，那么在第五章城市 GTFP 影响因素研究中将纳入影响城市经济增长的主要驱动因素；如果二者的收敛特点区别较大，那么在下一章考虑城市 GTFP 影响因素时则需要拓宽思路。因此，这里有必要对 2003 年至 2007 年城市人均生产总值面板数据进行收敛性检验，并将其检验结论与同期 GTFP 收敛特征做对比分析。

对于我国城市经济增长趋同问题的研究文献较为少见。徐现祥和李郇（2004）、徐大丰（2009）是我国城市经济增长趋同问题的代表性研究成果。徐现祥和李郇（2004）以 1990 年至 2003 年我国行政地级以上城市为样本，运用趋同检验的经典 Barro 回归方程（Barro and Sala - I - Martin，1992）和 Dowrick - Rogers 框架，发现我国城市的经济增长存在绝对收敛的趋势（Absolute Convergence or Unconditional Convergence，绝对 β 收敛趋同）。这意味着无论初始时期各城市的经济状况如何，也无论各城市经济运行的过程如何，人均收入较低的城市将获得比人均收入较高的城市更高的经济增长率，即长时期来看我国城市的人均收入有趋于一致的趋势。徐大丰（2009）认为徐现祥和李郇（2004）结论是值得商榷的。他从经济增长的事实、经济增长理论、经典绝对趋同的检验方法缺陷的角度对徐现祥和李郇（2004）指出的我国城市的经济增长存在绝对趋同的结论提出质疑[①]。他运用部分线性加法模型对我国城市经济增长趋同进行检验的结

① 徐大丰（2009）认为：第一，从经济增长的事实来看，我国各城市的经济增长呈现出了较大的差异性。1990—2003 年间，我国城市人均收入的差异在扩大，没有出现人均收入趋于一致的迹象。第二，从经济增长理论来看，城市的经济增长率取决于城市的投资率、人力资本的增长率以及技术进步率。由于历史环境、政策因素等方面的不同，我国各城市在物质资本积累、人力资本及技术水平等方面都存在着比较明显的差异，这种差异势必造成各城市经济增长率的差异，其结果使得城市的人均收入具有差异化倾向。第三，从绝对趋同的检验方法来看，由于解释变量只有各城市初始时期的人均收入，因此，不可避免地面临遗漏变量的问题。进行绝对趋同的检验时，模型的拟合程度很低。经典的趋同检验方法对我国城市的经济增长趋同问题造成了相当程度的误导。

果表明，我国城市间存在俱乐部趋同，并不存在绝对趋同[199]。

本文依据式（4.3）和式（4.4）对地级及以上城市人均 GDP 分布进行绝对 β 收敛检验和条件 β 收敛检验。从表4.15 和表4.16 可以看出，全国城市人均 GDP 存在绝对 β 收敛和条件 β 收敛，但是绝对 β 收敛统计上不显著。同时，各地区城市人均 GDP 也存在绝对 β 收敛和条件 β 收敛，但绝对 β 收敛统计上不显著，也即存在俱乐部收敛。

表4.15　　全国和4个地区城市人均 GDP 绝对 β 收敛检验结果

解释变量	全国	东部地区	东北地区	中部地区	西部地区
$gtfp_{i0}$	-0.035 (-1.01)	-0.026 (-0.31)	-0.032 (0.73)	-0.0434 (-0.59)	-0.016 (-0.25)
常数项	0.537 (1.70)*	0.461 (0.56)	0.449 (1.10)	0.630 (0.95)	0.385 (0.70)
Wald chi2（1）	1.03	0.09	0.53	0.34	0.06
R^2	0.006	0.0014	0.028	0.012	0.003
观测个数	262×4	87×4	39×4	80×4	56×4
检验结论	存在绝对收敛但不显著	存在绝对收敛但不显著	存在绝对收敛但不显著	存在绝对收敛但不显著	存在绝对收敛但不显著

表4.16　　全国和4个地区城市人均 GDP 条件 β 收敛检验结果

解释变量	全国	东部地区	东北地区	中部地区	西部地区
$gtfp_{i(t-1)}$	-0.203 (-13.88)***	-0.277 (-9.82)***	-0.192 (-5.27)***	-0.247 (-7.82)***	-0.204 (-6.34)***
常数项	2.058 (14.77)***	2.837 (10.17)***	1.947 (5.59)***	2.441 (8.30)***	2.041 (6.85)***
Wald chi2（1）	192.56***	96.41***	27.82***	61.18***	40.25***
R^2	0.778	0.698	0.796	0.856	0.807
观测个数	262×4	87×4	39×4	80×4	56×4
检验结论	存在条件收敛	存在条件收敛	存在条件收敛	存在条件收敛	存在条件收敛

注：*** 代表估计参数和统计值在1%水平上显著。

由此可见，2003 年至 2007 年我国全部和各地区地级及以上城市人均 GDP 具有收敛特征，这与我国全部和各地区地级及以上城市绿色全要素生产率呈发散状态形成了鲜明的对比。因此，进一步探究影响城市绿色全要素生产率的主要因素，以解释为什么有的城市 GTFP 越来越高而有的城市 GTFP 增长迟缓是十分必要的。

五 本章小结

本章利用第三章随机前沿生产函数方法对城市绿色全要素生产率（GTFP），主要考察剔除了集聚经济的负外部性效应的 GTFP 在各地区、各城市群层面的分布特点、动态变化特征和收敛性，得到以下结论：

第一，采用核密度分析方法考察中国城市 GTFP 的整体分布和变化特征发现，中国各城市之间 GTFP 增长率差距在逐步拉大，GTFP 增长率较低的城市很难赶超高 GTFP 的城市。

第二，对不同地区之间的城市 GTFP 变化特征进行比较分析发现，从不同地区的层面看，城市绿色全要素生产率（GTFP）依次为东部地区最高，东北地区次之，西部和中部地区较低；从地区内部 GTFP 差距看，东部地区内部的城市 GTFP 差距最大，东北和中部地区次之，西部地区内部的城市 GTFP 差距最小。

第三，对不同城市群之间的城市 GTFP 变化特征作出比较分析，一些城市群的核心城市 GTFP 在城市群中处于领先地位，如京津冀都市圈、珠三角城市群、山东半岛城市群、长株潭城市群、关中城市群、武汉都市圈，表明了核心城市在引领整个城市群以及所在区域经济和环境可持续发展的协调统一。另一些城市群的核心城市 GTFP 水平低于非核心城市，如长三角城市群、辽东半岛城市群、吉黑城市群、中原城市群、成渝城市群。

第四，将对中国 2003 年至 2007 年各地区之间、各城市群之间的城市 GTFP 进行收敛性检验发现，全国、东部地区、东北地区、中部地区和西部地区的城市绿色全要素生产率（GTFP）均不存在绝对 β 收敛，也不存在条件 β 收敛和 σ 收敛，同时不存在俱乐部收敛，这表明全国和各地区城市绿色全要素生产率的增长差异没有表现出递减趋势。

因此，要缩小地区之间、城市群之间、不同城市之间的城市绿色全要素生产率，必须进一步考察影响城市绿色全要素生产率增长的主要因素是什么。

第五章 我国城市绿色全要素生产率的城市内部影响因素分析

在全要素生产率研究中，除了全要素生产率变化趋势、增长速度和地区间差距收敛与否等问题受到重点研究外，影响全要素生产率提高的因素分析也是学术界关注的另一个焦点问题。现在研究区域生产效率的影响因素的文献的研究思路为集中考察人力资本、政府政策、产业结构、区位优势等方面对地区生产效率的作用机制和影响程度。但是对城市生产效率的影响因素考察与已有的地区生产效率研究存在一定的区别。这些区别表现为：第一，城市人力资本水平高于区域经济体；第二，城市工业化水平高于区域经济体；第三，城市是区域城市化进程的结果。面对区域和城市经济增长投入要素和所处的不同经济发展阶段，从理论上和经验上我们有必要进一步考察城市全要素生产率的主要影响因素。因而本章在第三章估计中国城市绿色全要素生产率基础上，构建研究假设与实证模型，从城市内部分析绿色全要素生产率的影响因素。暂时不考虑城市外部要素流动对城市绿色全要素生产率的影响。根据内生增长理论和新地理经济学，城市全要素生产率的主要影响因素应该包括禀赋结构、产业结构、经济制度、地理区位和基础设施，这些因素决定城市吸收先进技术、改善资源配置和提高劳动效率的能力和条件。因而本章研究思路为首先分别对禀赋结构、产业结构、制度因素、地理区位和基础设施对绿色全要素生产率的影响做计量经济学检验和分析，然后将五个方面因素整合到一个回归模型中考察其相互作用关系。探讨这样的问题应该是非常有意义的。这些研究对于理解城市绿色全要素生产率的内部影响因素，如何提高城市绿色全要素生产率具有重要的理论和实践价值。本章结构安排如下：第一节对本章考虑的我国城市绿色全要素生产率的影响因素给予理论分析和定性分析。在此基础

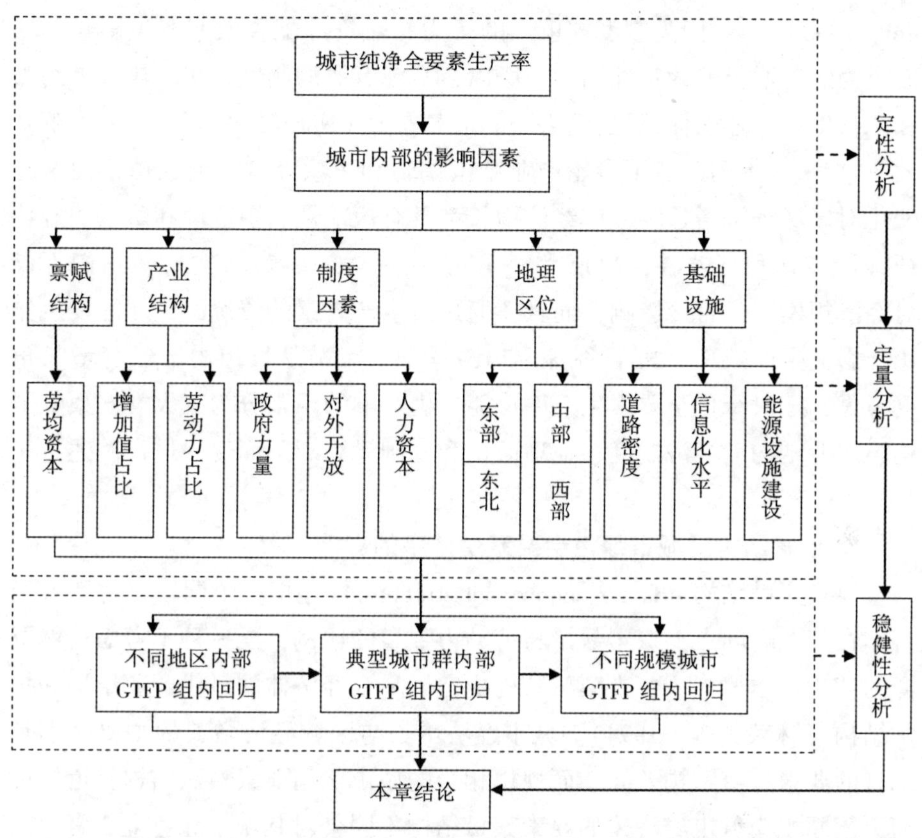

图 5.1　城市绿色全要素生产率的城市内部影响因素研究思路

上，结合我国实际并借鉴国外相关文献，构建理论假设；第二节为实证研究设计说明和结果分析，包括样本数据的选取、研究变量的选取和度量、研究程序的介绍和实证模型的构建，对实证结果进行分析和讨论；第三节为实证结果的稳健性分析和进一步分组回归讨论；第四节为本章小结。

一　我国城市绿色全要素生产率提高的影响因素

结构主义学派认为产业结构是经济增长过程中导致不同结果的关键原因。由于部门间生产率水平和生产率增长率存在差异，投入要素从低生产率水平或者低生产率增长的部门向高生产率水平或者高生产率增长部门流动时所产生的“结构红利”保证了发达国家经济高速增长（Peneder，2002）[200]。制度经济学派认为经济增长的源泉是制度（Delongh and Shleifer，1993）[201]。因为制度约束人的行为并对资源配置效率产生影响，从而成为经济增长的约定性因素。所以，实施有效的制度、实现执政者约束和产权保护，才能保证经济实现可持续增长（North，1994）[202]。改革开放30年来，中国经过了多轮产业结构调整和多项经济制度改革，而这些变化对区域经济增长和城市经济增长都具有短期性、多变性和阶段演进特征（于春晖和郑若谷，2009[203]；Rioja and Valev，2004[204]），它们不仅对经济规模产生直接影响，而且还通过对生产要素的资源配置功能发生作用，影响生产效率（郑若谷等，2010）[205]。本节从城市内部经济增长角度考虑，把对绿色全要素生产率可能产生影响的因素分为五大类：禀赋结构、产业结构、经济制度、地理区位和基础设施。下面逐一进行阐述。

1. 禀赋结构对城市绿色全要素生产率的影响

要素禀赋结构（factor endowment structure）是指一个国家、地区或经济体在某个时间点上资本数量与劳动力数量的比例，是一种不考虑自然资源的劳均资本概念。要素禀赋结构决定了一个经济体的最优产业结构和技术结构（林毅夫等，1994）。城市经济增长与区域经济增长的主要区别是二者的要素禀赋结构差异。而规模相当的城市之间要素禀赋结构相近。进而，不同规模城市经济体的要素禀赋结构不同会对其城市绿色全要素生产率产生影响。所以提出以下假说：

假说5.1：城市禀赋结构会对城市绿色全要素生产率产生显著影响。

2. 产业结构对城市绿色全要素生产率的影响

经济增长的典型特征之一是产业结构的变迁。产业结构（industry structure）是指产业总体中各产业所占的比例及其相互关系。克拉克（1940）在《经济进步的条件》一书中使用三次产业概念，此后出现了大量对产业结构的研究。根据党的十七大报告的阐述，三次产业之间的结构优化和广义的技术水平是经济发展方式的主要内容。2009年《工业化蓝皮书》指出，2005年中国工业化水平综合指数为50，这意味着中国工业化进程进入中期的后半阶段。城市经济发展过程中的产业结构升级必然带来城市绿色全要素生产率提高。所以提出以下假说：

假说5.2：产业结构水平的提高有利于城市绿色全要素生产率增长。

3. 制度因素对城市绿色全要素生产率的影响

经济制度与政策因素在增长理论和区域经济理论的实证检验中已被证明是非常重要的。为谨慎起见，这里把经济制度对城市绿色全要素生产率的影响分为政府力量、对外开放水平和人力资本水平三个方面进行分析。

第一，政府力量（government forces）对城市绿色全要素生产率的影响。政府的制度创新、技术进步政策和环境投入监管将促进城市技术进步速度加快、技术效率水平提高和环境质量的改善。但是，如果政府行政费用占政府支出比例偏大时，可能会影响到城市环境治理监管和治理支出、城市交易效率提高，进而不利于城市绿色全要素生产率的提高。所以提出以下假说：

假说5.3：政府力量的增强有利于城市绿色全要素生产率提高。

第二，对外开放（opening up）对城市绿色全要素生产率的影响。在理论上，外商投资对东道国企业技术效率的影响是双重的。一方面，它可以通过示范效应和前后关联效应促进当地企业技术水平提高；另一方面，也可以通过挤占当地企业市场份额，引发负的溢出效应，或称为“市场窃取”效应[206]。国内一些相关研究发现，经济开放度提高反而抑制经济效率的提高，由于我国对外贸易以加工贸易为主，而加工贸易本质属性在于不是独立生产某个产品，而是承担某个或若干工序的加工生产活动，它是中国境内企业参与全球产品内分工的产物。在这种背景下，对外开放度的提高未必会促进整体经济效率的提高[207]。国内一些相关研究也指出，跨国公司拥有强大的资金与科研资源的支持，当地企业因为缺乏足够的竞争能力很可能被逐出市场，由经济开放引起的竞争对东道国经济的负面影响更突出[208]。所以提出以下假说：

假说5.4：对外开放水平提高对城市绿色全要素生产率的影响不明显。

第三，人力资本（human capital）对城市绿色全要素生产率的影响。人是经济活动的主体，是生产力中最活跃的因素。人力资本水平的提高和结构改善可以提高实物资本的利用效率，从而人力资本对经济增长产生溢出效应。教育带来的人力资本质量提高正在起替代劳动力数量简单扩张的作用[209]。内生经济增长理论指出人力资本通过影响技术创新和传播，间接贡献于经济增长。一方面，从教育政策的角度看，增加政府教育投入培养质量优良、结构优化的人力资本；另一方面，从收入分配政策看，使拥有知识的人力资本得到合理报酬。可是也有研究表明从业人员接受高等教育的比例与区域技术创新活动有着显著的正相关关系，但对经济增长的间接贡献不明显[210]。城市绿色全要素生产率恰好是人力资本影响城市经济增长的链条。掌握先进知识和技术的人力资本将有利于城市绿色全要素生产率的增进。所以提出以下假说：

假说 5.5：人力资本水平越高，城市绿色全要素生产率增长越快。

4. 地理区位对城市绿色全要素生产率的影响

城市绿色全要素生产率的变化不仅决定于城市的禀赋结构、产业结构和经济制度，而且与城市地理区位是否存在优势密切相关。很多发展中国家和经济转型国家在经济体制改革后均出现了地区间差距持续扩大的现象，地区间经济发展水平出现了梯度结构，促成经济发达地区逐渐形成自己的地理区位优势。因而，处于经济发达地区的城市经济发展也会得益于这种地理区位优势。同时，从集聚经济的角度考虑，新经济地理学在解释产业集聚和地区间差距方面认为，地理位置和历史优势是集聚的起始条件，规模报酬递增和正反馈效应导致了集聚的自我强化，使得优势地区保持领先。所以提出以下假说：

假说 5.6：拥有地理区位优势的经济发达地区的城市绿色全要素生产率水平较高。

5. 基础设施对城市绿色全要素生产率的影响

1998 年亚洲金融危机发生以来，我国政府基础设施的大量投入为城市化奠定了基础[211]。面对 2008 年爆发的金融危机，我国政府再次扩大内需基础设施建设进一步为加快城市化进程创造了有利条件。基础设施（infrastructure）对经济增长存在外部性效应的作用途径恰好是全要素生产率。但是，经验证据对基础设施对全要素生产率的影响效应方向检验结果并不一致。Hulten et al. （2006）研究发现基础设施存在经济增长的正外部性效应；刘生龙和胡鞍钢（2010）利用中国省际面板数据检验了基础设施的外部性经济增长消音，发现交通基础设施、信息基础设施对经济增长溢出效应显著，但能源基础设施对经济增长效应不显著[212]。而 Young（1995）、Hulten 和 Schwab（2000）等研究发现基础设施对经济增长溢出效应不是十分显著。基础设施的内涵既包括有形的空间可通达性便利，又包括无形的空间可达性便利。同时，在考虑能源消费和环境质量的视角下，能源基础设施的完备程度对城市经济可持续发展和环境可持续发展的统一具有重要的战略意义。因此，交通基础设施、信息基础设施和能源基础设施是衡量城市基础设施的三个重要方面。

第一，交通基础设施。城市道路面积的增大，意味着城市交易效率的提高，进而促进城市绿色全要素生产率提高，有利于城市网络效应的完善。已有研究省级区域层面的经验数据证明，交通基础设施水平的提高对我国全要素生产率提高有显著的正向影响（刘秉镰等，2010）[213]。所以提出以下假说：

假说 5.7：道路面积密度越大，城市绿色全要素生产率水平越高。

第二，信息基础设施。信息化是影响地区经济社会发展的重要因素。从地区层面看，东部地区信息化指数绝对水平位居全国前列，西部地区信息化指数增长速度势头强劲，均对拉动地区经济增长带来了积极的影响效应。随着中西部信息化的快速发展，地区信息化差距缩小，信息化对地区经济增长的影响日趋协调（徐瑾，2010）[214]。所以提出以下假说：

假说 5.8：信息化水平越高，城市绿色全要素生产率水平越高。

第三，能源基础设施。能源基础设施包含能源生产设施和能源消费设施两部分。2008 年，我国已经成为世界能源生产第一大国，同时在能源消费方面为世界第二大国。能源基础设施建设不仅长期关系整个国民经济命脉，而且城市能源基础设施的完善与城市的经济可持续发展、环境可持续发展有着紧密联系。所以提出以下假说：

假说 5.9：能源基础设施越完善，越有利于城市绿色全要素生产率水平提高。

二　我国城市绿色全要素生产率影响因素的实证分析

本节将依据第一节对城市绿色全要素生产率城市内部影响因素的定性

分析，利用2003年至2007年中国地级及以上城市市辖区面板数据对城市绿色全要素生产率城市内部影响因素进行实证分析，对前一节理论分析进行检验和进一步论证。

1. 计量模型设定与估计方法

初步建立以城市绿色全要素生产率为被解释变量的计量经济学回归模型：

$$\begin{aligned} \ln PTFP_{it} = {} & \delta_0 + \delta_1 \ln FACENDO_{it} + \delta_2 \ln IND2ADV_{lt} + \delta_3 \ln IND3ADV_{it} \\ & + \delta_4 \ln IND3LAR_{it} + \delta_5 \ln IND2LAR_{it} + \delta_6 \ln GOV_{it} \\ & + \delta_7 \ln FDI_{it} + \delta_8 \ln HUM_{it} + \delta_9 \ln EAST + \delta_{10} \ln MID \\ & + \delta_{11} \ln WEST + \delta_{12} \ln ROAD_{it} + \delta_{13} \ln INTERNET_{it} \\ & + \delta_{14} \ln ENERGY_{it} + \varepsilon_{it} \end{aligned} \tag{5.1}$$

其中，δ_1、δ_2、…、δ_{14} 为待估参数，δ_0 为截距项，ε_{it} 为随机扰动项，模型中各变量均取自然对数值以避免多重共线性导致的回归偏误。在面板数据分析中，估算中必须控制两类非观测效应——个体（空间单元）效应和时间效应。前者反映了随个体（空间）变化，但不随时间变化的背景变量（如梯度发展战略变化）对稳态水平的影响；后者反映了随时间变化，但不随区位变化的背景变量（如经济周期）对稳态水平的影响；面板数据的分析依据对个体及时间非观测效应的处理，分为个体固定效应、个体随机效应、时间固定效应、时间随机效应、个体时间固定效应及个体时间随机效应等多种设定[215]。由于我们的面板仅包含2003年至2007年的数据，属于时间较短的面板（short panel），因此在建模过程中，我们仅考虑个体的非观测效应。解释变量的定义与数据使用说明如下。

2. 变量定义与数据选取

根据已有的相关研究文献、保证指标的有效性、兼顾数据的可得性，论文选取样本为中国大陆地区2003年至2007年260个地级及以上城市的数据，剔除了深圳、厦门城市绿色全要素生产率极端值及这两个观测对象的其他解释变量指标数据。依据第5.1节的分析，变量定义说明如下：

（1）禀赋结构

使用资本投入与劳动投入之比（%）代表城市生产活动的要素禀赋结构（*FACENDO*）。资本投入与劳动投入指标同第三章。

(2) 产业结构

用各地级及以上城市第二产业增加值占当年地区生产总值(*GDP*)比重(%)、第三产业增加值占当年地区生产总值(*GDP*)比重(%)、第二产业就业人数占当年就业总人数比重(%)、第三产业就业人数占当年就业总人数比重(%)四个变量代表产业结构指标。数据来源于《中国城市统计年鉴》(2004 年至 2008 年)。在这四个指标中,第二产业增加值占当年地区生产总值(*GDP*)比重显示城市的工业化水平,预期工业化水平与绿色全要素生产率同向变动,但是由于不同城市处于工业化进程的不同阶段,工业化水平对绿色全要素生产率增长的影响有可能不同。

对制度的测度较为困难,多数文献对制度的测度采用以下几种方法:市场化水平描述法、所有制比重法、政府干预经济法、多指标主成分分析法、对外开放水平法等,这些对制度的测度方法各具特点,一般侧重解释制度水平和制度变迁的某些方面。本章采用政府力量、对外开放水平和人力资本水平共三个指标代表城市的制度水平。

(3) 政府力量

采用地级及以上城市地方当年价格计算的政府财政支出占相应的城市地区生产总值(*GDP*)比重(%)代表城市政府对城市经济的干预程度(*GOV*)。理论上推测政府力量对提高城市绿色全要素生产率存在负向影响。

(4) 对外开放水平

采用地级及以上城市当年价格计算的实际利用外商直接投资额占相应的城市地区生产总值(*GDP*)比重(%)代表城市制度变迁的开放程度表征(*FDI*)。

(5) 人力资本水平

对人力资本的估算一般分为两种思路:一种思路是基于人力资本积累的考虑;另一种思路是基于人力资本贡献——收入的考虑。从估算方法上看,主要有教育年限法和收入法两种。但是,以上方法对我国城市样本的人力资本估算是较难实现的。主要困难在于:第一,目前我国没有完整的劳动力受教育年限及工资的统计数据,也没有详尽的地级市分行业分企业类型的工资统计数据;第二,劳动者的工资是各种因素综合作用的结果,包括劳动力市场供求的影响因素和非市场因素的作用。这些都可能对待估算的人力资本的准确性带来不利影响；第三，受商业周期影响，工资的易变性会造成使用工资度量人力资本的估算结果变得敏感，可能破坏待测算人力资本的稳定性。另外，人力资本估算的各种方法都肯定了教育对人力资本积累的重要作用，都认为教育是人力资本积累的重要途径。采用地级及以上城市大学在校生占城市人口比重（%）代表城市人力资本水平（*HUM*）。

（6）地理区位

中国城市发展过程中一个显著的特点就是行政区划的治所和基于经济因素形成的市镇的明显分类，最早可以追溯到先秦，而不只是存于计划经济时期（赵冈，2006）[216]。这使得省会城市和直辖市呈现多样化特征。这里对地级及以上城市所在省份、自治区及直辖市按照东部地区、东北地区、中部地区和西部地区进行标记，用虚拟变量 *EAST*、*MID*、*WEST* 取 1 时分别表示东部地区、中部地区和西部地区，当这三个虚拟变量同时取 0 时表示东北地区。

（7）道路密度

我们使用城市道路面积率（urban road area ratio）代表城市市区道路密度水平。它是指在城市一定地区内，城市道路用地总面积占城市市区总面积的比例（%）。用 *ROAD* 表示城市道路密度。

（8）信息化水平

信息基础设施的内容范围较广，一般包括邮电、通信、广播电视、计算机互联网等所有与信息传递相关的领域。已有相关研究采用电话服务价格、邮电业务总量、互联网普及率等指标反映一个经济体的信息化水平。这里使用国际互联网用户数（*INTERNET*）代表城市信息化水平。

（9）能源基础设施

尽管能源基础设施包含能源生产设施和能源消费设施两部分，但是由于我们集中研究能源基础设施对城市的绿色全要素生产率的影响，而城市市区能源生产活动较少，同时受数据来源限制，我们只能使用液化石油气供气总量（单位为吨）代表城市能源基础设施存量（*ENERGY*）。

在第三章估算城市绿色全要素生产率时，用到地级及以上城市生产总值、资本投入和劳动力投入数据，这些数据与上述解释变量相关度较弱，基本不存在解释变量的内生性问题。为防止模型估计出现多重共线性问题，我们检测各解释变量的相关系数（表 5.1），发现除了产业结构变量 *IND2ADV*、*IND3ADV*、*IND2LAR*、*IND3LAR* 之间的相关系数高于 0.60 以外，其他变量间的相关系数都低于0.5。

表5.1　被解释变量和解释变量之间的相关系数

变量名称	GTFP	FACENDO	IND2ADV	IND3ADV	IND2LAR	IND3LAR	GOV	FDI	HUM	ROAD	INTERNET	ENERGY
GTFP	1.00											
FACENDO	0.16	1.00										
IND2ADV	0.08	0.17	1.00									
IND3ADV	-0.10	-0.12	-0.66	1.00								
IND2LAR	-0.00	-0.01	0.65	-0.33	1.00							
IND3LAR	0.02	0.12	-0.55	0.38	-0.84	1.00						
GOV	-0.33	-0.14	-0.23	0.22	-0.19	0.13	1.00					
FDI	0.17	0.30	-0.01	0.18	0.05	0.02	0.00	1.00				
HUM	0.06	0.18	0.05	0.32	0.10	0.07	-0.06	0.29	1.00			
ROAD	0.15	0.21	0.33	0.07	0.34	-0.15	-0.06	0.40	0.51	1.00		
INTERNET	0.25	0.23	0.11	0.22	0.21	-0.08	-0.09	0.33	0.51	0.45	1.00	
ENERGY	0.38	0.23	0.02	0.18	0.04	0.04	-0.19	0.43	0.28	0.33	0.58	1.00

3. 实证结果分析

在估计式（5.1）之前，先来对禀赋结构、产业结构、制度因素、地理区位和基础设施五个方面的解释变量进行分别回归，以考察在不考虑其他因素的情况下以上各解释变量与城市绿色全要素生产率之间的关系。剔除不显著的解释变量，对式（5.1）进行调整，将显著的解释变量纳入综合模型进行回归分析。

（1）禀赋结构模型，简称为模型6（a）：

$$\ln GTFP_{it} = \delta_0 + \delta_1 \ln FACENDO_{it} + \varepsilon_{1it} \quad (5.2)$$

其中，δ_0、δ_1 为待估系数，ε_{1it} 为随机扰动项。估计结果见表5.2，模型整体显著性和估计系数显著性都很好。禀赋结构水平越高，即劳均资本量越大，城市绿色全要素生产率越高。在不考虑其他影响因素的情况下，劳均资本每增加1%，城市绿色全要素生产率将平均提高0.17%。

表 5.2 模型 6（a）：禀赋结构对城市 GTFP 回归结果

解释变量	固定效应模型	随机效应模型（GLS 回归）	随机效应模型（ML 回归）	FGLS 回归
FACENDO	0.168 [25.59]***	0.169 [25.69]***	0.169 [25.70]***	0.230 [77.42]***
常数	-0.278 [-4.03]***	-0.282 [-3.20]***	-0.282 [-3.21]***	-1.194 [-40.33]***
模型整体显著性检验	F 检验统计值 F（1，1039）	Wald 检验统计值 chi2（1）	LR 检验统计值 chi2（1）	Wald 检验统计值 chi2（1）
	654.81 （0.000）***	659.74 （0.000）***	513.18 （0.000）***	5994.52 （0.000）***
个体效应 u 方差估计值	0.882	0.882	0.882	—
干扰项 e 方差估计值	0.068	0.068	0.068	—
u 和 e 相关性	0.994	0.994	0.994	—
R^2	0.37	0.39	—	—
模型选择检验及检验结论	Hausman 检验统计值 chi2（4）	BP 检验统计值 chi2（1）	—	—
	1.02 （0.3120）	2563.97 （0.000）***	—	—
	不能拒绝原假设，随机效应显著	拒绝原假设，随机效应显著	—	—
观测个数	1300	1300	1300	1300

注：（1）其中中括号［ ］内为估计系数的 z 统计值或 t 统计值，随机效应模型的估计系数显著性统计值为 Z 值，固定效应模型的估计系数显著性统计值为 T 值；（2）圆括号（ ）内为统计量的截尾概率值；（3）BP - test 为 Breusch and Pagan Lagrangian multiplier test for random effects；（4）固定效应模型的估计整体显著性统计量为 F 统计量；（5）* 代表 10% 的显著性水平，** 代表 5% 的显著性水平，*** 代表 1% 的显著性水平。本章其他回归结果说明同此表，不再重复注明。

（2）产业结构模型，简称为模型6（b）：

$$\ln GTFP_{it} = \delta_0 + \delta_1 \ln IND2ADV_{it} + \delta_2 \ln IND3ADV_{it} + \delta_3 \ln IND3LAR_{it} + \delta_4 \ln IND2LAR_{it} + \varepsilon_{2it} \quad (5.3)$$

其中，δ_0、δ_1、δ_2、δ_3、δ_4 为待估系数，ε_{2it} 为随机扰动项。估计结果见表5.3。由于在模型6（b）回归中仅考虑产业结构对城市绿色全要素生产率的影响，所以模型整体显著性较低。从估计系数的显著性看，第二产业增加值占GDP比例、第三产业增加值占GDP比例和第三产业劳动力占比都在0.01水平上显著，这三个解释变量的估计系数都是正的。其中，第二产业增加值占GDP比例对GTFP影响最大，第三产业劳动力占比和第三产业增加值占GDP比例次之。第二产业劳动力占比不显著，考虑解释变量的多重共线性问题，将在综合模型中剔除第二产业劳动力占比和第三产业增加值占GDP比例两个变量。

表5.3　模型6（b）：产业结构对城市GTFP回归结果

解释变量	固定效应模型	随机效应模型（GLS回归）	随机效应模型（ML回归）	FGLS回归
IND2ADV	0.125 [3.45]***	0.128 [3.56]***	0.129 [3.57]***	0.234 [11.55]***
IND3ADV	0.093 [3.36]***	0.088 [3.19]***	0.089 [3.20]***	-0.248 [-14.09]***
IND2LAR	0.037 [0.98]	0.037 [0.98]	0.037 [0.99]	0.091 [3.28]***
IND3LAR	0.098 [2.08]**	0.094 [2.00]**	0.094 [2.00]**	0.351 [15.66]**
常数	1.762 [24.65]***	1.756 [19.54]***	1.756 [19.54]***	1.548 [45.49]***
模型整体显著性检验	F检验统计值 F（4，1036）	Wald检验统计值chi2（4）	LR检验统计值chi2（4）	Wald检验统计值chi2（4）
	5.02 (0.000)***	19.49 (0.000)***	19.41 (0.000)***	853.19 (0.000)***

续表

解释变量	固定效应模型	随机效应模型（GLS 回归）	随机效应模型（ML 回归）	FGLS 回归
个体效应 u 方差估计值	0.892	0.886	0.889	—
干扰项 e 方差估计值	0.086	0.086	0.086	—
u 和 e 相关性	0.991	0.991	0.991	—
R^2	0.02	0.02	—	—
模型选择检验	Hausman 检验统计值 chi2（4）	BP 检验统计值 chi2（1）	—	—
	7.97（0.093）*	2531.89（0.000）***	—	—
检验结论	拒绝原假设，固定效应显著	拒绝原假设，随机效应显著	—	—
观测个数	1300	1300	1300	1300

（3）制度因素模型，简称为模型 6（c）：

$$\ln GTFP_{it} = \delta_0 + \delta_1 \ln GOV_{it} + \delta_2 \ln FDI_{it} + \delta_3 \ln HUM_{it} + \varepsilon_{3it} \quad (5.4)$$

其中，δ_0、δ_1、δ_2、δ_3 为待估系数，ε_{3it} 为随机扰动项。估计结果见表5.4。BP检验结果和 Hausman 检验结果表明随机效应模型的估计结果更为稳健。从随机效应模型 GLS 估计结果看，模型整体显著性和单个估计系数显著性都非常好，在0.01%统计水平上显著。首先，解释变量 *GOV* 的估计系数为0.110，表明政府干预经济程度越高，城市绿色全要素生产率越趋于增长。这说明增强政府力量有利于城市绿色全要素生产率提高。解释变量 *FDI* 的估计系数为 -0.007，表明城市对外开放水平对城市绿色全要素生产率为显著的负向影响，即实际利用外商直接投资占城市生产总值比例越高的城市，绿色全要素生产率反而越低，说明外资企业在城市经济中的知识溢出效应对城市

表 5.4　模型 6（c）：制度因素对城市 GTFP 回归结果

解释变量	固定效应模型	随机效应模型（GLS 回归）	随机效应模型（ML 回归）	FGLS 回归
GOV	0.117 [9.51]***	0.110 [8.72]***	-0.756 [-27.69]***	-0.245 [-18.45]***
FDI	-0.008 [-2.61]***	-0.007 [-2.27]**	0.018 [2.31]**	0.064 [16.93]***
HUM	0.148 [21.53]***	0.147 [21.12]***	0.237 [14.55]***	0.023 [4.41]***
常数	2.30 [64.57]***	2.285 [35.64]***	0.746 [8.39]***	1.023 [25.59]***
模型整体显著性检验	F 检验统计值 F（3，911）	Wald 检验统计值 chi2（3）	LR 检验统计值 chi2（3）	Wald 检验统计值 chi2（3）
	231.12 (0.00)***	644.12 (0.000)***	303.42 (0.000)***	808.34 (0.000)***
个体效应 u 方差估计值	0.905	0.802	0.840	—
干扰项 e 方差估计值	0.066	0.066	0.168	—
u 和 e 相关性	0.995	0.993	0.962	—
R^2	0.43	0.43	—	—
模型选择检验	Hausman 检验统计值 chi2（4）	BP 检验统计值 chi2（1）	—	—
	4.16 (0.3847)***	1848.72 (0.000)***	—	—
检验结论	不能拒绝原假设，随机效应显著	拒绝原假设，随机效应显著	—	—
观测个数	1160	1160	1160	1160

绿色全要素生产率提高的作用非常有限，也就是说，外资企业对城市经济可持续发展只释放了负外部性效应，而没有正外部性效应发生，二者为负相关关系。解释变量 *HUM* 的估计系数为 0.147，大于解释变量 *GOV* 的估计系数 0.110 约 4%，这一方面说明城市人力资本水平对城市 GTFP 为正向影响，城市较高的人力资本水平有利于城市绿色全要素生产率增进；另一方面也说明人力资本因素在文章考虑的三个制度因素中对城市绿色全要素生产率的推动作用最大。因此，在制度因素中，人力资本和政府力量促进城市 GTFP 提高；相反，对外开放水平没有发挥出知识溢出效应，没有起到促进城市 GTFP 提高的作用。

（4）地理区位模型，简称为模型 6（d）：

$$\ln GTFP_{it} = \delta_0 + \delta_1 \ln EAST + \delta_2 \ln MID + \delta_3 \ln WEST + \varepsilon_{4it} \quad (5.5)$$

其中，δ_0、δ_1、δ_2、δ_3 为待估系数，ε_{4it} 为随机扰动项。估计结果见表 5.5。由于固定效应模型不适用于单纯的虚拟变量回归，所以这里仅给出随机效应模型的 GLS 估计和 ML 估计结果以及 FGLS 估计结果。在模型 6（d）考虑的解释变量中，只有 *EAST* 的估计系数通过了显著性检验，在 10% 统计水平上显著。其他解释变量 *MID* 和 *WEST* 的估计系数符号为负，但是统计上不显著。由此可见，东部地区的城市绿色全要素生产率具有地理区位优势，而中西部地区城市绿色全要素生产率普遍偏低。需要说明的是，由于中西部地区在模型 6（d）估计结果中并不显著，所以下文没有把代表地理区位的解释变量纳入综合模型，而是在第三节稳健性回归分析中，对观测样本城市依据不同类别如地区、城市群等，进行分组回归，更为全面、深入地考察不同层面的地理区位内城市绿色全要素生产率影响因素的作用方向和作用程度。

表 5.5　模型 6（d）：地理区位对城市 GTFP 回归结果

解释变量	随机效应模型（GLS 回归）	随机效应模型（ML 回归）	FGLS 回归
EAST	0.326 [1.87]*	0.326 [1.89]*	0.647 [41.47]***

续表

解释变量	随机效应模型（GLS 回归）	随机效应模型（ML 回归）	FGLS 回归
MID	-0.236 [-1.34]	-0.236 [-1.35]	0.025 [1.80]*
WEST	-0.234 [-1.27]	-0.234 [-1.28]	0.328 [21.71]***
常数	1.507 [10.23]***	1.507 [10.23]***	1.004 [96.37]***
Wald 检验统计值 chi2（3）	22.68 (0.000)***	22.07 (0.000)***	2350.51 (0.000)***
个体效应 u 方差估计值	0.858	0.851	—
干扰项 e 方差估计值	0.087	0.087	—
u 和 e 相关性	0.990	0.990	—
R^2	0.08	—	—
观测个数	1300	1300	1300

（5）基础设施模型，简称为模型 6（e）：

$$\ln GTFP_{it} = \delta_0 + \delta_1 \ln ROAD_{it} + \delta_2 \ln INTERNET_{it} + \delta_3 \ln ENERGY_{it} + \varepsilon_{5it} \quad (5.6)$$

其中，δ_0、δ_1、δ_2、δ_3 为待估系数，ε_{5it} 为随机扰动项。估计结果见表 5.6。BP 检验结果和 Hausman 检验结果表明应该分别拒绝两种检验的原假设，说明随机效应模型的估计结果更为可信。在模型 6（e）考虑的反映基础设施水平的三个解释变量中，道路密度 *ROAD* 和信息化水平 *INTERNET* 两个变量的估计系数通过了显著性检验，而能源基础设施 *RNERGY* 的估计系数不显著。道路密度和信息化水平估计系数符号为正，前者估计系数为 0.063，后者估计系数为 0.094，这不仅说明道路密度增大、信息化水平提高能够显著促进城市绿色全要素生产率提高，而且更为重要的是，告诉我们在基础设施的结构和投资方向上，要在完善城市道路设施的同时，更加重视信息化这种“软设施”。因为在不考虑其他因素的情况下，信息化水平提高 1%，城市绿色全要素生产率将平均提高 0.094%，这个弹性高于道路密度弹性的50%。对于能源基础设施的估计系数不显著，我们认为可能与指标选择有关系。液化石油气供气总量可能不能较好地代表能源基础设施水平。

表5.6　　模型6（e）：基础设施对城市GTFP回归结果

解释变量	固定效应模型	随机效应模型（GLS回归）	随机效应模型（ML回归）	FGLS回归
ROAD	0.063 [8.92]***	0.063 [8.88]***	0.063 [9.00]***	-0.004 [-1.14]
INTERNET	0.094 [18.03]***	0.094 [18.11]***	0.094 [18.32]***	0.062 [12.90]***
ENERGY	-0.006 [-1.12]	-0.002 [-0.30]	-0.002 [-0.39]	0.138 [40.98]***
常数	0.825 [9.16]***	0.780 [7.50]***	0.786 [7.54]***	-0.789 [-12.25]***
模型整体显著性检验	F检验统计值F（3，998）	Wald检验统计值chi2（3）	LR检验统计值chi2（3）	Wald检验统计值chi2（3）
	155.34 （0.000）***	473.64 （0.000）***	400.30 （0.000）***	3758.47 （0.000）***
个体效应u方差估计值	0.865	0.815	0.860	—
干扰项e方差估计值	0.072	0.072	0.072	—
u和e相关性	0.993	0.992	0.993	—
R^2	0.32	0.32	—	—
模型选择检验	Hausman检验统计值chi2（4）	BP检验统计值chi2（1）	—	—
	4.92 （0.1780）	2357.99 （0.000）***	—	—

续表

解释变量	固定效应模型	随机效应模型（GLS 回归）	随机效应模型（ML 回归）	FGLS 回归
检验结论	不能拒绝原假设，随机效应显著	拒绝原假设，随机效应显著	—	—
观测个数	1259	1259	1259	1259

（6）综合模型的估计结果

通过以上对五类解释变量的单独回归，我们提出不合适的解释变量，对计量经济学式（5.1）进行修正，对综合模型6（f）进行回归分析：

$$\ln GTFP_{it} = \delta_0 + \delta_1 \ln FACENDO_{it} + \delta_2 \ln IND2ADV_{it} + \delta_3 \ln IND3LAR_{it} + \delta_4 \ln GOV_{it} + \delta_5 \ln FDI_{it} + \delta_6 \ln HUM_{it} + \delta_7 \ln ROAD_{it} + \delta_8 \ln INTERNET_{it} + \delta_9 \ln ENERGY_{it} + \varepsilon_{it} \quad (5.7)$$

式（5.7）中变量的含义同式（5.1）。对式（5.7）的估计结果见表5.7。在综合模型估计结果中，由于尽可能较为全面地把 GTFP 城市内部影响因素都纳入回归模型，所以与模型6（a）至模型6（e）的解释变量估计系数相比，综合模型6（f）的估计结果会有一些不同。

具体地，禀赋结构方面，*FACENDO* 在综合模型6（f）中的估计系数在0.01%水平上显著，估计系数为0.106，低于模型6（a）中的估计系数0.169。产业结构方面，在综合模型6（f）中 *IND2ADV* 和 *IND3LAR* 的估计系数符号均为负号，但是 *IND2ADV* 的估计系数统计上不显著。而在模型6（b）中，解释变量 *IND2ADV*、*IND3ADV*、*IND3LAR* 的估计系数符号均为正，并且在0.01统计水平上显著。

表5.7　模型6（f）：多种因素对城市 GTFP 回归结果

解释变量	固定效应模型		随机效应模型	
	估计系数	z 统计值	估计系数	t 统计值
FACENDO	0.106	16.24***	0.107	15.95***
IND2ADV	−0.018	−0.85	−0.016	−0.73
IND3LAR	−0.080	−3.37***	−0.081	−3.34***

续表

解释变量	固定效应模型		随机效应模型	
	估计系数	z 统计值	估计系数	t 统计值
GOV	0.074	7.16***	0.069	6.48***
FDI	-0.010	-3.75***	-0.010	-3.48***
HUM	0.089	13.50***	0.087	12.96***
ROAD	0.014	2.39**	0.015	2.52**
INTERNET	0.049	11.11***	0.051	11.11***
ENERGY	-0.002	-0.42	0.001	0.29
常数	0.311	2.72***	0.257	2.01**
模型整体显著性检验	F 检验统计值 F（9，870）		Wald 检验统计值 chi2（9）	
	172.68 （0.000）***		1466.56 （0.000）***	
个体效应 u 方差估计值	0.880		0.772	
干扰项 e 方差估计值	0.052		0.052	
u 和 e 相关性	0.996		0.995	
R^2	0.64		0.64	
模型选择检验	Hausman 检验	5.16 （0.4247）***	BP 检验	1827.96 （0.000）***
观测个数	1123	1123	1123	1123

制度因素方面，在模型 6（c）中解释变量政府力量、对外开放水平、人力资本水平的估计系数分别为 0.110、-0.007 和 0.147，在综合模型 6（f）中三者的估计系数分别为 0.069、-0.010 和 0.087。显然，在较为全面考虑其他解释因素的综合模型 6（f）中制度因素的解释力有所下降。不过，从影响方向上看，政府力量和人力资本水平提高有益于城市绿色全要素生产率增进，对外开放水平提高没有发挥出推动城市绿色全要素生产率增进的作用，模型 6（c）和模型 6（f）的估计在这一点上是一致的。

基础设施方面，在模型 6（e）的估计结果中解释变量道路密度和信息化水平对城市绿色全要素生产率提高有积极影响，能源基础设施估计系数不显著。这与综合模型6（f）的固定效应模型估计结果是基本一致的，但是BP检验统计值为1827.96，在0.01%统计水平上显著，表明随机效应模型估计结果更为稳健。所以，依据随机效应模型估计结果，道路密度、信息化水平、能源基础设施的估计系数分别为0.015、0.051、0.001，其中道路密度和信息化水平的估计系数在0.01%统计水平上显著，而能源基础设施的估计系数没有通过统计检验。综合模型6（f）与模型6（e）估计结果的主要区别是，在考虑其他影响因素的情况下，综合模型6（f）中信息化水平对城市绿色全要素生产率的推动作用大于道路密度对GTFP的影响程度更为突出，表现在信息化水平的估计系数0.051为道路密度估计系数的3.4倍上。而在基础设施模型6（e）中前者估计系数为后者的近1.5倍。由此可见，信息化水平的提高对城市绿色全要素生产率的增进具有重要的推动作用。

4. 主要结论

从以上回归结果中我们得到主要结论，下面做出简要概括：

第一，禀赋结构、制度因素中的人力资本和政府力量、基础设施方面的信息化水平和道路密度的增长或增强有益于城市绿色全要素生产率的提高。

第二，关于产业结构对城市绿色全要素生产率的影响方向估计结果不稳定。在全面考虑影响城市绿色全要素生产率的城市内部因素时发现，第三产业占总劳动力的比例升高不利于城市绿色全要素生产率的增长。

第三，地理区位因素对城市绿色全要素生产率存在一部分影响，东部地区的城市绿色全要素生产率存在地理区位优势，而中西部地区没有显现出这种优势。

第四，能源基础设施对城市绿色全要素生产率的影响不显著。

三　稳健性分析

本节对第二节的实证结果进行稳健性测试，以考察以上结果和结论的可靠性、可信性和普适性。下面的分析共三个部分，将分别进行不同地区内部的组内回归、典型城市群内部的组内回归、不同城市规模组的组内回归。

1. 不同地区内部的组内回归

对东部地区、东北地区、中部地区和西部地区各组内城市绿色全要素生产率进行组内回顾，估计结果见表5.8。不同地区内部的组内回归结果再次证明了第二节的结论是稳健的。同时，分地区回归还有新的发现：东

表5.8　　不同地区内部的组内回归结果（随机效应模型估计）

解释变量	东部地区	东北地区	中部地区	西部地区
FACENDO	0.092 [6.24]***	0.129 [7.88]***	0.107 [11.53]***	0.083 [5.36]***
IND2ADV	-0.105 [-1.94]*	0.022 [0.54]	-0.081 [-2.25]**	0.160 [3.49]***
IND3LAR	-0.184 [-4.32]***	0.134 [2.15]**	-0.045 [-1.28]	0.225 [2.65]
GOV	0.064 [3.22]***	0.06 [2.26]**	0.075 [4.99]***	0.049 [1.65]*
FDI	-0.031 [-4.54]***	-0.004 [-0.73]	0.00 [0.00]	-0.008 [-1.60]
HUM	0.083 [7.84]***	0.044 [2.32]**	0.109 [8.74]***	0.066 [3.46]***
ROAD	0.014 [1.26]	0.002 [0.15]	0.001 [0.12]	0.042 [2.83]**
INTERNET	0.073 [8.08]***	0.029 [2.49]**	0.024 [3.12]***	0.039 [4.94]***
ENERGY	0.000 [0.01]	-0.019 [-1.66]*	0.007 [0.82]	0.008 [0.96]
常数	0.20 [0.76]	0.43 [1.40]	0.35 [1.90]*	0.76 [2.47]**
Wald 检验chi2（9）	444.08 (0.000)***	285.50 (0.000)***	774.97 (0.000)***	278.51 (0.000)***

续表

解释变量	东部地区	东北地区	中部地区	西部地区
个体效应 u 方差估计值	0.853	0.590	0.531	0.774
干扰项 e 方差估计值	0.058	0.045	0.043	0.045
u 和 e 相关性	0.995	0.994	0.994	0.997
R^2	0.62	0.73	0.75	0.69
BP 检验统计值 chi2（1）及检验结论	613.46（0.000）***	213.80（0.000）***	568.14（0.000）***	223.41（0.000）***
	拒绝原假设，随机效应显著	拒绝原假设，随机效应显著	拒绝原假设，随机效应显著	拒绝原假设，随机效应显著
观测个数	400	176	374	173

北地区和中部地区的要素禀赋结构对城市绿色全要素生产率的影响较大，高于全国平均水平，而东部地区和西部地区要素禀赋结构对城市绿色全要素生产率的相关程度低于全国平均水平。产业结构对各地区城市绿色全要素生产率的影响差异较大。对于东部地区和中部地区，第二产业增加值比例的提高和第三产业就业人数比例的提高，阻碍城市绿色全要素生产率增进。而西部地区第二产业增加值比例的提高有利于城市 GTFP 提高。中部地区的政府力量对城市绿色全要素生产率的相关程度最大，西部地区最小。各地区人力资本水平都显著促进了城市绿色全要素生产率提高，但东北地区人力资本水平的作用程度最小。对外开放水平对东部地区城市绿色全要素生产率提高为显著的负向影响。在基础设施方面，只有西部地区道路密度的增长显著促进了城市绿色全要素生产率提高。各地区的信息化水平都促进了城市绿色全要素生产率的增进，东部地区的信息化影响程度最大。能源基础设施对各地区城市绿色全要素生产率的影响不显著。

2. 不同城市群内部的组内回归

对长三角城市群、长株潭城市群、关中城市群 3 个典型城市群各组内城市绿色全要素生产率进行组内回归，估计结果见表5.9。关中城市群和长三角城市群的要素禀赋结构对城市绿色全要素生产率的影响较大，高于

表5.9 不同城市群内部的组内回归结果

解释变量	长三角城市群	长株潭城市群	关中城市群
FACENDO	0.128 [3.23]***	0.098 [4.12]***	0.129 [2.37]*
IND2ADV	-0.054 [-0.39]	-0.040 [-0.42]	-0.154 [-1.11]
IND3LAR	-0.099 [-1.82]*	-0.087 [-1.19]	-0.212 [-1.11]
GOV	0.226 [2.49]**	0.070 [1.54]	0.060 [0.67]
FDI	-0.014 [-0.67]	0.012 [0.46]	-0.022 [-1.69]
HUM	0.189 [6.97]***	0.037 [1.12]	0.132 [2.37]*
ROAD	0.020 [0.80]	0.223 [4.81]***	0.038 [1.21]
INTERNET	0.003 [0.14]	0.051 [1.83]*	-0.046 [1.82]
ENERGY	-0.006 [-0.54]	-0.008 [-0.40]	-0.004 [-0.35]
常数	0.16 [1.96]*	1.184 [2.08]**	0.793 [0.76]
Wald chi2（9） 或F（9，6）	333.39 (0.000)***	24.17 (0.000)***	10.41 (0.000)***
个体效应u方差估计值	0.531	0.768	0.623
干扰项e方差估计值	0.029	0.031	0.028
u和e相关性	0.997	0.998	0.998

续表

解释变量	长三角城市群	长株潭城市群	关中城市群
R^2	0.90	0.90	0.94
BP 检验统计值 chi2（1）及检验结论	67.28 （0.000）***	0.15 （0.6958）	0.28 （0.5984）
	拒绝原假设，随机效应显著	不能拒绝原假设，固定效应显著	不能拒绝原假设，固定效应显著
观测个数	80	40	20

全国平均水平和各地区平均水平。而长株潭城市群要素禀赋结构对城市绿色全要素生产率的相关程度低于全国平均水平和中部地区平均水平。产业结构对这三个城市群城市绿色全要素生产率的影响都是负的，但多数估计系数统计上都不显著。对于长三角城市群，第三产业就业人数比例的提高不利于城市绿色全要素生产率增进。只有长三角城市群的政府力量对城市绿色全要素生产率的正向影响显著，而其他城市群不显著。长株潭城市群的对外开放水平有利于城市绿色全要素生产率提高，但是估计系数统计上不显著。长三角城市群和关中城市群人力资本水平都显著促进了城市绿色全要素生产率提高，并且相关程度大大超过了全国平均水平和东西部地区平均水平。在基础设施方面，只有长株潭城市群道路密度和信息化水平增长显著促进了城市绿色全要素生产率提高，其相关程度高于全国平均水平和各地区平均水平。

3. 不同城市规模的组内回归

对400万人口以上城市、200万—400万人口城市和200万以下人口城市三个不同人口规模城市组内城市绿色全要素生产率进行组内回归，这里把三类城市依次简称为特大城市、大城市和中小城市。估计结果见表5.10。特大城市具有要素禀赋优势，其要素禀赋结构估计系数为0.176，高于全国平均水平和典型城市群平均水平。第二产业增加值占GDP比例的增加不利于特大城市和大城市绿色全要素生产率提高，但统计上不显著。而对于中小城市，第二产业增加值占GDP比例的增加显著促进绿色全要素生产率提高。同时，中小城市的政府力量没有发挥推动绿色全要素生产率提高的作用。中小城市人力资本水平也不利于绿色全要素生产率提高，但统计上不显著。中小城市的基础设施包括道路密度、信息化水平和能源基础设施的提高，显著促进了绿色全要素生产率提高增进。可见，制度因素和基础设施建设是中小城市提高绿色全要素生产率的重要方面。而对特大城市和大城市来说，依据表 5.10 的估计结果发现，制度因素中的对外开放变量估计系数显著为负，而且特大城市对外开放水平对绿色全要素生产率的负相关程度为大城市的近 1 倍。由此可见，外商直接投资对大城市和特大城市的知识溢出正效应小和环境污染负效应大，导致了对外开放水平提高不利于其绿色全要素生产率提高。

表 5.10 不同城市群内部的组内回归结果

解释变量	400 万人口以上城市	200 万—400 万人口城市	200 万以下人口城市
FACENDO	0.176 [3.89]***	0.105 [4.83]***	0.089 [4.63]***
IND2ADV	-0.218 [-1.50]	-0.003 [-0.03]	0.101 [1.65]*
IND3LAR	0.056 [0.28]	0.045 [0.44]	0.099 [1.63]
GOV	-0.045 [-0.82]	0.062 [1.12]	-0.092 [-3.16]***
FDI	-0.056 [-1.90]*	-0.027 [-1.83]*	0.004 [0.49]
HUM	0.115 [1.62]	0.193 [6.04]	-0.002 [-0.11]
ROAD	0.021 [0.76]	0.011 [0.78]	0.130 [7.75]***
INTERNET	0.019 [0.90]	0.073 [4.72]***	0.110 [8.34]***
ENERGY	-0.011 [-0.61]	-0.017 [-1.08]	0.067 [5.10]***

续表

解释变量	400万人口以上城市	200万—400万人口城市	200万以下人口城市
常数	-0.159 [-0.19]	-0.667 [-1.32]	-0.669 [-2.01]**
Wald chi2 (9)	81.13 (0.000)***	286.05 (0.000)***	317.95 (0.000)***
个体效应u方差估计值	1.203	1.063	0.629
干扰项e方差估计值	0.051	0.045	0.147
u和e相关性	0.998	0.991	0.948
R^2	0.70	0.78	0.27
BP检验 统计值chi2 (1)	56.89 (0.000)***	164.09 (0.000)***	1316.96 (0.000)***
检验结论	拒绝原假设， 随机效应显著	拒绝原假设， 随机效应显著	拒绝原假设， 随机效应显著
观测个数	64	119	941

4. 主要结论

由上述三个稳健性测试的检验结果证明，本章第二节所得到的有关实证结果和结论具有相当强的稳健性、可靠性和可信性。同时，针对不同地区、不同城市群、不同人口规模城市组的城市绿色全要素生产率，其影响因素的作用方向和作用程度存在一定差别。这也说明本节的稳健性分析不仅检验了第二节的结果及结论，而且使第二节的结论更为细致和深入，起到了很好的补充作用。

四　本章小结

本章对城市绿色全要素生产率的城市内部影响因素进行了定性分析，结合我国实际并借鉴国外相关文献，构建理论假设；进行计量经济学实证分析并对数量分析结果进行分组组内回归稳健性检验。得到以下结论：

第一，从全国平均水平来看，禀赋结构、制度因素中的人力资本和政府力量、基础设施方面的信息化水平和道路密度的增长或增强有益于城市绿色全要素生产率的提高。在全面考虑影响城市绿色全要素生产率的城市内部因素时发现，第三产业占总劳动力的比例升高不利于城市绿色全要素生产率的增长。地理区位因素对城市绿色全要素生产率存在一部分影响，东部地区的城市绿色全要素生产率存在地理区位优势，而中西部地区没有显现出这种优势。能源基础设施对城市绿色全要素生产率的影响不显著。

第二，在不同地区组内、不同城市群组内和不同城市规模组内，本章考虑的城市内部因素对城市绿色全要素生产率的影响程度差别很大。东北地区的要素禀赋结构对城市绿色全要素生产率的影响高于全国平均水平；东部地区和中部地区的第二产业增加值比例提高和第三产业就业人数比例增加，阻碍城市绿色全要素生产率增进；中部地区的政府力量对城市绿色全要素生产率的相关程度最大；各地区人力资本水平都显著促进了城市绿色全要素生产率提高，但东北地区人力资本水平的作用程度最小；只有西部地区道路密度的增长显著促进了城市绿色全要素生产率提高；东部地区的信息促进了城市绿色全要素生产率增进的影响程度最大。

关中城市群和长三角城市群的要素禀赋结构对城市绿色全要素生产率的影响高于全国平均水平和各地区平均水平。长三角城市群，第三产业就业人数比例的提高不利于城市绿色全要素生产率增进，这与东部地区是一致的。只有长三角城市群的政府力量对城市绿色全要素生产率的正向影响显著，而其他城市群不显著。长三角城市群和关中城市群人力资本水平都显著促进了城市绿色全要素生产率提高。在基础设施方面，只有长株潭城市群道路密度和信息化水平增长显著促进了城市绿色全要素生产率提高，其相关程度高于全国平均水平和各地区平均水平。

特大城市具有要素禀赋优势高于全国平均水平和典型城市群平均水平。特大城市和大城市制度因素中的对外开放变量估计系数显著为负，而且特大城市对外开放水平对绿色全要素生产率的负相关程度为大城市的近1倍，说明外商直接投资对大城市和特大城市的知识溢出正效应小和环境污染负效应大，导致了对外开放水平提高不利于其绿色全要素生产率提高。中小城市的第二产业增加值占 GDP 比例增加显著促进绿色全要素生产率提高。而中小城市的政府力量却没有发挥推动绿色全要素生产率提高的作用。中小城市的基础设施包括道路密度、信息化水平和能源基础设施的提高，显著促进了绿色全要素生产率提高。可见，制度因素和基础设施建设是中小城市提高绿色全要素生产率的重要方面。

第六章　制造业集聚对城市绿色全要素生产率的影响分析

从第四章城市绿色全要素生产率（GTFP）的收敛性检验中可以发现，2003年至2007年期间我国城市GTFP不存在绝对收敛。这意味着，城市之间GTFP的差距在不断增长，城市GTFP呈现出“发散”特点。那么究竟是哪些因素影响或导致了城市之间GTFP差距的持续增长呢？为了回答这个问题，第五章着重考察了城市内部影响因素，如结构因素、制度因素、地理因素等对城市GTFP的作用机制。但是，没有考虑到城市外部环境的变化之一，即集聚因素对城市GTFP的影响。显然，第五章只考察了传统的城市内部影响因素的研究是不够全面的。或者说，第五章仅完成了城市GTFP影响因素研究的基础工作，所以考虑纳入集聚因素来补充和完善城市GTFP影响因素研究框架是十分必要的。另外，第三章所估计的城市GTFP是已经剔除集聚负外部性影响——环境污染这个“非合意产出”后估算出来的，因此，考虑集聚因素的城市GTFP影响因素研究可以进一步地考察集聚经济对城市全要素生产率的净影响。在实现城市的经济可持续发展和环境可持续发展“双赢”的过程中，集聚经济的发生、发展是不容忽视的、客观存在的城市发展环境。区域和城市产业集聚的结构布局和调整，始终是城市经济可持续增长研究中的核心问题之一。从这一章开始，本书将围绕产业集聚环境下的城市绿色全要素生产率展开研究，作为对第五章仅考虑传统全要素生产率影响因素分析的拓展。具体来说，本章将运用新地理经济学的思想和方法，探讨制造业集聚对城市经济可持续发展——全要素生产率的影响和作用机理，实证分析制造业集聚对城市GTFP的影响方向和影响程度。第七章将分析服务业集聚对城市经济可持续发展——全要素生产率的影响和作用机理，实证分析服务业集聚对城市GTFP的影响方向和影响程度。本章的结构安排（图6.1）为：第一节界定和衡量产业集聚的概念；第二节定性分析城市制造业集聚正外部性对城市GTFP的影响；第三节通过计量经济回归模型实证分析2003年至2007年中国260个地级及以上城市制造业整体集聚水平对城市GTFP的影响方向和影响程度；第五节为本章小结。

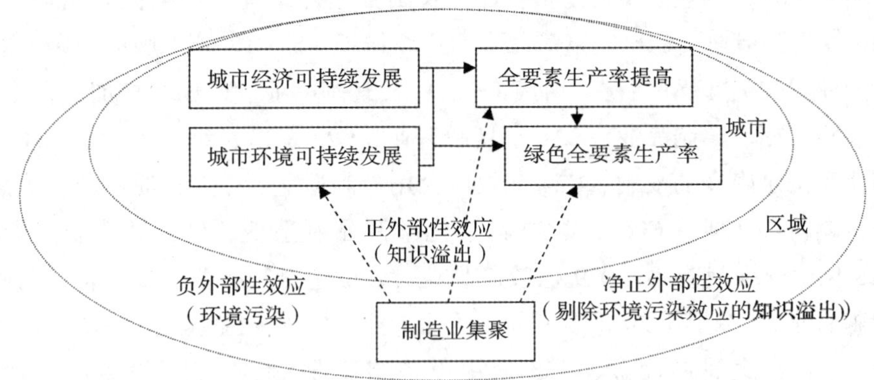

图6.1　制造业集聚对城市绿色全要素生产率的影响分析逻辑图

一　制造业集聚的概念界定与衡量

新经济地理学在解释工业集聚方面取得进展，该理论认为，地理位置和历史优势是集聚的起始条件，规模报酬递增和正反馈效应导致了集聚的自我强化，使得优势地区保持领先（Fujita，Krugman and Venables，1999）①。工业是推动其他产业发展的重要力量，其中制造业在工业中的地位又是重中之重。从新经济地理学的角度来看，工业可以在地区间转移，所以工业的集聚效应最显著（金煜等，2006）[同114]。本节将对制造业集聚概念给出说明，并介绍本文对制造业集聚的衡量方法。

1. 制造业集聚的概念界定

行业，又称产业，是指从事相同性质的经济活动的所有单位的集合。

① Fujita，Krugman and Venables（1999）是一部总结性的著作。该领域的相关综述论文可以参阅Fujita and Thisse（1996）、Ottaviano and Puga（1997）、Schmutzler（1999）、Surico（2001）、Neary（2001）。

制造业是指对制造资源（物料、能源、设备、工具、资金、技术、信息和人力等），按照市场需求，通过制造过程，转化为可供人们使用和利用的工业品与生活消费品的行业，包括扣除采掘业、公用业（电、煤气、自来水）后的所有 30 个行业。按照《国民经济行业分类与代码（GB/T 4754—2002）》这些行业包括：C13 农副食品加工业、C14 食品制造业、C15 饮料制造业、C16 烟草制品业、C16 纺织业、C18 纺织服装、鞋、帽制造业、C19 皮革、毛皮、羽毛（绒）及其制品业、C20 木材加工及木、竹、藤、棕、草制品业、C21 家具制造业、C22 造纸及纸制品业、C23 印刷业和记录媒介的复制、C24 文教体育用品制造业、C25 石油加工、炼焦及核燃料加工业、C26 化学原料及化学制品制造业、C27 医药制造业、C28 化学纤维制造业、C29 橡胶制品业、C30 塑料制品业、C31 非金属矿物制品业、C32 黑色金属冶炼及压延加工业、C33 有色金属冶炼及压延加工业、C34 金属制品业、C35 通用设备制造业、C36 专用设备制造业、C37 交通运输设备制造业、C39 电气机械及器材制造业、C40 通信设备、计算机及其他电子设备制造业、C41 仪器仪表及文化、办公用机械制造业、C42 工艺品及其他制造业和 C43 废弃资源和废旧材料回收加工业。

按照产业集聚的定义，制造业集聚是指地理相近的制造业行业的企业和机构由于经济的相关或互补性，在一定的区域内集聚。

2. 制造业集聚水平的衡量

产业集聚水平本质上反映产业分布的均匀程度，集聚水平越高产业布局越不均匀。衡量制造业集聚水平的指标较多，常用的刻画产业聚集水平的指标有行业集中度、赫芬达尔指数、赫希曼—赫芬达尔指数、区位熵指数、空间基尼系数、产业地理集中指数、克鲁格曼专业化指数等。

（1）集聚变量赫芬达尔指数

赫芬达尔指数 *HHIm* 是区域内所有行业的指标份额的平方和。*HHI* 值越大表明产业集聚程度越强，反之则越弱。借鉴 Fan 和 Scott（2003）[217] 的做法，我们将区域 *HHI*（Hirschman Herfindahl Index）作为评价区域制造业产业集聚总体状况的指标[218]。一般地，定义 x_j 为第 j 个区域的企业总量或者就业总数，x_{ij} 为第 j 个区域第 i 个行业的企业数量或者就业人数，即 x_j 与 x_{ij} 的关系为：

$$x_j = \sum_{i=1}^{n} x_{ij} \tag{6.1}$$

那么第 j 个区域的集聚变量 HHI_j 的计算公式为

$$HHI_j = \sum_{i=1}^{n} \left(\frac{x_{ij}}{x_j}\right)^2 \tag{6.2}$$

集聚变量 HHI_j 变化的含义为：当第 j 个区域的所有生产活动集中在一个行业时，第 j 个区域的 $HHI_j=1$；如果所有生产活动均匀分散在 n 个行业，这是 $HHI_j=0$；通常情形为，$0<HHI<1$，HHI_j 越接近 1，说明生产活动集聚水平越高。由于本章着重研究制造业集聚对城市绿色全要素生产率的影响，因此本章把 x_j 定义为第 j 个城市的企业总量或者就业总数、工业总产值，x_{ij} 为第 j 个城市第 i 个行业的企业数量或者就业人数、工业总产值，同时 x_j 与 x_{ij} 的关系［式（6.1）］、集聚变量 HHI_j 的计算方法［式（6.1）］不变。定义 $HHIm_1$ 为用制造业第 i 个行业的企业数量计算的集聚变量，$HHIm_2$ 用制造业第 i 个行业的就业人数计算的集聚变量，$HHIm_3$ 用制造业第 i 个行业的工业总产值计算的集聚变量。

此外，还有作为 HHI 的倒数的 N 指数。在衡量产业集中度时，N 指数等于市场中存在的规模相等的企业数目。本节中 N 指数反映某一产业在全国平均分布在几个城市。如，若 $HHI=0.2$，$N=5$，表示被衡量产业相当于平均分布在 5 个城市。N 指数的值越大，表示产业分布越分散，越小表示产业集聚程度越强。由于 HHI 用平方和的形式计算，给予了前几位较大的权重，如果产业在前几位城市集聚水平较高，则 HHI 数值将会体现得很明显，对应的 N 指数将较低。

（2）区位熵指数

集聚变量区位熵 LQ 是衡量产业聚集的一种常用方法，能较好地从区域的角度研究产业聚集，考虑到工业活动的空间特性表现出较强的地域性，因此，我们采用区位熵方法测算第 j 个城市第 t 年制造业聚集指数 LQ_{jt}，一个城市的制造业区位熵的计算公式为

$$LQ_{jt} = \frac{M_{jt}/Y_{jt}}{M_t/Y_t} \tag{6.3}$$

M_{jt} 表示第 j 个城市第 t 年市辖区制造业就业人数，Y_{jt} 表示第 j 个城市第 t 年市辖区全部就业人数，M_t 表示样本范围内全部城市市辖区第 t 年制

造业就业人数总和，Y_t 表示样本范围内全部城市市辖区第 t 年全部就业人数总和。一个城市的制造业区位商 LQ_{jt} 大于1，表明制造业在该城市的集聚水平越高。如果某城市 LQ_{jt} 趋近于零，则制造业完全分布于其他城市。刘修岩（2009）使用地级区域工业总产值和国内生产总值计算了区位熵代表工业集聚水平[219]。钱水土等（2009）利用区位熵指标对浙江分行业产业数据度量了产业集聚水平[220]。

（3）空间基尼系数

Krugman（1991）在测定美国制造业集聚程度时，利用洛伦兹（Lorenz）曲线和基尼（Gini）系数的原理和方法，构建了空间基尼系数，把它定义为比较某个地区某一产业的就业人数占该产业总就业人数的比重，以及该地区全部就业人数占总就业人数的情况[221]。基尼系数 G 的计算公式为[222]

$$G = \sum_{i=1}^{M} (s_i - x_i)^2 \tag{6.4}$$

其中，s_i是 i 地区某产业就业人数占全国该产业总就业人数的比重，x_i是该地区就业人数占全国总就业人数的比重。G 的值在0与1之间变动，G 值越大，表明产业集聚水平越高，即产业在地理上愈加集中。空间基尼系数的优势在于其简便直观，可以把 G 转化成非常直观的图形。Krugman（1991）计算了美国3位数行业的空间基尼系数[223]。Audretsch 和 Feldman（1996）计算了美国2位数行业的空间基尼系数[224]。Amiti（1998）计算了欧盟十国的3位数水平的27个行业的基尼系数及五国65个行业的基尼系数，以检验工业集中趋势[225]。但是空间基尼系数也存在明显缺陷。Ellision 和 Glaeser（1997）认为，因为 G 的计算没有考虑到企业的规模差异和地理区域大小的差异，所以基尼系数大于零并不一定表明有集群现象存在。利用空间基尼系数来比较不同产业的集聚程度可能造成跨产业比较上的误差，使空间基尼系数 G 表示的产业集聚程度含有虚假噪声。

假设两个行业的赫芬达尔指数、空间基尼系数大小相同，若第一个行业的空间分布较为分散，第二个行业较为集中，则第一个行业的实际集中度要小于第二个行业，但是赫芬达尔指数和空间基尼系数并未体现这一差别。Krugman（1991）、Midelfart 和 Knarvik（2000）[226]引入空间距离概念，设计了 SP 指数：

$$SP^k = c\sum_i \sum_j v_i^k v_j^k \delta_{ij} \tag{6.5}$$

其中 c 为常数，c 可根据空间距离的选取单位和实际研究的需要进行取值，从而使 SP 指数范围在（0，1）之间，范剑勇（2004）取 0.5，黄新飞等（2010）取 0.02。i、j、k 分别表示地区 i、地区 j、行业 k，为地区 i 行业 k 的工业总产值，δ_{ij}表示两个城市中心区之间的直线距离。SP 指数介于 0 和 1 之间，从静态来看，SP 指数越接近于 0，表示行业在空间上越集中。从动态变化来看，当 SP 指数下降，表示行业 k 在空间上集中，反之则扩散。黄新飞等（2010）计算了珠江三角洲地区 2003 年至 2007 年制造业行业的 SP 指数[227]。

（4）产业地理集中指数

除了空间距离概念外，空间基尼系数还忽略了企业规模分布对产业地理集中的影响，这一点需要完善。Ellison 和 Glaeser（1997）在利用空间基尼系数和赫芬达尔指数基础上建立了产业地理集中指数来测定产业的地理集中程度[228—229]，反映了行业内部结构对产业集聚和地区专业化程度的影响。假设某一经济体（国家或地区）的某一产业内有 N 个企业，且将该经济体划分为 M 个地理区域，这 N 个企业分布于 M 个区域之中。产业地理集中指数的计算公式为

$$\gamma = \frac{G - (1 - \sum_i x_i^2)H}{(1 - \sum_i x_i^2)(1 - H)} \tag{6.6}$$

其中，H 为赫芬达尔指数，计算公式同式（6.2）；G 为基尼系数，计算公式同式（6.4）。γ 指数越大，表明产业集聚程度越高。Ellision 和 Glaeser 建立的地理集中度指数优点为充分考虑了企业规模及区域差异带来的影响，使我们能够进行跨产业、跨时间，甚至跨国的比较。从而弥补了空间基尼系数的局限，完成了对空间基尼系数的改进和完善（Rosenthal，2001）[230]。罗勇等（2005）利用 γ 指数对中国 20 个制造行业 1993 年和 2003 年的集聚程度进行测定[同118]。路江涌和陶志刚（2007）利用 γ 系数研究了 1998 年至 2003 年中国制造业区域聚集水平[同119]。但是，γ 系数的计算必须采用企业层面的微观数据，由于中国城市制造业企业数据来源的限制，我们无法采用这个指标衡量中国城市制造业集聚水平。

（5）克鲁格曼专业化指数

它测度的是第 i 个地区与其余地区平均水平的产业结构差异程度[231]。

其计算公式为

$$K_i = \sum_K |V_i^k - S_i^k| \tag{6.7}$$

式（6.7）中 K_i 是地区 i 的专业化指数，V_{ik} 表示地区 i 第 k 种产业产出占地区总产出的比重，S_i^k 表示除 i 地区外其他地区第 k 种产业占总产出的比重。黄玖立、李坤望（2005）[232]，胡向婷、张璐（2005）[233]，范剑勇（2004）[234]和马光荣等（2010）[235]在研究中都采用了这一指标。

还有一些学者采用地区工业总产值占全国工业总产值或者全国工业增加值的份额作为产业集聚的衡量变量。这种做法的研究出发点在于探索为什么产业聚集现象在这个地区而非其他地区发生，而采用以上（1）至（5）计算产业聚集指数指标的研究出发点在于解释为什么产业聚集度会随着时间而发生变化。为了研究的全面性，本章在第三节和第四节将在现有城市制造业数据的可得性条件下，采用 *HHI* 指数、区位熵指数 *LQ* 和城市制造业总产值占全国城市制造业总产值比重分别对城市制造业整体集聚水平进行数量分析。

二　制造业集聚对城市绿色全要素生产率的影响

亚当·斯密在 1776 年出版的《国富论》中已经指出地理环境是影响地区经济发展的重要因素之一。他提出市场范围限制劳动分工，被后人称之为“斯密定理”。可见，亚当·斯密在 200 年以前便发现地理因素对经济活动的影响是十分重要的。20 世纪 90 年代初，以克鲁格曼为代表的新经济地理学重新演绎了经济主体间相互作用而产生的空间定位，即地理因素在经济活动中的作用。作为产业优化配置的一种表现，产业离地空间集聚已成为一种世界性的经济现象。20 世纪 20 年代，马歇尔（A. Marshall）[236]开始研究产业集聚问题，韦伯（A. Weber）更重视对产业集聚效应的研究。20 世纪 90 年代后期，美国经济学家迈克尔·波特从创新和竞争力角度对产业集聚展开研究，引起了国内外学术界和政府的极大关注，国内王缉慈等（2001）[237]、魏守华（2002）[238]、金碚（2003）[239]、朱英明（2003）[240]、梁琦（2006）等开始了对产业集聚问题研究。本节将从四个方面阐述制造业集聚效应对城市全要素生产率的影响机制：1. 制造业集聚在要素集中过程中产生知识溢出；2. 制造业集聚在工业化进程中推动产业升级；3. 制造业集聚在产业空间区位演化中促进专业化分工；4. 制造业集聚在促进竞争中优化生产要素配置。

1. 制造业集聚在要素集中过程中产生知识溢出

制造业是集群特征最为明显的产业。新经济地理学根据规模报酬递增、运输成本和不完全竞争三个假设认为，如果经济中的某种扰动导致区域市场规模的扩大，会引起生产要素向该区域集中和区域供给能力的增强，产生市场扩大效应、价格指数效应和外部性，从而发生具有自我增强机制特点的产业集聚循环累积因果效应。这是新经济地理学从产业集聚的影响因素视角做出的一般性分析。事实上，在这种制造业集聚的累积循环效应发生过程中，生产要素集中也在伴随发生，并在集中过程中产生知识溢出。进而这种知识溢出促进了制造业集聚发生城市或地区的技术进步和效率提高，体现为城市或区域全要素生产率的提高。

2. 制造业集聚在工业化进程中推动产业升级

产业集聚与工业化是紧密关联的，工业化是产业集聚发生的前提，产业集聚在促进工业化过程中推动产业升级。我国地区间经济发展不平衡，工业化进程差异也较大。落后地区的工业化不仅是传统产业向现代产业的转变过程，而且也是一个劳动分工不断深化、技术水平不断提高的过程。只有落后地区顺利地实现了工业化，区域间的技术水平差距得到降低，才能更好地有利于区域一体化进程，这也有利于发达地区的产业顺利转移与升级[同115]。落后地区城市要在起步时做好产业结构调整和产业升级，要实现这样的发展路径，必须在生产要素集中的城市经济中努力提高城市全要素生产率，为产业升级和城市经济可持续发展提供高效率的保障。因此，制造业集聚带来工业化进程加速，有利于提高城市全要素生产率；反过来，城市全要素生产率提高能够进一步吸引更多生产要素集中、促进产业集群发生发展，从而促进城市、区域的产业升级和经济健康发展。

3. 制造业集聚在产业空间区位演化中促进专业化分工

较高的城市全要素生产率形成内在比较优势，促进专业化分工水平提高，促成产业聚集发生，表现为产业空间演化；在产业聚集区形成后，产业聚集带来的规模收益递增成为强化区域分工的动力，聚集效应使分工进一步深化。通过区域的专业化分工的作用，城市全要素生产率与产业聚集存在着一种相互促进、相互强化的关系。

当前我国的产业空间演化主要表现为形成产业集聚区的过程，这与空间专业化分工密切联系[241]。我国地域广阔，不同地区和不同城市之间存在着生产率的绝对和相对差异。按照比较优势理论，不同的区域有实现专业化分工并参与贸易的可能。生产率的事前差异会导致专业化分工。专业化分工一旦形成，则会加速地区的知识积累并导致生产率的提高，即产生了内生比较优势[242]。当区域分工把与行业有关的生产要素累积到一定的程度，就会产生产业聚集现象。因此，高度的专业化分工是产业聚集形成和存在的基础，而聚集区的形成本质上是工业均匀分布状态的瓦解，其变化过程就是工业空间演化的内涵之一。其基本逻辑为：

表 6.1　　2007 年按人口规模分类的城市组产业结构统计

指　标		400 万人以上	200 万—400 万人	100 万—200 万人	50 万—100 万人	20 万—50 万人
地区生产总值（亿元）	平均值	4104.50	1577.42	447.79	204.47	103.74
	总　计	53358.49	39435.61	34480.18	22900.96	5913.27
第一产业增加值占 GDP 比例（%）	平均值	2.96	3.32	9.84	7.99	8.32
	最大值	7.53	12.38	38.14	53.66	30.57
	最小值	0.70	0.10	0.38	0.45	0.49
	极　差	6.83	12.28	37.76	53.21	30.08
第二产业增加值占 GDP 比例（%）	平均值	45.50	50.33	51.05	51.12	50.78
	最大值	26.68	65.51	87.97	82.46	90.38
	最小值	7.33	32.07	20.78	9.90	17.80
	极　差	19.35	33.44	67.19	72.56	72.58
第三产业增加值占 GDP 比例（%）	平均值	51.53	46.35	39.11	40.90	40.90
	最大值	72.43	67.08	68.39	66.88	69.24
	最小值	40.81	26.58	11.27	16.58	8.61
	极　差	31.62	40.50	57.12	50.30	60.63

续表

指　标		400 万人以上	200 万—400 万人	100 万—200 万人	50 万—100 万人	20 万—50 万人
人均地区生产总值（万元）	平均值	4.65	4.99	2.82	2.73	2.67
	最大值	7.63	9.86	13.57	12.30	9.89
	最小值	1.72	1.72	0.53	0.38	0.44
	极　差	5.91	8.14	13.02	11.91	9.45
人口数总计（万人）		9221.27	6408.14	10729.75		
地方财政收入总计（亿元）		6222.28	3358.73	2411.30	1601.17	406.31
地方财政支出总计（亿元）		6998.24	3797.96	3308.17	2536.38	719.74

数据来源：《中国城市年鉴》（2008）。

高生产率→形成比较优势→专业化分工程度高→要素累积→产业集聚。

比较优势理论在一定程度上解释了区域分工的形成及工业的空间演化，但由于其理论建立在完全竞争的市场结构以及没有运输成本的前提假设之上，其解释力往往受到一些限制。

产业聚集是基于区域分工的动态演化过程，在这一过程中，由于专业化分工程度不同，不同区域渐进累积和自我增强的结果也有所不同，因此，产业聚集程度会表现出一些差异。产业空间演化的表现多样，通常表现为产业均匀分布趋于瓦解，形成产业聚集区，相反则发生产业聚集区分散和转移。

产业的空间演化具体表现为不同地区之间产业产出份额的变动，因此可以考察产业增加值份额的变动来分析产业空间演化特点。一个城市或地区的工业增加值份额大幅提升，则意味着其他地区或城市工业增加值份额下降，这种变化较直观地反映了产业空间演化状况。不同地区产业聚集的不断变化、累积过程以及它们之间的相互作用都是工业的空间演化。用2000 年和 2007 年各城市市辖区第二产业增加值占所在省份、自治区、直辖市第二产业增加值份额的变化来描述这种演化特征，表 6.2 仅报告了400 万以上人口规模城市和 200 万—400 万人口规模城市的相关数据。通过观察，可以发现，除了重庆、上海、北京、天津 4 个直辖市以外，在400 万以上人口规模城市在 2000 年第二产业增加值占全省比例平均值为

16.78%，2007 年平均值为 17.67%，8 年期间这些大城市第二产业增加值占全省比例平均值增长近 1 个百分点。

表 6.2 2000 年和 2007 年大中型城市第二产业空间变化

分类	城市	2000 年第二产业增加值及占比		2007 年第二产业增加值及占比		2007 年与 2000 年占全省比例之差（%）
		市辖区（亿元）	占全省比例（%）	市区（亿元）	占全省比例（%）	
400 万以上人口规模城市	重庆市	384.45	58.47	1390.85	73.51	15.04
	上海市	1942.76	89.79	5618.34	98.94	9.15
	北京市	879.28	93.19	2456.64	97.90	4.71
	天津市	697.83	85.08	2706.00	93.55	8.47
	广州市	902.85	18.54	2495.12	15.65	-2.89
	西安市	297.15	40.60	654.77	22.09	-18.51
	南京市	373.06	8.41	1451.32	10.14	1.73
	武汉市	533.42	25.12	1244.70	31.38	6.26
	沈阳市	427.67	18.24	1400.61	23.93	5.69
	成都市	288.71	16.98	899.63	19.38	2.41
	汕头市	94.52	1.94	447.81	2.81	0.87
	哈尔滨市	202.37	10.83	694.85	18.80	7.97
	杭州市	313.84	9.86	1554.28	15.32	5.46
200 万人至 400 万人口规模城市	佛山市	96.96	1.99	2327.72	14.60	12.61
	长春市	305.37	38.16	892.82	36.07	-2.09
	济南市	291.02	6.86	834.45	5.65	-1.21
	唐山市	190.75	7.45	787.03	10.87	3.42
	大连市	343.69	14.66	1113.91	19.03	4.37
	淄博市	331.86	7.82	1022.24	6.92	-0.90
	淮安市	41.51	0.94	241.28	1.69	0.75
	太原市	140.92	17.03	555.55	16.16	-0.87
	青岛市	325.15	7.66	1132.81	7.67	0.01

续表

分　类	城　市	2000 年第二产业增加值及占比		2007 年第二产业增加值及占比		2007 年与 2000 年占全省比例之差（%）
		市辖区（亿元）	占全省比例（%）	市区（亿元）	占全省比例（%）	
200 万人至 400 万人口规模城市	郑州市	118.84	4.92	328.86	3.97	-0.95
	南宁市	64.78	8.66	270.29	11.14	2.48
	乌　市	96.57	16.46	314.41	19.08	2.63
	石家庄市	195.92	7.65	343.36	4.74	-2.91
	无锡市	231.13	5.21	1206.86	8.44	3.23
	苏州市	202.93	4.57	1359.62	9.50	4.93
	昆明市	236.34	28.03	463.33	22.59	-5.44
	常州市	121.13	2.73	867.63	6.06	3.33
	南昌市	163.67	23.36	483.06	17.00	-6.35
	襄樊市	41.48	1.95	238.03	6.00	4.05
	宁波市	219.34	6.89	1017.94	10.03	3.14
	长沙市	160.29	10.96	440.49	11.25	0.28
	枣庄市	73.02	1.72	341.23	2.31	0.59
	贵阳市	112.36	28.97	241.87	21.06	-7.91
	莆田市	28.49	1.66	239.76	5.27	3.61
	深圳市	874.25	17.96	3404.76	21.36	3.40

数据来源：《中国统计年鉴》（2001—2008）；《中国城市统计年鉴》（2001—2008）。

4. 制造业集聚在促进竞争中优化生产要素配置

中心—外围式的产业集聚给地区带来的集聚效应不仅包括产业集聚本身给地区带来的经济发展效应和技术进步效应，而且包括集聚给区域经济带来的索洛剩余递增效应。产业集聚地区索洛剩余是既定市场需求条件约束下集聚区域产业竞争力函数，而产业集聚竞争产生的技术进步构成集聚区域产业差异化优势和竞争力源泉[243]。经济效率的根源在于产业集聚竞争导致的区域技术进步促使的索洛剩余的递增。区域索洛剩余递增与产业索洛剩余递增不同，产业集聚产生的索洛剩余增加既构成区域产业集聚循环累积因果机制的集聚力，又构成扩散力：集聚区域产业集聚到一定阶段，就会促使传统产业索洛剩余递减，推动传统产业向区外转移[244]。产业聚集区作为居于企业和区域之间的中间组织，在经济活动中已表现出多种功能。从投入的角度来看，产业聚集具有生产要素配置功能。生产要素配置效率的优化，必将提高城市全要素生产率。工业经济活动是产业聚集的主要领域，产业聚集在工业尤其是制造业中表现得尤为明显。在经济活动聚集效应的作用下，作为承载制造业和其他工业部门的有效空间载体，促使越来越多的生产要素集中于特定的区域。市场机制调节下，生产要素是流动的，流动的方向常常是有利于要素集中或聚集的地方。当一个地方的工业化开始呈现出收益增加的态势时，必然诱使更多的生产要素前来聚集。要素越聚集，经济外部性和规模经济效应越显著，越吸引更多的生产要素聚集。江苏苏南和浙江在改革开放以后呈现的快速工业化过程，无不是生产要素在特定地理区位聚集的基础上实现的。

从产出的角度来看，工业具有较高的收益率，高收益会加快工业的发展。聚集区内的企业由于享有劳动市场共享、投入共享和交易成本降低等多种优势，能获得递增的收益；聚集区内的企业能充分获得技术外溢效应，享有知识交流和技术传播带来的好处，因而创新能力较强；同时，工业的资本密度高，拥有较高的人力资本水平和较先进技术。所以聚集程度较高的工业的投入产出比一般高于农业部门，这不仅进一步吸引包括劳动力在内的各种生产要素向工业转移，而且壮大了产业规模，呈现欣欣向荣的发展势头。尤其是在工业活动高度聚集的地区，在市场的引力和来自政府的推力下，聚集程度高的产业会内生地拓宽市场边界（主要出自寻求高收益的引力），也会“强制性”地扩大产业规模（主要出自政府的推力）。这一动态过程将不断持续下去，直到各部门的要素收益率相等为止[同114]。由此可见，随着工业聚集程度的不断提高，产业聚集的生产要素配置功能和增加产出功能的效应将会不断强化，其结果必然促使产业结构和就业结构发生显著变化。发达经济圈中心—外围式的产业集聚，由于产业集群或产业区的存在，使得该区域产业内竞争相对缺乏集群或产业区的地区而言，尤显激烈。

三　制造业集聚对城市绿色全要素生产率影响的实证分析

1. 计量模型设定与估计方法

为了考察制造业整体集聚水平对中国城市绿色全要素生产率（GTFP）的影响，基于第二节的理论分析，按照第一节中集聚变量 *HHI*、*LQ* 等计算方法，得到用 *HHIm*、*LQm*、*AGGm* 表示制造业整体集聚水平，建立 *HHIm* 作为解释变量、城市绿色全要素生产率 GTFP 为被解释变量的面板数据回归模型，简称模型 7（a）：

$$\ln GTFP_{it} = \alpha_0 + \alpha_1 \ln HHIm_{it} + \alpha_2 \ln HHIm_{it}^2 + \sum_{j=1}^{j} \alpha_j X_{jit} + \upsilon_{1it} \tag{6.8}$$

式（6.8）中，α_0、α_1、…、α_j 为解释变量的估计系数，υ_{1it} 为随机扰动项。解释变量 *HHIm* 代表制造业集聚水平，$HHIm^2$ 代表制造业集聚不经济。由于在第五章中考察了城市产业结构、制度因素、地理优势等因素对城市绿色全要素生产率（GTFP）的影响，为了控制这些因素对城市 GTFP 的影响，从而得到制造业整体集聚水平对城市 GTFP 的净影响，这里把 *IND2ADV*、*IND3LAR*、*GOV*、*FDI*、*HUM*、*ROAD*、*INTERNET*、*ENERGY* 引入模型 7（a）至模型 7（c）中，即式（6.8）至式（6.10）中的 $\sum_{j=1}^{j} X_{jit}$。

再建立以 *LQm* 作为解释变量、城市绿色全要素生产率 GTFP 为被解释变量的面板数据回归模型，简称模型 7（b）：

$$\ln GTFP_{it} = \beta_0 + \beta_1 \ln LQm_{it} + \beta_2 \ln LQm_{it}^2 + \sum_{j=1}^{j} \beta_j X_{jit} + \upsilon_{2it} \tag{6.9}$$

式（6.9）中，β_0、β_1、…、β_j 为解释变量的估计系数，υ_{2it} 为随机扰动项。解释变量 *LQm* 代表制造业集聚水平，LQm^2 代表制造业集聚不经济。

最后，建立 *AGGm* 作为解释变量、城市绿色全要素生产率 GTFP 为被解释变量的面板数据回归模型，简称模型 7（c）：

$$\ln GTFP_{it} = \gamma_0 + \gamma_1 \ln AGGm_{it} + \gamma_2 \ln AGGm_{it}^2 + \sum_{j=1}^{j} \gamma_j X_{jit} + \upsilon_{3it} \tag{6.10}$$

式（6.8）中，γ_0、γ_1、…、γ_j 为解释变量的估计系数，υ_{3it} 为随机扰动项。解释变量 *AGGm* 代表制造业集聚水平，$AGGm^2$ 代表制造业集聚不经济。式（6.8）至式（6.10）中，为了避免多重共线性，对解释变量和被解释变量 GTFP 取自然对数。

2. 数据选取与变量说明

（1）数据选取

本节所使用的数据主要来自于《中国城市统计年鉴》（2004 年至 2008 年版）。采用 2003 年至 2007 年 260 个地级及以上城市面板数据。

（2）变量说明

被解释变量为第三章估计出来的剔除集聚经济负外部性影响——环境污染“非合意产出”的城市绿色全要素生产率（*GTFP*）。

模型 1 至模型 3 中，我们主要关注的解释变量为制造业整体集聚水平 *HHIm*、*LQm* 和 *AGGm*。

集聚变量 *HHIm* 为利用就业人员数据依据式（6.2）计算的反映制造业整体集聚水平；集聚变量区位熵指数 *LQm* 为利用就业人员数据依据式（6.3）计算的反映制造业整体集聚水平；集聚变量 *AGGm* 是由城市市辖区全部制造业就业人数占全市全部制造业就业人数的比例构成。金煜（2006）用各年度各地区工业产值占当年全国工业 GDP 比重作为度量工业集聚变量[同114]，Wen（2004）也采用同样方法度量工业集聚[245]。因为当一个地区的工业份额上升时，说明在这个地区出现工业集聚。由于受城市制造业数据来源限制，我们没有城市市辖区和全市制造业工业总产值及增加值数据，也没有城市分行业的市辖区和全市制造业的工业总产值、增加值及就业人数数据，所以只能依赖于城市市辖区和全市制造业整体就业人数数据来反映城市制造业的集聚水平。另外，厂商地理位置的选择通常已考虑了中间投入的运输费用，并与其生产规模紧密相关，而总产值则能更好地反映企业和行业的生产规模（文玫，2004）[246]。

控制变量为产业结构变量 *IND2ADV*、*IND3LAR*，制度因素变量 *GOV*、*FDI*、*HUM*，基础设施变量 *ROAD*、*INTERNET*、*ENERGY* 等，这些变量的含义和指标选取同第五章说明，这里不再重复说明。

(3) 解释变量的描述性统计分析

表 6.3 为反映制造业集聚水平的 3 个指标变量的描述性统计，包括均值、标准差和极差。可以发现，2003 年至 2007 年期间 3 个集聚变量的均值变化较小。平均地看，*HHIm* 和 *LQm* 代表的制造业集聚在不断提高，而 *AGGm* 代表市区制造业工业总产值占全市制造业总产值的比例在缓慢下降。*HHIm* 的标准差和极差变化最大。2003 年 *HHIm* 的极差为 0.2770，2007 年极差增长至 0.7380。*LQm* 的标准差和极差都有所增长，但增长幅度较小。而 *AGGm* 的标准差和极差都呈现出变小的趋势。

表 6.3　主要解释变量的描述性统计（2003 年至 2007 年）

集聚变量与统计指标		2003 年	2004 年	2005 年	2006 年	2007 年
HHIm	均　值	0.0510	0.0509	0.0581	0.0624	0.0678
	标准差	0.0485	0.0509	0.0713	0.0834	0.0982
	极　差	0.2770	0.3231	0.5796	0.6142	0.7380
LQm	均　值	0.9451	0.9560	0.9594	0.9584	0.9565
	标准差	0.4719	0.4879	0.5043	0.5069	0.5239
	极　差	2.4635	2.4395	2.5216	2.6234	2.6830
AGGm	均　值	0.6198	0.6151	0.6123	0.6102	0.6047
	标准差	0.2429	0.2427	0.2407	0.2401	0.2405
	极　差	0.9586	0.9118	0.9098	0.9142	0.9140
观测个数		260	260	260	260	260

数据来源：《中国城市统计年鉴》(2004—2008)。

为了观察被解释变量 GTFP 与解释变量制造业整体集聚水平 *AGGm* 的相关关系，有必要通过 GTFP 和 HHIm、*LQm*、*AGGm* 的散点图观察被解释变量与解释变量之间的关系走向和散点分布特征（图 6.2、图 6.3、图 6.4）。从下图中可以观察，2003 年和 2007 年城市 GTFP 和 *HHIm*、GTFP 和 *LQm*、GTFP 和 *AGGm* 的相关性并不明显，没有出现明显的正相关或负相关走向趋势。可见，控制其他影响因素对 GTFP 和 *HHIm*、GTFP 和 *LQm*、GTFP 和 *AGGm* 进行回归分析是很有必要的。

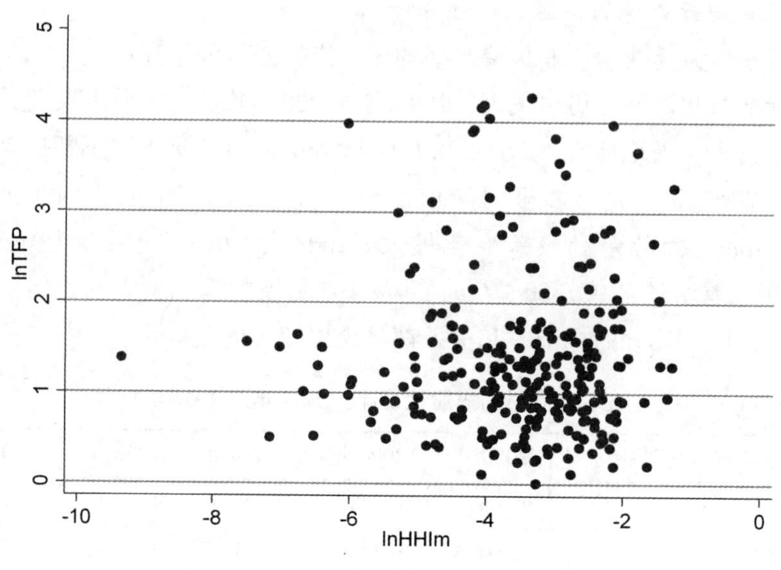

（a）2003 年

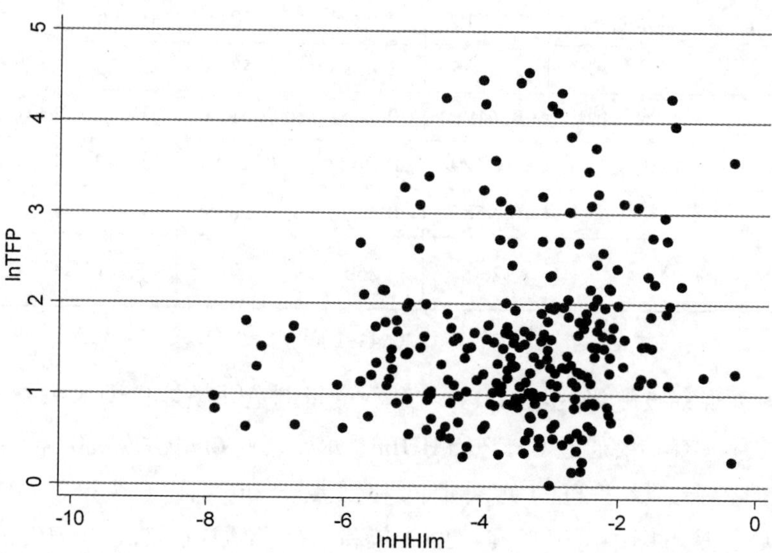

（b）2007 年

图 6.2　2003 年（a）和 2007 年（b）制造业整体集聚水平 *HHIm* 与 GTFP 的散点图

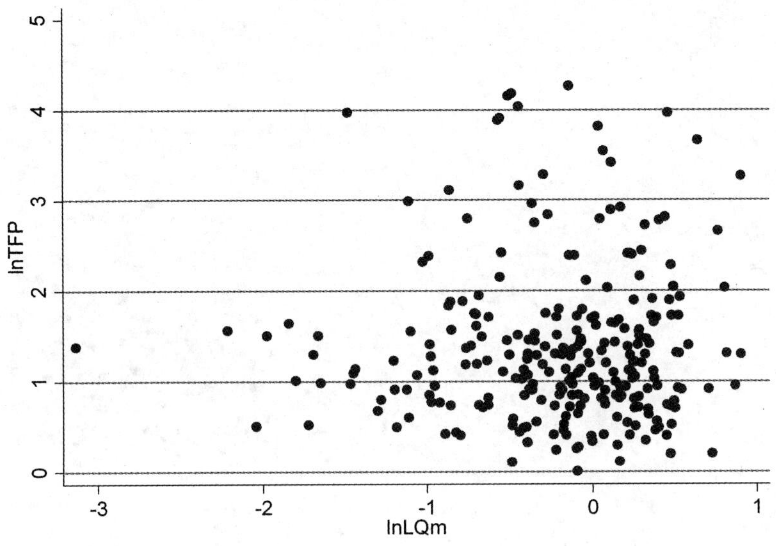

（a）2003 年

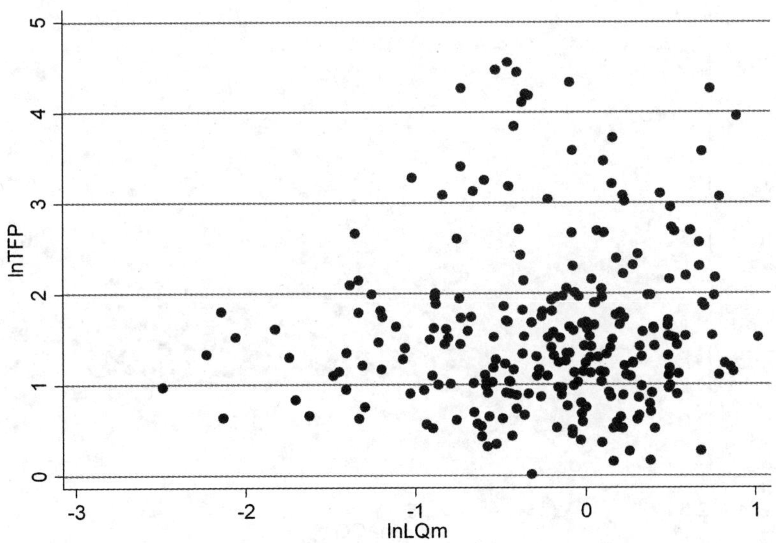

（b）2007 年

图 6.3　2003 年（a）和 2007 年（b）制造业整体集聚水平 *LQm* 与 GTFP 的散点图

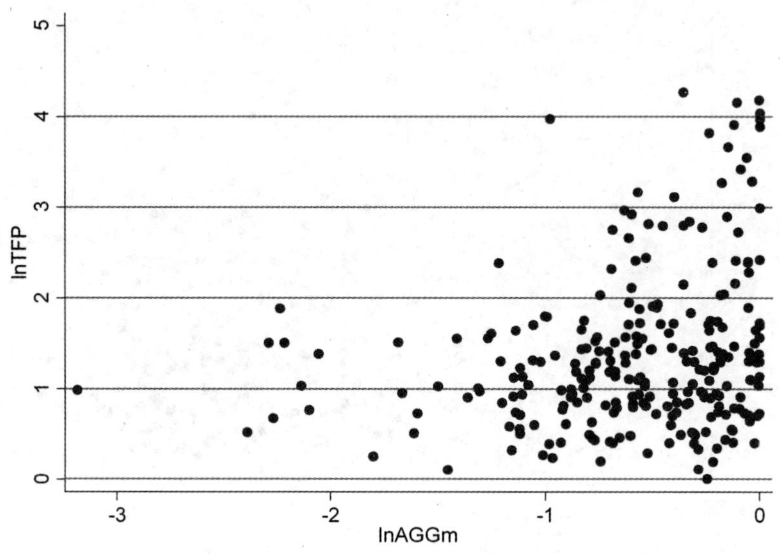

（a）2003 年

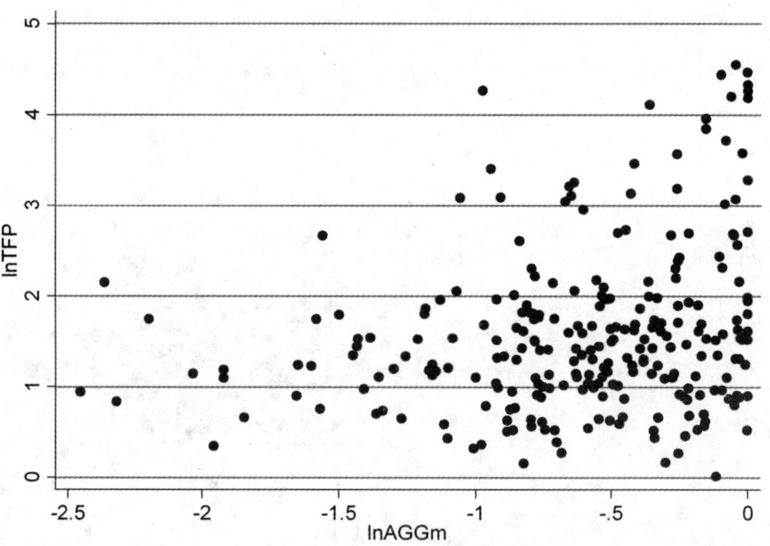

（b）2007 年

图 6.4　2003 年（a）和 2007 年（b）制造业整体集聚水平 *AGGm* 与 GTFP 的散点图

3. 计量结果分析

为了减少解释变量之间的多重共线性对回归结果可能造成的不利影响，表6.4给出了主要解释变量之间的相关系数矩阵。通过观察可以发现，与本章主要关注的解释变量之间的相关系数绝对值都小于0.5，不存在严重的共线性问题。

在表6.5中列出了模型7（a）至模型7（c）的全部面板数据随机效应模型回归结果。

首先看模型7（a）的估计结果，*HHIm* 一次项和 $HHIm^2$ 二次项的估计系数都通过了统计显著性检验。在不考虑二次项的回归分析中，*HHIm* 的估计系数为0.04，这意味着不考虑其他影响因素时，基于制造业就业人数计算的制造业集聚水平 *HHIm* 每增长1%，那么城市绿色全要素生产率平均增长0.04%。在包含 $HHIm^2$ 二次项的回归结果中，$HHIm^2$ 二次项的估计系数为0.007，这说明如果不考虑其他影响因素，在二维直角坐标系内该抛物线开口朝上，它的对称轴为 $-\alpha_1/2\alpha_2 = -7.2$，那么对于最大值为-0.303、最小值为-9.35的ln*HHIm* 值来说，多数ln*HHIm* 值点位于对称轴右端递增趋势的抛物线上，而只有18个观测单位的ln*HHIm* 值小于-7.2，位于对称轴左侧。又因为表6.3列示，2003年至2007年 *HHIm* 值是不断提高的，意味着ln*HHIm* 值也将逐渐增大。所以，可以从模型7（a）的回归结果分析中得出这样的结论，城市制造业集聚水平的上升，有利于城市绿色全要素生产率提高。

表6.4　**解释变量之间的相关系数矩阵**

变量名称		GTFP	*HHIm*	*LQm*	*AGGm*
绿色全要素生产率	GTFP	1.00	—	—	—
制造业集聚水平	*HHIm*	0.06	1.00	—	—
	LQm	0.02	0.93	1.00	—
	AGGm	0.21	0.31	0.32	1.00
禀赋结构	*FACENDO*	0.16	0.17	0.16	-0.06
产业结构	*IND2ADV*	0.08	0.49	0.44	0.32
	IND3LAR	0.02	-0.42	-0.42	-0.34

续表

变量名称		GTFP	*HHIm*	*LQm*	*AGGm*
制度因素	*GOV*	-0.33	-0.19	-0.17	-0.06
	FDI	0.17	0.23	0.20	0.08
	HUM	0.06	0.29	0.27	0.04
基础设施	*ROAD*	0.15	0.39	0.37	0.21
	INTERNET	0.25	0.32	0.29	0.41
	ENERGY	0.38	0.19	0.15	0.30

对于模型7（b）的估计结果，*LQm* 一次项和 LQm^2 二次项的估计系数也在0.01统计水平上显著。在 *LQm* 一次项估计中，其估计系数为-0.042，这说明不考虑其他影响因素的条件下，制造业集聚水平 *LQm* 提高1%，那么城市绿色全要素生产率平均下降0.042%。在含有 LQm^2 二次项的估计结果中，*LQm* 一次项的估计系数为-0.059，LQm^2 二次项的估计系数为-0.012。在不考虑其他解释变量的情况下，在二维直角坐标系内抛物线开口朝下，其对称轴为 $-\beta_1/2\beta_2=2.458$，而 ln*LQm* 最大值为1.017，最小值为-3.13，所以全部 ln*LQm* 值在对称轴左侧的递增趋势的抛物线上。这再次证明城市制造业集聚水平的上升对城市绿色全要素生产率提高有显著的推动作用。

分析模型7（c）的估计结果，只含有 *AGGm* 一次项的回归结果中，*AGGm* 一次项的估计系数在统计上不显著。在包含了 $AGGm^2$ 二次项的回归中，*AGGm* 一次项和 $AGGm^2$ 二次项的估计系数都在0.01统计水平上显著。其中，*AGGm* 一次项的估计系数为-0.071，$AGGm^2$ 二次项的估计系数为-0.032。在不考虑其他影响因素的条件下，在二维直角坐标系内抛物线开口朝下，其对称轴为 $-\gamma_1/2\gamma_2=1.109$，ln*AGGm* 的最大值为0，最小值为-3.185，那么 ln*AGGm* 全部值点位于对称轴左侧的递增趋势的抛物线上。因此，基于 *AGGm* 指标的制造业集聚水平越高，城市绿色全要素生产率越高。

表 6.5　制造业集聚水平对城市绿色全要素生产率影响的回归结果

	模型 7（a）		模型 7（b）		模型 7（c）	
HHIm	0.04 [6.56]***	0.101 [6.44]***	—	—	—	—
HHIm^2	—	0.007 [4.23]***	—	—	—	—
LQm	—	—	-0.042 [-3.76]***	-0.059 [-3.86]***	—	—
LQm^2	—	—	—	-0.012 [1.59]	—	—
AGGm	—	—	—	—	0.007 [0.44]	-0.071 [-2.26]**
AGGm^2	—	—	—	—	—	-0.032 [-2.83]***
FACENDO	0.109 [16.67]***	0.109 [16.61]***	0.114 [16.47]***	0.116 [16.55]***	0.107 [15.93]***	0.107 [15.96]
IND2ADV	-0.015 [-0.70]	-0.010 [-0.47]	-0.027 [-1.22]	-0.028 [-1.27]	-0.016 [-0.73]	-0.017 [-0.79]
IND3LAR	0.029 [1.00]	0.074 [2.43]**	-0.122 [-4.62]**	-0.135 [-4.88]***	-0.079 [-3.17]***	-0.089 [-3.55]***
GOV	0.068 [6.55]***	0.070 [6.81]***	0.067 [6.40]***	0.067 [6.34]***	0.069 [6.47]***	0.067 [6.32]***
FDI	-0.008 [-2.82]***	-0.007 [-2.66]***	-0.010 [-3.77]***	-0.010 [-3.73]***	-0.009 [-3.46]***	-0.010 [-3.70]***
HUM	0.083 [12.67]***	0.081 [12.34]***	0.086 [12.83]***	0.086 [12.85]***	0.087 [12.94]***	0.086 [12.87]***
ROAD	0.016 [2.76]***	0.017 [2.96]***	0.016 [2.67]***	0.016 [2.65]***	0.015 [2.55]**	0.014 [2.27]**
INTERNET	0.049 [11.07]***	0.047 [10.59]***	0.049 [10.67]***	0.049 [10.72]***	0.050 [11.08]***	0.051 [11.18]***

续表

	模型 7（a）		模型 7（b）		模型 7（c）	
ENERGY	0.001 [0.21]	0.001 [0.19]	0.002 [0.51]	0.002 [0.50]	0.001 [0.27]	0.001 [0.27]
常数项	0.468 [3.61]***	0.661 [4.85]***	0.140 [1.07]***	0.114 [0.86]	0.265 [2.04]**	0.209 [1.60]
个体效应 u 方差估计值	0.771	0.769	0.77	0.769	0.768	0.762
干扰项 e 方差估计值	0.051	0.050	0.052	0.052	0.052	0.052
u 和 e 相关性	0.996	0.996	0.995	0.995	0.995	0.995
Wald chi2 (n)	1583.27 (0.00)***	1632.25 (0.00)***	1501.80 (0.00)***	1506.30 (0.00)***	1460.82 (0.00)***	1476.71 (0.00)***
R - sq	0.66	0.67	0.65	0.65	0.64	0.65
BP 检验统计值及检验结论	1824.49 (0.00)***	1819.28 (0.00)***	1826.91 (0.00)***	1820.45 (0.00)***	1824.89 (0.00)***	1818.25 (0.00)***
	拒绝原假设 RE 显著	拒绝原假设 RE 显著	拒绝原假设 RE 显著	拒绝原假设 RE 显著	拒绝原假设 RE 显著	拒绝原假设 RE 显著
观测个数	1123	1123	1123	1123	1123	1123

注：RE 为随机效应估计模型（Rodom Estimation Regression）的简写。

四　本章小结

本章在第五章城市绿色全要素生产率的城市内部影响因素研究的基础上，将研究视角扩展至城市经济活动所面临的环境分析，即制造业集聚给城市绿色全要素生产率增进带来的影响。本章使用了基于劳动力数量计算的反映制造业集聚水平指标 HHI、LQ 和 AGG，将这三个变量的一次项和二次项纳入城市绿色全要素生产率的影响因素回归模型，进行计量经济学面板数据回归模型分析。研究发现，制造业集聚水平的上升对城市绿色全要素生产率提高存在显著的积极影响，具有重要的推动作用。

第七章　服务业集聚正外部性对城市绿色全要素生产率的影响

由第六章研究可知，城市制造业集聚对城市绿色全要素生产率（GT-FP）具有明显的推动作用，这意味着剔除了集聚经济负外部性影响后的城市 GTFP 增长受益于制造业集聚产生的正外部性影响——知识和技术溢出。不容忽视的是，第三产业（也指服务业）同样是生产知识和知识溢出的重要经济活动部门；同时，第三产业集聚的经济现象也在发生、发展。所以，为了保证产业集聚正外部性对城市 GTFP 影响分析的完整性、系统性及研究结论的可信性，有必要对我国城市服务业集聚正外部性效应对城市 GTFP 的影响方向和影响程度进行细致的分析。服务业是国民经济的重要部门，服务业发展水平是衡量一国产业结构层次与经济发展水平的重要标志之一。但长期以来存在中国服务业滞后的争论。主张我国服务业“发展滞后论”一方认为，与国际水平比较，我国服务业比重偏低（许宪春，2000[247]；华而诚，2001[248]；江小涓，2004[249]）；而认为我国服务业“发展正常论”认为工业化是中国难以逾越的“卡夫丁峡谷”，工业正在转化为竞争优势，只有工业化和城市化都达到了一定水平，才能形成对于服务业的需求和市场，服务业比重低是中国工业化过程中的正常现象（张世贤，2000[250]；李冠霖、辛红，2004[251]；胡霞、魏作磊，2005[252]）。对现阶段我国服务业发展的特点可以总结为三个方面：第一，近年来服务业增加值占国内生产总值（GDP）比重逐步上升。第二，服务业行业自身的技术进步速度较慢，技术效率水平不高。一些研究对于服务业本身的全要素生产率进行了测算，发现改革开放以来中国区域层面的服务业全要素生产率增长率较低，并呈下降趋势，服务业的增长主要依靠要素投入推动（程大中，2003[253]；徐宏毅等，2005[254]；顾乃华、李江帆，2006[255]；杨向阳、徐翔，2006[256]；杨勇，2008[257]；谷彬，2009[258]）。第三，服务业呈现明显的产业集聚现象，服务业集聚强度高于工业，空间集中特征更为突出。经济越落后地区的内部服务业集聚程度越高，公益性的行业集聚程度低，东部和中部的集聚程度在逐步减弱，而西部的集聚程度在提高（胡霞，2008）[259]。

那么，城市服务业集聚的正外部性影响——知识和技术溢出是否体现在城市全要素生产率提高上呢？因此，本章结构安排为：第一节说明城市服务业集聚正外部性的界定与衡量；第二节定性分析城市服务业集聚正外部性对绿色全要素生产率的影响；第三节利用2003年至2007年中国262个地级及以上城市分行业服务业数据实证分析城市服务业集聚正外部性对绿色全要素生产率的影响；第四节为本章小结。

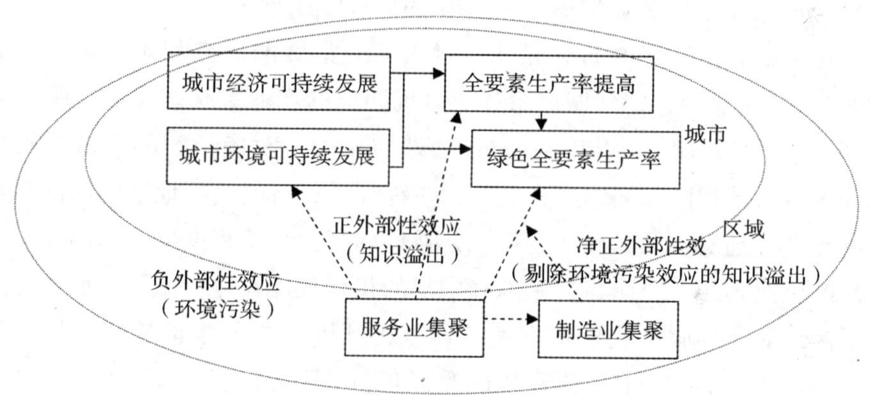

图7.1　服务业集聚对城市绿色全要素生产率的影响分析逻辑图

一　服务业集聚的界定与衡量

对于产业集聚的概念在第六章已有过论述。本节首先对服务业集聚概念做出界定，接着说明如何对服务业集聚做出定量分析。

1. 服务业集聚的界定

服务业集聚是指服务业在空间上的集中与聚集趋势。服务业比工业有更加明显的空间集聚的特征，且与城市化的关系更为显著。与制造业相比，服务业由于生产和消费在时间和空间上的不可分性、非物化性、不可存储性等特点，导致其比工业更依赖于本地市场的容量，并且有更强的空间集中性和集聚效应（Illeris and Philippe，1993）[260]。1999 年以来，中国城市服务业呈现明显的产业集聚现象，其强度高于工业，集聚水平与行业的社会性质相关。市场规模的扩大和制度环境的改善有利于服务业集聚，而地区要素禀赋和地区虚拟变量对其没有起到显著作用[同259]。

2. 服务业集聚水平的衡量

服务业集聚水平的衡量方法在第六章第一节已经做过较为系统的介绍。按照一般的产业集聚衡量办法，受城市服务业数据来源限制，本章采用 *HHI* 指数方法度量服务业集聚水平。依据式（6.1），计算 2003 年至 2007 年中国城市服务业集聚水平 *HHI* 的部分结果见表 7.1。

与对制造业集聚的研究相比，对服务业集聚的研究相对较少。胡霞（2008）研究发现，中国城市服务业呈现明显的产业集聚现象，其强度高于工业，并且集聚大小与行业的社会性质相关。对熵指数的区域分解显示，区域内部和区域间的集中度在同时提高；经济越落后地区的内部集聚程度越高，越发达地区反而越低；公益性的行业集聚程度低，而商业化程度高的行业集聚态势明显；东部和中部的集聚程度在逐步减弱，而西部的在提高。对影响服务业集聚程度的地区特征因素进行实证检验的结果显示，市场规模的扩大和制度环境的改善有利于服务业的集聚，而地区要素禀赋和地区虚拟变量对其没有起到显著作用[同259]。

陈建军等（2009）在新经济地理学理论的基础上，结合新古典经济学和城市经济学理论尝试性地提出了生产性服务业集聚的理论框架（BSD）探索研究了中国生产性服务业集聚的成因与发展趋势，并采用全国 222 个地级以上城市截面数据进行了实证分析。研究表明知识密集度、信息技术水平、城市和政府规模对生产性服务业集聚有显著影响，并表现出一定的区域差异性，与制造业集聚相比，生产性服务业集聚不论在受地理因素影响方面，还是受累积循环关系影响方面都较弱。另外，根据服务业集聚与城市规模非线性关系研究表明，由于中国东部与中西部地区存在截然相反的集聚路径，这使得中国东部地区城市将长期存在集聚效应，而中西部地区在城市相对规模达到一定熵值后集聚效应开始递减，提出中国城市差异化发展战略的政策措施[261]。

二　服务业集聚对城市绿色全要素生产率的影响

纵观区域和城市层面的服务业集聚研究文献，其研究视角主要是沿以下三个方面展开：一是服务业集聚水平的度量和区域间比较；二是服务业集聚的主要影响因素；三是服务业集聚对服务业、制造业和区域经济增长的效应研究，形成了一些有代表性的研究成果，学者们也达成了许多共识。但是，对于城市服务业集聚对城市全要素生产率增长影响的研究较为少见。本节在相关研究文献的基础上，首先阐明服务业集聚对服务业自身增长的影响机制；其次论述服务业集聚对制造业发展的影响机制；最后也是本节的重点，对服务业集聚作用于城市“绿色全要素生产率”的影响进行理论分析和定性分析，即在剔除服务业集聚产生的一部分负面影响后，考察服务业集聚对城市全要素生产率的净影响。

1. 一般服务业集聚对城市绿色全要素生产率影响

2000年以来，中国服务业集聚特征已经非常明显。在2003年，服务业的集聚程度已经超过了工业，成为中国城市经济中集聚程度较高的产业[同262第173页]。在服务业部门内部，商业化类服务业，又称生产性服务业的集聚水平较高；社会福利性、公共事业性服务业集聚水平较低。资金密集型服务业、中间产品需求大的服务业、对外开放水平高的服务业集聚水平都比较高[同262第164页]。服务业集聚的这种特点对服务业的生产效率和规模增长带来一定影响。在理论上，服务业集聚水平的提高应该能够对服务业产业增长和效率增进产生促进作用。胡霞等（2009）利用中国城市面板数据模型进行检验，发现服务业集聚对服务业生产效率的提升有明显的推动作用，大多数服务业的集聚能促进服务业规模增长；服务业集聚弹性在不同地区是有差别的，中部地区最为明显，东部次之，西部地区的集聚效应最小[同137]。如图7.2所示，1978年以来全国第三产业各行业增加值占GDP比例不断上升，第三产业对国民经济的贡献越来越大。因此，服务业集聚水平的提高推动了服务业自身效率的提高，进而有利于推动城市绿色全要素生产率增长。所以提出以下假说：

假说 7.1：服务业集聚水平提高有利于城市绿色全要素生产率增长。

2. 生产型服务业集聚对城市绿色全要素生产率影响

生产型服务业（producer service）是指市场化的中间投入服务，可以用于商品和服务的进一步生产的非最终消费服务。生产性服务业一般包括，交通运输、仓储及邮政业，信息传输、计算机服务和软件业，金融业，房地产业，租赁和商业服务业，科学研究、技术服务和地质勘查业，居民服务和其他服务业和教育。因为生产性服务业涉及中间投入，因而与制造业的联系紧密。由第六章的结论可知，制造业集聚水平提高可以推动城市绿色全要素生产率增长，那么生产性服务业集聚水平的提高通过为制造业提供完善的中间投入服务，可以促进城市绿色全要素生产率增长。所以提出以下假说：

假说 7.2：生产型服务业集聚水平提高有利于城市绿色全要素生产率增长。

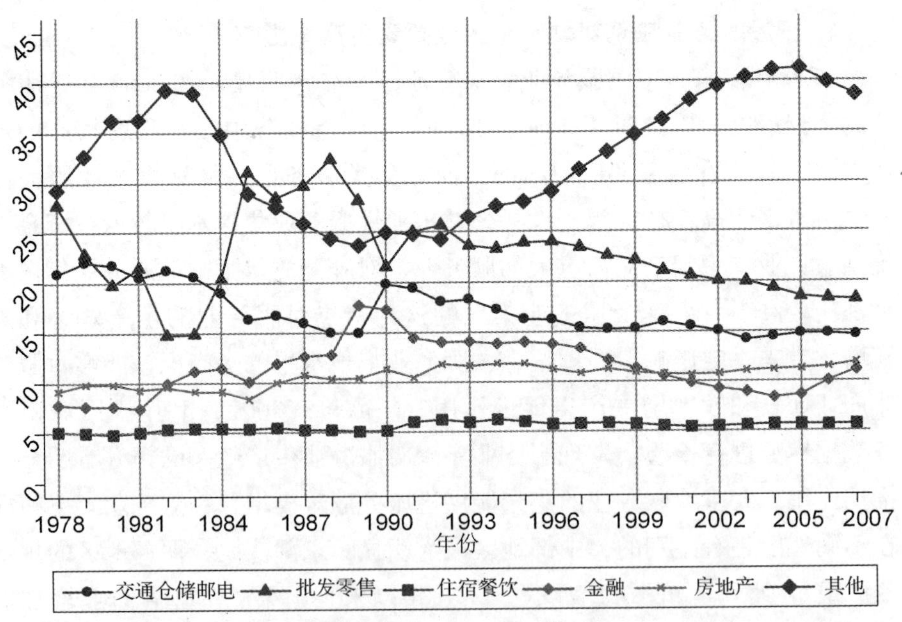

图 7.2　第三产业各行业增加值占 GDP 比例结构变化

三　城市服务业集聚对绿色全要素生产率的影响的实证分析

1. 计量模型设定与估计方法

为了分析服务业集聚对城市绿色全要素生产率（GTFP）的影响，首先按照式（6.1）中集聚变量 *HHI* 的计算方法，得到用 *HHIs* 表示服务业集聚水平，建立 *HHIs* 作为解释变量的 GTFP 回归模型：

$$\ln PTFP_{it} = \varphi_0 + \varphi_1 \ln HHIs_{it} + \varphi_2 \ln HHIs_{it}^2 + \varphi_3 \ln HHIm_{it} + \varphi_4 \ln HHIm_{it}^2 + \sum_{j=1}^{j} \alpha_j X_{jit} + \upsilon_{it} \tag{7.1}$$

式（7.1）中，对解释变量反映服务业集聚水平 *HHIs*、$HHIs^2$、反映制造业集聚水平 *HHIm*、$HHIm^2$ 和被解释变量 GTFP 取自然对数，φ_0 为常数项，φ_1、φ_2、φ_3、φ_4、α_j 为待估计系数，υ_{it} 为随机扰动项。由于在第五章中考察了城市产业结构、制度因素、地理优势等因素对城市绿色全要素生产率（GTFP）的影响，为了控制这些因素对城市 GTFP 的影响，从而得到制造业整体集聚水平对城市 GTFP 的净影响，这里把 *IND2ADV*、*IND3LAR*、*GOV*、*FDI*、*HUM*、*ROAD*、*INTERNET*、*ENERGY* 引入模型，即式（7.1）的 $\sum_{j=1}^{j} X_{jit}$ 表示。

2. 数据选取

由于在第三章估算中国城市绿色全要素生产率时选定的样本期间为 2004 年至 2007 年，同时中国在 2003 年对服务业行业分类做出了调整，把 2003 年以前的 11 个行业改为现在的 14 个服务业行业。基于这两个原因，本章采用《中国城市统计年鉴》（2004—2008 年版）中服务业按行业分组的单位从业人员数据对 2003 年至 2007 年中国服务业整体和分 14 个行业的集聚水平进行统计分析和计量经济学分析。对服务业各行业集聚水平的描述性统计分析见表 7.1。该表报告了 2003 年至 2007 年中国 262 个地级及以上城市市辖区服务业各行业从业人数占全市服务业各行业从业人数的比例，作为服务业各行业集聚水平的变量。从服务业各行业的集聚变量值来看，除了教育、公共管理和社会组织和卫生、社会保障和社会福利业 3 个服务业行业外，其余 11 个行业的集聚水平均高于 0.5。在 2003 年至 2007 年间，按服务业行业集聚水平年平均值高低排序依次是：(1) 信息传输、计算机服务和软件业（0.713）；(2)科学研究、技术服务和地质勘查业（0.697）；(3)住宿、餐饮业（0.683）；(4)房地产业（0.674）；(5)居民服务和其他服务业（0.651）；(6) 交通运输、仓储及邮政业（0.646）；(7)租赁和商业服务业（0.618）；(8)金融业（0.606）；(9)文化、体育和娱乐业（0.596）；(10)批发和零售业（0.558）；(11)水利、环境和公共设施管理业（0.549）；(12)卫生、社会保障和社会福利业（0.486）；(13)公共管理和社会组织（0.461）；(14)教育（0.404）。从服务业各行业集聚水平的变动趋势上看，除了房地产业以外，其余 13 个服务业行业的集聚水平在不断提高。其中，2007 年与 2003 年相比，集聚水平提高幅度较大的服务业行业为：批发和零售业（0.069）、信息传输、计算机服务和软件业（0.068）、金融业（0.052）、居民服务和其他服务业（0.04）和教育（0.03）。通过表 7.1 还给出了服务业整体集聚水平 *HHI*，2003 年至 2007 年间，服务业整体集聚水平变化较小。

表 7.1　2003 年至 2007 年 262 个城市服务业各行业集聚水平

14 个服务类行业	2003 年	2004 年	2005 年	2006 年	2007 年	年平均值	按年平均值排序
交通运输、仓储及邮政业	0.641	0.637	0.647	0.650	0.654	0.646	6
信息传输、计算机服务和软件业	0.674	0.706	0.715	0.727	0.742	0.713	1
批发和零售业	0.521	0.538	0.559	0.581	0.590	0.558	10
住宿、餐饮业	0.666	0.677	0.688	0.690	0.695	0.683	3
金融业	0.580	0.594	0.608	0.617	0.632	0.606	8
房地产业	0.673	0.677	0.678	0.668	0.675	0.674	4
租赁和商业服务业	0.607	0.612	0.614	0.625	0.632	0.618	7
科学研究、技术服务和地质勘查业	0.682	0.691	0.706	0.696	0.706	0.696	2

续表

14 个服务类行业	2003 年	2004 年	2005 年	2006 年	2007 年	年平均值	按年平均值排序
水利、环境和公共设施管理业	0.550	0.544	0.553	0.549	0.550	0.549	11
居民服务和其他服务业	0.636	0.681	0.639	0.623	0.676	0.651	5
教育	0.388	0.393	0.406	0.414	0.418	0.404	14
卫生、社会保障和社会福利业	0.470	0.480	0.489	0.494	0.495	0.486	12
文化、体育和娱乐业	0.577	0.598	0.597	0.601	0.606	0.596	9
公共管理和社会组织	0.447	0.458	0.464	0.468	0.470	0.461	13
14 个服务行业 *HHI*	0.080	0.080	0.081	0.080	0.078	0.080	—
观测个数	253	236	251	253	228	1221	—

3. 计量结果分析

利用2003 年至2007 年的相关数据，依据式（7.1）进行面板数据模型回归，得到计量经济分析结果，见表7.2。

对全部服务业集聚水平进行随机效应模型GLS 估计，在仅含有 *HHIs* 一次项的估计结果中，*HHIs* 一次项的估计系数为 -0.121，并且在0.01 统计水平上显著。这表明在不考虑其他影响因素的条件下，服务业集聚水平 *HHIs* 增长1%，那么城市绿色全要素生产率平均下降0.121%，意味着服务业集聚水平 *HHIs* 越高，城市GTFP 越低。在包含 $HHIs^2$ 二次项的估计结果中，*HHIs* 一次项的估计系数为0.865，$HHIs^2$ 二次项的估计系数为0.225，都通过了估计系数显著性z 检验。这意味着，在二维直角坐标系内，方程（7.1）对应的函数图像开口向上，存在最低点；对称轴为垂线 $-\beta_1/2\beta_2=-1.92$；当 ln*HHIs* 取零时，方程（7.1）对应的函数图像曲线在零点以上，曲线右半边与纵轴相交于零点上方。因此，解释变量和被解释变量的关系取决于解释变量 ln*HHIs* 的经验数据是大于 -1.92 还是小于 -1.92。经过统计分析，大部分观测城市服务业集聚水平 ln*HHIs* 值小于 -1.92。所以，通过以上分析发现，2003 年至2007 年期间，服务业集聚

水平 *HHIs* 对中国城市绿色全要素生产率（GTFP）的影响为负向影响。在估计方程图像的对称轴左半部分，这意味着现有的服务业集聚水平阻碍了城市 GTFP 增长。只有提高城市服务业集聚水平才能使 ln*HHIs* 值尽快经过抛物线最低点，从而使城市服务业集聚效应给城市绿色全要素生产率带来正效应。

表 7.2 服务业集聚水平对城市 GTFP 的随机效应模型 GLS 估计结果

解释变量	全部服务业		生产型服务业	
	HHIs 一次项	*HHIs* ^{2} 二次项	*HHI* 一次项	*HHIs* ^{2} 二次项
HHIs	-0.121 - [3.42]***	0.865 [2.61]***	-0.105 [-3.23]***	0.396 [1.64]*
HHIs ^{2}	—	0.225 [2.99]***	—	0.150 [2.09]**
HHIm	0.099 [6.21]***	0.099 [6.25]***	0.102 [6.40]***	1.102 [6.41]***
HHIm ^{2}	0.007 [4.16]***	0.007 [4.25]***	0.007 [4.34]***	0.007 [4.40]***
FACENDO	0.110 [16.26]***	0.110 [16.29]***	0.110 [16.34]***	0.110 [16.36]***
IND2ADV	-0.017 [-0.77]	-0.009 [-0.40]	-0.017 [-0.76]	-0.012 [-0.54]
IND3LAR	0.064 [2.05]**	0.055 [1.77]*	0.065 [2.09]**	0.058 [1.84]*
GOV	0.068 [6.43]***	0.069 [6.53]***	0.068 [6.39]***	0.069 [6.45]***
FDI	-0.008 [-2.96]***	-0.008 [-2.99]***	-0.008 [-3.01]***	-0.008 [-3.06]***
HUM	0.081 [12.00]***	0.080 [11.88]***	0.082 [12.14]***	0.082 [12.14]***
ROAD	0.015 [2.53]**	0.017 [2.78]**	0.016 [2.62]***	0.017 [2.77]***

续表

解释变量	全部服务业		生产型服务业	
	HHIs 一次项	*HHIs* ^{2} 二次项	*HHI* 一次项	*HHIs* ^{2} 二次项
INTERNET	0.047 [10.20]***	0.046 [9.86]***	0.047 [10.24]***	0.046 [9.96]***
ENERGY	0.0005 [0.10]	0.002 [0.36]	0.0007 [0.16]	0.002 [0.36]
常数项	0.303 [1.84]*	1.366 [3.49]***	0.407 [2.67]***	0.814 [3.29]***
个体效应 u 方差估计值	0.773	0.765	0.774	0.768
干扰项 e 方差估计值	0.050	0.050	0.050	0.050
u 和 e 相关性	0.996	0.996	0.996	0.996
Wald chi2 (n)	1537.30 (0.00)***	1552.80 (0.00)***	1546.71 (0.00)***	1550.82 (0.00)***
R - sq	0.67	0.67	0.66	0.67
BP 检验统计值及检验结论	1744.55 (0.00)***	1757.79 (0.00)***	1749.07 (0.00)***	1758.72 (0.00)***
	拒绝原假设 RE 显著	拒绝原假设 RE 显著	拒绝原假设 RE 显著	拒绝原假设 RE 显著
观测个数	1074	1074	1074	1074

注：* 代表 10% 的显著性水平，** 代表 5% 的显著性水平，*** 代表 1% 的显著性水平。

进一步地，对生产型服务业集聚水平进行随机效应模型 GLS 估计。在 *HHIs* 一次项估计中，*HHIs* 一次项的估计系数为 -0.105，在 0.01 统计水平上显著。可见，生产型服务业集聚水平的提高也没有推动城市绿色全要素生产率的增进。在含有 *HHIs* ^{2} 二次项的估计结果中，*HHIs* 一次项的估计系数为 0.396，*HHIs* ^{2} 二次项的估计系数为 0.15，都通过了统计显著性检验。在二维直角坐标系内，方程（7.1）对应的函数图像开口向上，存在最低点；对称轴为垂线 $-\beta_1/2\beta_2=1.33$。经过统计分析，全部观测城市生产型服务业集聚水平 ln*HHIs* 值最大值为 -0.766，最小值为 -2.079，都小于 1.33。所以生产型服务业集聚水平 ln*HHIs* 值点都位于抛物线对称轴左侧的递减趋势部分。这说明现有的生产型服务业集聚水平也不利于城市 GTFP 增长。同样，只能依靠提高城市生产型服务业集聚水平才能使 ln*HHIs* 值尽快经过抛物线最低点，从而使城市生产型服务业集聚效应给城市绿色全要素生产率带来正效应。

四　本章小结

本章界定了服务业集聚概念，依据这些概念和相关研究文献，介绍了本章采用服务业集聚度量方法。利用 2003 年至 2007 年 260 个地级及以上城市面板数据，采用随机效应模型广义最小二乘（GLS）估计方法，对实证结果进行细致分析。研究发现，我国城市服务业整体集聚水平和生产型服务业集聚水平都较低，但是生产型服务业集聚水平要高于服务业整体集聚水平。无论是服务业整体集聚，还是生产型服务业集聚，二者都没有起到促进城市绿色全要素生产率增长的作用。样本期间服务业集聚水平偏低，阻碍了城市绿色全要素生产率增长。

第八章 我国城市生活垃圾治理问题、主要原因与解决思路

改革开放以来，随着我国经济的发展，城镇居民收入水平大幅度提高，居民消费总量也迅速增长。伴随着居民消费总量的上升，居民生活垃圾产生量增长速度加快。城市生活垃圾处理问题日益突出，许多城市已遭受了或即将遭受“垃圾围城”的困境。在土地资源日益短缺的形势下，以填埋为主的传统处理方式越来越难以为继。在寻求走出垃圾困境的道路上，垃圾焚烧作为一种能快速实现垃圾减量化和资源化新型垃圾处理方式，逐渐成为城市生活垃圾治理的现实出路。但是，垃圾焚烧存在负面影响，如排放有害气体，会带来环境质量的恶化和公共利益的损失。因此，垃圾焚烧项目选址问题经常会引发附近居民的群体性抗议。例如，2014年5月上旬，杭州市余杭区中泰乡及附近居民针对中泰垃圾焚烧厂选址问题发起集体抗议，并引发了群体冲突事件。这种由污染避邻运动导致的群体性抗议事件严重影响社会治安，进一步反映出当前城市生活垃圾治理方式在全社会尚未取得一致共识。

关于城市生活垃圾处理问题，国内外已有许多学者从不同角度进行了研究。王君等①对比国内外垃圾处理状况，介绍了日本、德国等发达国家垃圾处理的经验，提出了分类回收、收费制度等建议；屈志云等②从垃圾处理方式出发，比较了各种垃圾处理方式的优缺点，提出要因地制宜、因时制宜、因技术制宜、因财力制宜的建议。从总体上看，针对城市生活垃

---

① 王君、宾晓蓓、彭华涛：《城市生活垃圾处理国内外比较研究》，《环境科学与管理》2011年第11期，第12—17页。

② 屈志云、王敬民、刘涛、颜廷山：《我国城市生活垃圾处理技术方式的选择》，《环境卫生工程》2006年第3期，第58—60页。

圾问题的前期研究成果主要集中在垃圾分类、垃圾处理方式和垃圾处理市场化上。我们认为，城市生活垃圾治理的主体包括政府、垃圾处理企业和居民三个部分。当前城市生活垃圾治理陷入困境，与三方主体理念不清、治理方式不当、垃圾处理产业链不完善有直接关系。本章结构安排如下：第一节分析现阶段我国城市生活垃圾处理存在的主要问题；第二节试从政府、产业、居民三方主体和产业链角度出发，分析“垃圾围城”困境背后的原因；第三节试从生活垃圾治理产业化角度，提出相关的政策建议。

一 现阶段我国城市生活垃圾治理存在的主要问题

从近年来的情况来看，我国城市生活垃圾治理效果并不明显，主要存在四个方面的问题：

1. 城市生活垃圾产生量迅速增长

随着工业化和城市化进程的加快，我国城镇人口有了很大增长，居民生活水平不断提高，城市生活垃圾产生量也随之快速增长，“垃圾围城”成为城市可持续发展需要解决的难题之一。2012 年我国城市居民人均每天产生生活垃圾约 0.7 千克，大城市已达到每人 1 千克。2012 年我国城镇人口大约 71182 万人，同比增长 3.04%；城市生活垃圾清运量[①]达到 1.7 亿吨，同比增长 4.41%。可见城市生活垃圾产生量增长速度已经超过了城镇人口的增长速度。从不同地区比较来看，在不考虑地区人口总量的情况下，经济发达的省份垃圾产生量较多，其中沿海发达地区垃圾清运量最为突出，2012 年广东省城镇人口为 6986 万人，城市生活垃圾产生量为 1978.8 万吨，人均每天产生生活垃圾为 0.79 千克；浙江省城镇人口为 3403 万人，城市生活垃圾产生量为 1018.1 万吨，人均每天产生生活垃圾为 0.83 千克，可见沿海发达城市人均生活垃圾产生率更高（图 8.1）。纵观近年来全国城市生活垃圾产生量，虽然城市生活垃圾产生量增长率有所波动，但是增长率的总体趋势是向上走高的（表 8.1）。相对于全国平均水平，浙江省生活垃圾增长率比较大，2009 年增长率

① 一般用垃圾清运量代替垃圾产生量。

达到了14.79%。尤其是2005年至2009年期间，由于浙江经济受金融危机影响较大，2009年之后城市生活增长率下降很大，波动幅度也有所缩小（表8.2）。

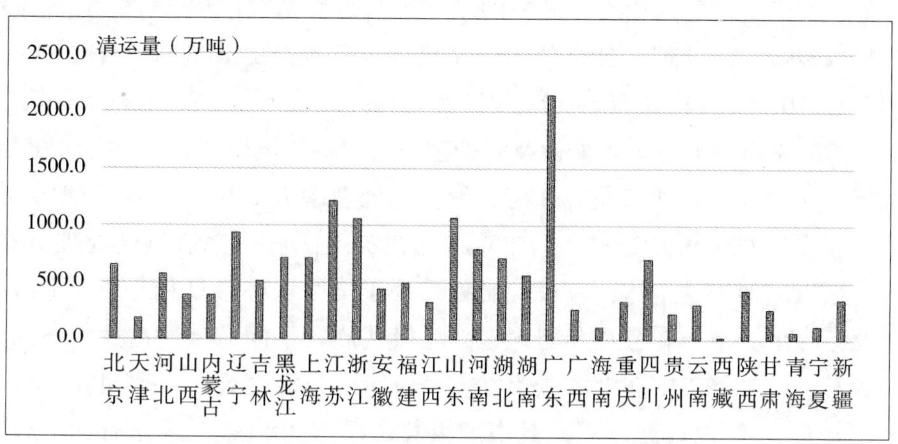

图8.1 2012年我国各地区城市生活垃圾清运量

数据来源：课题组根据《中国统计年鉴》（2013年）整理。

表8.1 2004—2012年全国城市生活垃圾清运量及增长率

年 份	2004	2005	2006	2007	2008	2009	2010	2011	2012
垃圾清运量（亿吨）	1.55	1.56	1.48	1.52	1.54	1.57	1.58	1.64	1.71
增长率(%)	4.39	0.44	-4.72	2.45	1.47	1.92	0.45	3.51	4.41

数据来源：课题组根据《中国统计年鉴》（2013年）整理。

表8.2 2004—2012年浙江省城市生活垃圾清运量及增长率

年 份	2004	2005	2006	2007	2008	2009	2010	2011	2012
垃圾清运量（万吨）	705.2	762.5	687.7	772	806.8	925.6	959	1018.1	1055
增长率(%)	4.52	8.13	-9.81	12.26	4.51	14.72	3.61	6.16	3.62

数据来源：课题组根据《中国统计年鉴》（2013年）整理。

2. 城市生活垃圾处理方式不合理

目前，垃圾的处理方式主要有填埋、堆肥、焚烧等。我国城市生活垃圾处理的形式主要是填埋，90%的城市生活垃圾是被填埋，7%的生活垃圾采取焚烧方式处理，其余的生活垃圾则采用堆肥方式处理。2012年全国新建701座城市生活垃圾处理厂，无害化处理率①为84.8%，还有15.2%的城市生活垃圾未能被及时处理，其中卫生填埋540座，无害化处理率为61.5%，垃圾焚烧138座，无害化处理率为21%，其他处理厂23座，无害化处理率为2.3%（图8.2）。在各地区城市生活垃圾处理方式中，卫生填埋仍是主体，垃圾堆肥处理处于萎靡状态，只有北京、上海、河北等几个城市尚有存在堆肥设施。垃圾焚烧在不同城市所占比重不同，垃圾焚烧厂主要集中在沿海城市，沿海城市中垃圾焚烧厂占比也比较大，浙江共有53做垃圾处理厂，其中垃圾焚烧厂占比51%，广东有55座垃圾处理厂，其中垃圾焚烧厂占比为70%，而西北地区垃圾处理都是卫生填埋，如甘肃、青海、宁夏、新疆，西藏至今还未设置垃圾处理设施。

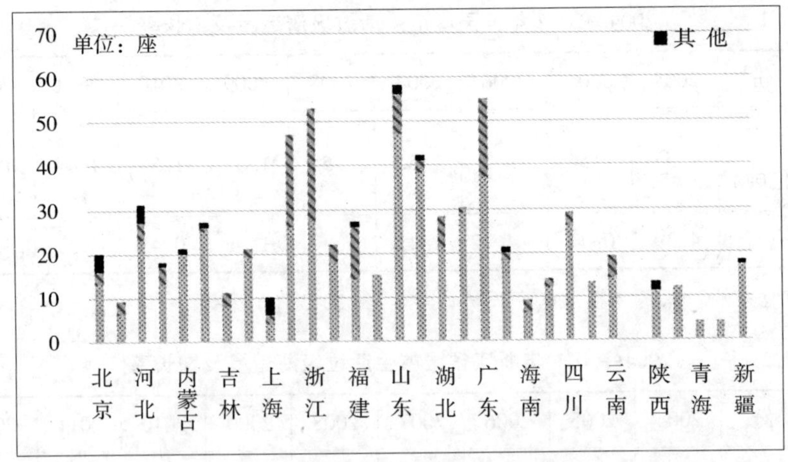

图8.2 2012年全国各地区城市不同生活垃圾处理方式数量统计

数据来源：作者根据《中国统计年鉴》（2013年）整理。

① 生活垃圾无害化处理率指报告期生活垃圾无害化处理量与生活垃圾产生量的比率。在统计上，由于生活垃圾产生量不易取得，可用清运量代替。计算公式为：生活垃圾无害化处理率 = 生活垃圾无害化处理量/生活垃圾产生量×100%。

3. 城市生活垃圾分类处理不到位

在20世纪70年代我国已有城市生活垃圾分类意识。2000年建设部颁布了《关于公布生活垃圾分类收集试点城市的通知》，分别选取了北京、上海、广州、深圳、南京、厦门、杭州、桂林8个大城市进行垃圾分类回收试点，但是并未取得预期效果。如2000年杭州市政府颁发《杭州市城市生活垃圾分类收集实施方案》，将城市生活垃圾分为四类：可回收垃圾、非回收垃圾、有毒有害垃圾、大件垃圾，还设置若干不同颜色的收集容器进行分类收集。但是，在实际中只设置双色垃圾桶收集可回收与非可回收垃圾，对有毒有害垃圾没有设置相关收集容器，再加上政府部门对垃圾分类工作的长期性认识不足，在推进垃圾分类工作中急于求成，全社会对垃圾分类的认识不高，杭州市实行的垃圾分类计划效果不明显。近年来，餐厨垃圾发展很迅速，需要对餐厨垃圾进行单独收集。在“十二五”规划中要求在2015年之前，要推进餐厨垃圾分类处理，选择一批有条件的城市和县城，在已启动餐厨垃圾处理工作的基础上，继续推动餐厨垃圾单独收集和运输，以适度规模、相对集中为原则，建设餐厨垃圾资源化利用和无害化处理设施。

4. 城市生活垃圾管理程序不完善

目前，我国对城市生活垃圾的监管可以分为两级。一是国务院环境保护行政主管部门对全国固体废物污染环境的防治工作实施统一监督管理。二是对城市生活垃圾的管理主要是通过各个城市的环卫部门进行，负责城市生活垃圾清运、收集、储存、运输和处置的监督管理工作。在这种管理体制下，环境卫生部门既要执行监督管理职能，又要具体组织垃圾的清运和垃圾的最终处理，容易出现“政企不分”的状况，导致监管诚信缺失。垃圾焚烧项目因为监管体系不健全，信息不透明，或者说居民对现有的监管体系不信任，才导致项目屡遭挫折。因此，必须改革现行“政企不分”的管理体系，政府抽身出来专行监督职责，重树政府威信。再者，城市生活垃圾处理的各个环节、各个利益主体是靠行政手段与道德意识来联结的，而非在市场经济条件下自发联结的。各个利益主体为了自身利益最大化，容易导致“多头领导”、职责不清等问题，这也是急需将垃圾处理产业化的重要原因。

二　城市生活垃圾治理困境背后的原因分析

改革开放特别是进入21世纪以来，我国经济持续高速增长，人民生活水平大幅提高。随之而来的是城市生活垃圾处理问题的日益突出，许多城市已遭受了或即将遭受“垃圾围城”的困境。城市生活垃圾处理的主体应该包括政府、居民和垃圾处理企业三个部分。城市生活垃圾处理陷入困境，不仅与这三方主体行为不当有直接关系，同时也与垃圾处理产业链不完善有关。因此，我们认为可以从三方主体行为和垃圾处理产业链的角度，来探析城市生活垃圾处理困境背后的原因。

1. 政府在垃圾治理过程中的角色定位还不够清晰

在城市生活垃圾处理思路上，许多学者都秉持市场化、产业化的观点，建议进一步放开生活垃圾处理设施建设和运营市场，采取多种市场化方式和融资模式。并按照现代企业制度，改造现有的生活垃圾处理作业单位，政府则扮演一个监管者和支持者的角色（冯中越，2009）。党的十八届三中全会也提出，让市场在资源配置中起决定性作用和更好地发挥政府的作用。但是垃圾处理是关系民生的基础性公益事业，同其他社会性公益事业一样，不宜简单推向市场化（王亦楠，2010）。若简单推行市场化、产业化，将会导致供给增加不多、价格上涨很快、服务质量没有保障以及特许经营权拍卖中的合谋、特许经营双方缺乏承诺等一系列问题的出现。

垃圾处理是政府的公共职能，直接关系到居民的环境权益和生活质量。与其他公共基础设施如道路建设、公共医疗等类似，生活垃圾处理是一项准公共物品，存在一定程度的市场失灵，需要政府介入对市场功能进行弥补。我国从20世纪90年代开始，政府对于垃圾处理一直在寻求一种市场化道路，如引进社会资本，实行特许经营，培育价格形成机制，逐步改善政府管制等。从国际上来看，日本政府在城市生活垃圾焚烧发电方面有比较丰富的BOT项目[①]经验，BOT项目是一种将所有权与经营权、盈利权相分离的融资模式。但是事实证明，企业的逐利性会带来居住环境的恶化和公共利益的损失。近年来，日本的垃圾处理产业，特别是垃圾焚烧发电，又回归到国家投资和国家运营的模式上来。这对我国政府在垃圾处理行业中的定位具有一定的启示意义。接下来在垃圾处理问题上，我国政府应该明确角色，明晰职能，进一步介入，形成一套政府主导、市场运营的产业化体系。

2. 垃圾处理产业链条还不够完善

城市生活垃圾的产业链可以分解成三个二级系统：垃圾产生系统、垃圾分类回收系统、垃圾最终处理及资源利用系统（图8.3）。第一，垃圾产生系统可分为两部分：一部分为以家庭、商户为单位的垃圾产生者，这部分群体为城市生活垃圾的主要源头；另一部分为公共道路设置的公用垃圾桶[②]。第二，垃圾分类回收系统包括垃圾的清扫、收集、清运环节和分类回收环节。清运服务主要由环卫公司来提供，分类回收工作主要由大型分拣站和废品回收公司来承担。第三，垃圾最终处理及资源利用系统包括垃圾最终处理公司和资源再生产公司。最终处理公司可分为堆肥公司、垃圾焚烧厂（公司）和卫生填埋公司。这三种处理方式之间又可进行相互的弥补。资源再生产公司对回收的垃圾进行再处理和再生产，进而形成产品流向市场。

目前，我国城市生活垃圾处理的产业链中，三个二级系统之间存在脱节。垃圾产生系统中，家庭、商户等垃圾产生者尚未形成垃圾分类的习惯，公用垃圾桶的“可回收”和“不可回收”也形同虚设。垃圾分类回收系统尚未形成一个完整的体系，垃圾分类回收工作不是基于专业的分类

---

① BOT项目，即build－operate－transfer，可直译为“建设—经营—移交”。BOT实质上是基础设施投资、建设和经营的一种融资模式，以政府和企业法人或者个人之间达成协议为前提，由政府颁布特许，将经营权和盈利权一并出让，允许其在一定时期内筹集资金建设基础设施，管理和经营该设施及其相应的产品与服务。在约定到期后，企业法人或者个人将项目移交给政府。

② 公共场合中的垃圾桶不在此范围，此口径主要是指难以划分归属的公共道路上设置的公用垃圾桶。

系统，而是取决于相关人员追求经济利益的个人行为[①]。环卫公司负责的垃圾清运环节并没有实现分类清运。如果分类清运没有实现，那么源头垃圾分类也是无效的。这反过来又会影响居民源头分类的积极性。所以，源头分类是城市生活垃圾可持续处理的前提，垃圾分类清运则是其必要保证。尽管居民、环卫人员和拾荒者群体分担了一定程度的垃圾分类回收工作，但是这样的垃圾回收工作是不全面的。这些行为对垃圾的分类只限于回收目前被认为有经济价值的部分，而其他具有资源价值或容易造成污染的垃圾，则不在废品收购范围之内。这样的垃圾分类不能从根本上实现垃圾减量化、无害化的目标，不是真正意义上的垃圾分类[②]。同理，如果垃圾分类回收工作没有做好，会增加垃圾最终处理的经济成本和环境成本，造成垃圾分类回收环节与垃圾最终处理环节的脱节。

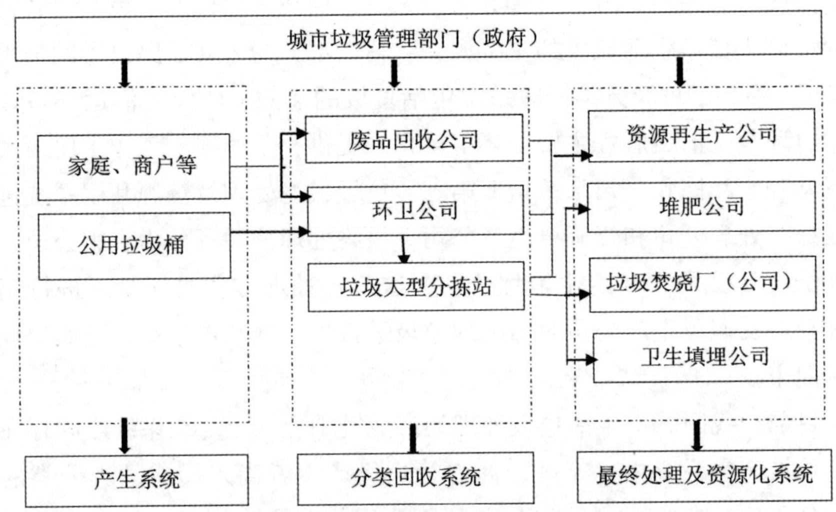

图 8.3　城市垃圾处理产业链示意图

① 我国城市生活垃圾基本的分类收集工作流程为：一部分垃圾产生者首先会进行第一层次的垃圾分类回收，可回收的直接转移到废品回收公司，不可回收的转移到垃圾中转站；其次环卫公司在进行垃圾的收集和清运的过程中，环卫工人会进行第二层次的垃圾分类收集，弥补第一层次垃圾分类收集的遗漏。在此过程中，拾荒者群体也发挥了一定的作用。

② 谭文柱：《城市生活垃圾困境与制度创新——以台北市生化垃圾分类收集管理为例》，《城市发展研究》2011 年第 7 期，第 95—101 页。

3. 城市居民垃圾分类习惯尚未养成

目前社会上对城市生活垃圾处理是重视源头减量还是末端减量争论得非常激烈。就当前中国主要大城市均面临的“垃圾围城”的困境，末端减量是当务之急；但是，从可持续发展的城市长远目标来看，源头减量势在必行。城市生活垃圾源头分类收集是垃圾有效管理的必要前提，是实现垃圾无害化、减量化和资源化的一个关键环节，是提高生活垃圾循环利用的最有效手段，因此被认为是生活垃圾管理规划中最优先考虑实施的方法。从城市垃圾处理的源头环节出发，我国大多数城市的居民还没有形成规范的垃圾分类习惯，亦尚未建立简单节约的消费理念。这在很大程度上增加了城市生活垃圾的处理难度。

我国居民的垃圾分类习惯受到多重因素的影响。从制度因素来看，总体的垃圾分类体系尚未建成。从目前垃圾分类试点的情况来看，居民分类与社区分类、垃圾清运站分类相互脱节，削弱了居民进行生活垃圾源头分类的积极性。从心理因素来看，如果垃圾分类监管和惩罚体系不完善，作为理性人，居民必然不会自觉进行源头分类。从科普范围来看，垃圾细分知识尚未普及，现有的垃圾分类又过于复杂使人无所适从。破窗理论认为，环境中的不良现象如果被放任存在，将会诱使人们效仿，甚至变本加厉。因此，居民自觉对生活垃圾进行源头分类，不仅取决于居民自身因素，而且与当地的社会环境和地理环境因素密切相关。当前，我国城市还未形成良好的垃圾分类的社会环境和人人参与垃圾分类的社会风尚。同时，我国居民的消费理念和饮食习惯受到“讲排场、爱面子”的传统观念影响，垃圾产生量远远高于同期发达国家水平。

三　有序推进城市生活垃圾治理的产业化运作

产业化运作是最能体现社会生产效率和效益的生产方式。但是城市生活垃圾治理的产业化运作不仅仅是为了实现最大化的经济效益，更是为了实现社会民生和生态环境的综合性效益。不论是从发达国家经验还是从我国过去的经验来看，产业化运作是解决城市生活垃圾治理问题的最有效途径。例如，美国城市生活垃圾都是由专门从事废弃物收集处理的公司承包运作（杜翼，2009）。城市生活垃圾治理的产业化运作过程主要牵涉三个市场主体：首先是居民，居民是垃圾产生的源头，在产业化运作过程中居民的主要职能是垃圾分类及减量化；其次是政府，在垃圾治理这类公共服务领域，政府要起到主导作用，在产业化运作过程中政府的主要职能是引导和监管；最后是市场运营主体，包括企、事业单位和非政府组织等，在产业化运作过程中市场运营主体的主要职能是提供装备与技术、垃圾运输与储存、资源能源二次利用和垃圾处理程序等。概括起来，城市生活垃圾治理产业化就是政府主导、市场运营、三个市场主体联动的动态过程，其运作的基础理念就是“垃圾产生者付费、污染环境者赔偿、回收处理者得利、政府引导与监督”的良性循环机制。

1. 建立城市生活垃圾环境承载力的生态预算制度

环境承载力又称环境承受力或环境忍耐力，是指在某一时期，某一区域环境对人类社会、经济活动的支持能力的限度。环境承载力不仅包括土地空间、自然资源的开发承载力，也包括废弃物的自净承载力。我们认为，城市生活垃圾环境承载力不仅包括自然环境自净承载力，而且应该包括人为的垃圾处理承载力。目前的现状况是环境承载力低于城市生活垃圾产生量，由此造成的城市生活垃圾治理矛盾越来越尖锐。设定城市生活垃圾环境承载力的生态预算制度①，是推动城市生活垃圾治理的产业化运作的基础。生态预算的本来含义是政府部门仿照财政预算中的支出管理方法，对辖区各种自然资源的存量及未来预计开发量的使用、计划和管理。我们沿用这种管理思想，将城市生活垃圾环境承载力的生态预算定义为这样一个过程：

第一，预算准备阶段。主要目的是设立生态预算管理机构，编制生态预算计划表。具体而言，设立生态预算管理机构，就是由分管市领导牵头，各生活垃圾处理企业负责人及相关技术专家作为主要成员组成管理机构；编制生态预算计划表，就是根据综合统计指标对未来3年至5年城市生活垃圾增长量及环境承载力扩张做出科学预测，由此得出每年生态预算

① 20世纪90年代中期，ICLEI（国际地方政府环境行动理事会）借鉴公共财政预算管理年度平衡理论提出。

账户赤字，即城市生活垃圾产量超出环境承载力的缺口。

第二，缺口填补阶段。在得到未来生态预算缺口的前提下，管理机构就要着力解决这部分缺口的处理问题。我们考虑用以下两方面措施解决：其一，惩罚产业链始端，从生活垃圾产生者——居民入手，运用“污染者治理”思想，对于垃圾产生量明显增长的社区征收惩罚性垃圾处理费用；其二，补贴产业链终端，采取招标补贴方式，运用财政资金及上述惩罚性费用帮助优质垃圾处理单位（低能耗、低污染、低排放、低成本运营单位，通过竞标可筛选）扩大作业规模，从而处理缺口部分。

第三，预算评估并进行下一轮预算阶段。生态预算年度末，管理机构要对过去一年中预算计划的执行和回馈过程做出评估，找出政策缺漏及预算计划误差项，并编制年度生态预算平衡报告。在此报告基础上，进行周期性的下一轮生态预算。

2. 深化政府对城市生活垃圾治理公共服务的职责认同

公共服务可以根据其内容和形式分为基础公共服务、经济公共服务、公共安全服务和社会公共服务。城市生活垃圾治理应属于社会公共服务领域。这是因为，从经济学上讲，垃圾治理是具有正外部性的服务，市场个体是没有动力去提供的，也就是经济学上所谓的市场失灵。既然市场不会自发的去提供这类公共服务，那么政府就应该主动承担起责任，弥补市场失位。为了使政府在公共服务领域起到主导作用，首先要深化政府对垃圾治理公共服务的认识，这是垃圾治理产业化运作的必要前提。

第一，要转变政绩观念和工作重点。自改革开放以来，过去三十多年中我国地方政府过于片面地强调“经济建设为中心”，政绩的体现完全在于经济发展的速度，忽视了与民生息息相关的其他工作内容。随着这种片面发展而来的是社会各阶层、人与自然、民众与政府等各主体之间矛盾的激化与对立，这种现象倒逼着政府从“经济型政府”到“服务型政府”的职能转变。在这个转变过程中，地方政府应当主动落实党中央关于“基本公共服务均等化”的政策，将建设“服务型政府”作为政绩体现的另一个重要内容。同时，应当设立配套的政绩考核体系，将公共服务绩效纳入政绩考核体系之内，从而激励政府官员做到权为民所系、利为民所谋。

第二，要建立多方参与机制和监督机制。地方政府在垃圾治理公共服务提供过程中，应将不同市场主体、利益相关者纳入政策制定领域，设立听证、公示、问责等制度，形成产业链多个环节主体“共同参与、全力协作、相互监督”的局面，保证垃圾治理产业化运作过程中的信息透明度。这样做不仅可以确保各类市场主体履行其权利、责任和义务，还可以激发多方主体参政议政的热情，保证决策的科学化、民主化，避免群体性事件的发生。同时，地方政府要根据实际情况，在基层民主的基础上建立相应的民主评议制度，鼓励多方主体积极参与对政府的评议和监督，确保政府不会在“政府主导、市场运营”的过程中发生失位、越界及权力滥用等现象。

3. 完善城市生活垃圾治理产业政策体系

城市生活垃圾治理的产业化运作除了需要政府对公共服务的重视，还需要政府出台实际的产业政策来支持各主体和产业链的多个环节发展。通过建立起有关城市垃圾治理的政策体系，进一步明确城市垃圾处理的主体、责任、权力和范围，通过依法行政、科学行政，大力推进城市垃圾处理的规范化和法制化，避免职责不清、规范不严、随意性大的问题。① 富有激励性的政策框架体系有利于刺激富有活力的市场运营机制的培育和公民意识的培养。

第一，构建产业链布局，引入多元市场主体。城市生活垃圾治理需要完整的产业链布局才能实现高效运作，包括垃圾分类收集、运输、加工、二次回收市场建设、垃圾处理检查与监控等各环节都需要合理的市场布局，从而形成协同发展。产业链各环节是相互联系的统一整体，因此政府在制定支持政策时要通盘考虑、统一设计和规划。在进行产业链布局的同时，政府要引入多元化的市场主体，打破垄断经营和非市场运营的束缚，让多元市场主体去参与竞争，形成国有、集体、私营、外资多种所有制共同参与的产业运作。政府只需扮演好引导者和监管者的角色，划清与市场的边界。

第二，完善收费、补贴和奖励政策。收费与补贴政策的制定在前文已

① 中国市场情报中心：《2013—2017 年中国垃圾处理市场深度调查及未来前景预测报告》。

有涉及，这样做不仅能从源头上实现生活垃圾的减量化，而且能鼓励垃圾处理单位工作积极性，形成产业链内部资金的良性循环。比如采用按类计量收费制度——根据不同类别的废物分别计量并按不同的收费标准进行收费，可以减少垃圾产量并增加资源回收量，同时可以提高垃圾分类收集率和处理率，收缴而来的费用可以用来补贴垃圾处理单位。当然，仅靠收缴的费用是不足以补贴利润率极低的垃圾处理单位，还需要更加完善的财政补贴政策扶持该部门。此外，对于垃圾处理产业链中技术和装备供应者，政府要提供财政、税收和信贷优惠政策，鼓励他们的生产活动。对于在技术创新、工艺创新、管理创新、体制创新等方面有贡献的单位和个人要有相应的奖励政策。

第三，建立垃圾排放许可交易平台。与生态预算制度的第二阶段相对应，政府设立一个垃圾排放许可交易平台，使排放权能够合法合理买卖。在综合考察各区域人口、垃圾消纳量及消费量等指标的基础上，确定各区域的最大垃圾排放量，然后通过发放相对应的排放许可，实现排放权的跨区域流动。这样做可以奖励节能减排区域，惩罚垃圾排量过大的区域，从制度层面上鼓励生活垃圾源头减量化。

四　本章小结

党的十八届三中全会把加快生态文明制度建设作为全面深化改革的重要内容，浙江省委十三届五次全会把建设“两美”浙江作为建设“美丽中国”在浙江的实践，这些政策的制定都意味着，城市生活垃圾的有效治理将越发重要和迫切。城市生活垃圾体量不断增长是伴随着经济发展而出现的不可逆现象。产业化运作是一套完整的制度安排，是垃圾治理最有效、最核心的方式，但我们不能仅仅依靠产业化运作去解决“垃圾围城”问题。要解决这个问题，我们应该做到“开源节流”，即一方面要用产业化运作的方式处理已产生的生活垃圾；另一方面要进行源头治理，抑制垃圾体量过快增长。

党的十八大之后，我国掀起了全民节俭的风潮，各地、各部门党政领导干部及工作人员坚决落实中央八项规定，严格执行《党政机关厉行节约反对浪费条例》，落实各项节约措施，为企业、居民起到积极的带头作用。不仅如此，政府还综合利用价格、财税、金融等经济手段引导和鼓励企业、居民节约集约利用资源。随着全民节俭的倡导和推广，整个社会正在形成垃圾减量化的生态自觉意识，这将有力抑制垃圾体量过快增长。

第九章　我国城市空气污染来源析出、管制强度与治理模式

从长期看，转变粗放型经济发展方式和过度消费型生活方式是根治城市空气污染的根本出路，是加强生态文明建设制度化的正确方向。建立有效的空气污染治理模式是保证城市空气污染治理取得实效的具体途径。那么如何建立有效的空气污染治理模式是摆在我们面前的重要现实问题，需要科学研究和理论解释。已有学者对我国区域的空气污染与经济增长总量等经济变量之间的关联性进行数理分析，方行明等（2011）研究工业二氧化硫的排放量与经济增长之间的变化关系。向书坚等（2012）把二氧化硫处理率、工业烟尘处理率、工业粉尘处理率作为工业废气治理的产出，分析我国工业废气治理的技术效率、纯技术效率和规模效率。胡宗义等（2013）把二氧化碳的排放量作为环境代理指标检验碳排放与经济发展之间的相关关系。这些最新研究成果为我们考察城市空气污染来源和污染治理模式提供了基础研究的重要支点和科学依据。同时，值得注意的是，一方面多数研究以地区或国家的多种环境污染物排放量数据作为实证研究指标。然而客观事实上，不同环境污染物产生和排放的特殊性，其产生环境污染危害的机理不尽相同。另一方面一些研究更多注重环境管制的效应分析，包括环境管制的治污技术进步效应（李斌等，2011）和生产技术进步效应（黄德春等，2006；张成等，2011）、企业竞争力效应（Porter，1995；傅京燕，2011）、就业效应（陆旸，2011）等，不过对环境管制强度与污染来源的关联度排序分析并不多见。本章第一节概述我国近期城市空气污染状况，第二节考察确认城市空气污染来源，第三节探讨空气污染管制强度的变化特征及其与空气污染来源的灰色关联排序分析，最后谈如何优化城市空气污染治理模式，进一步分析治理主体和治理

方式。

一　我国近期城市空气污染状况

1. 城市空气质量超标情况

从2013年初冬末春至，我国华北地区、东北地区和长三角地区的部分城市不断出现雾霾天气，城市空气质量重度污染甚至多次达到严重污染。雾霾天气的首要空气污染物是可吸入颗粒物PM10和PM2.5。可吸入颗粒物有一次生成和二次生成两种产生方式，许多污染物如二氧化硫、氮氧化物、挥发性有机物等发生复杂的化学反应生成二次PM2.5。当前我国城市空气质量改善的实际效果还不够明显。2013年第三季度全国74个城市空气质量平均达标天数比例为68.9%，与上季度相比提高了6.4个百分点；平均超标天数比例为31.1%，其中轻度污染占22.7%，中度污染占6.3%，重度污染占2.0%，严重污染占0.1%（表9.1），与上季度相比重度及以上污染天数比例下降1.1个百分点。2013年12月16日至24日的9天中，全国共有45个城市发生了重度及以上污染（图9.1）。

表9.1　　2013年7月至11月全国74个城市空气质量超标情况

指标		7月	8月	9月	10月	11月
平均超标天数比例		29.3%	33.3%	32.8%	47.8%	47.7%
其中	轻度污染	21.1%	24.9%	23.7%	29.8%	29.1%
	中度污染	6.5%	6.6%	6.0%	9.7%	10.5%
	重度污染	1.7%	1.8%	2.9%	6.3%	6.6%
	严重污染	无	无	0.2%	2.0%	1.5%

资料来源：环保部网站《环境保护部发布7月份重点区域和74个城市空气质量状况》。

2. 以往城市空气污染治理方式

在提高现代化水平的进程中，改善空气环境质量是城市科学发展的前提和基础，是企业逐步转变生产方式、居民逐步改变生活方式的环境尺度。2013年以来，全国各级政府和相关部门出台了一系列空气污染治理

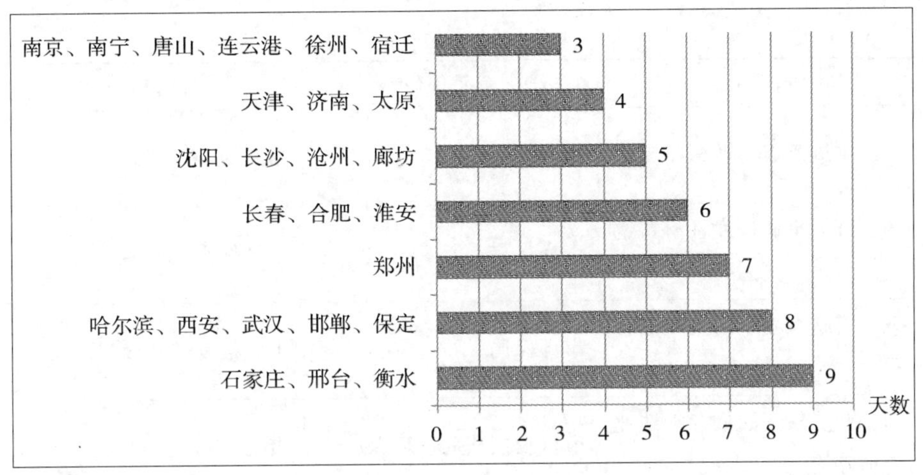

图 9.1　2013 年 12 月 16 日至 24 日全国连续发生重度及以上污染的城市及天数

资料来源：环保部网站《我国部分城市空气严重污染》。

工作计划和实施方案。例如，2013 年 6 月国务院召开常务会议专门制订部署《大气污染防治行动计划》。2013 年 9 月环境保护部、国家发展和改革委员会、工业和信息化部、财政部、住房和城乡建设部和国家能源局联合印发《京津冀及周边地区落实大气污染防治行动计划实施细则》，北京市制订《北京市 2013—2017 年清洁空气行动计划》。2013 年 12 月湖南省环保厅和省气象局签订《关于开展重污染天气监测预警预报工作的合作协议》。治理空气污染是一项复杂的系统工程，涉及政府的多个部门分为牵头单位和配合单位联合监管（表 9.2），因此首先明确空气污染来源分类是重点治理、多元治理和科学治理的重要前提。改善空气环境要从有效降低空气污染物排放源头抓起，这决定了我们必须实行针对多种污染物来源的多个部门协同减排，用系统思维推进城市空气污染治理。

表 9.2　浙江省金华市空气污染防治工作的主要任务及责任分工

工作内容	牵头单位	配合单位
一、开展高污染燃料禁燃区建设	市环保局、发改委、经信委	市财政局、质监局
二、加强机动车排气污染防治	市环保局、公安局	市财政局、交通运输局、商务局、国资委

续表

工作内容	牵头单位	配合单位
三、推进重点行业减排工程	市环保局	市发改委、财政局
四、开展工业挥发性有机物治理	市环保局	市经信委、质监局
五、实施烟粉尘污染控制工程	市环保局	市经信委、建设局
六、开展餐饮油烟、干洗业专项整治	市行政执法局、环保局	市工商局
七、完成油气回收综合治理工程	市环保局、商务局、中石化、中石油	—
八、加强扬尘污染防治工作	市建设局	市环保局、行政执法局
九、推进绿色公共交通建设	市交通运输局、旅游局	市环保局、国资委、公安局
十、开展大气环境监测网络建设	市环保局、气象局	—

资料来源：《金华市大气污染防治2013年实施计划》，见金华市政府网站。

二　城市空气污染来源的实证甄别

张仁健等（2013）实验发现，2009年至2010年期间北京市PM2.5的6个主要来源包括二次无极气溶胶占比26%，工业污染占比25%，燃煤占比18%，土壤尘占比15%，生物质燃烧占比12%，汽车尾气与垃圾焚烧占比4%[①]。这一研究结论引起了广泛关注，并且有专家认为此项研究对汽车尾气的污染效应严重低估[②]。在不考虑气象条件的情况下，依据城市空气污染源的主要种类，把改善城市空气质量的长期任务分解为以下五个方面（图9.2），包括工业废气、工地扬尘、煤烟排放、机动车尾气和垃圾焚烧烟尘治理。其中，工

① 《北京雾霾六大主要贡献源》，《光明日报》2013年12月31日第7版。

② 齐芳：《机动车排放是北京雾霾的主因之一》，《光明日报》2014年1月3日第6版。

业废气、工地扬尘和工业燃煤排放属于生产领域污染；居民燃煤取暖排放、机动车尾气和垃圾焚烧烟尘属于生活领域污染。

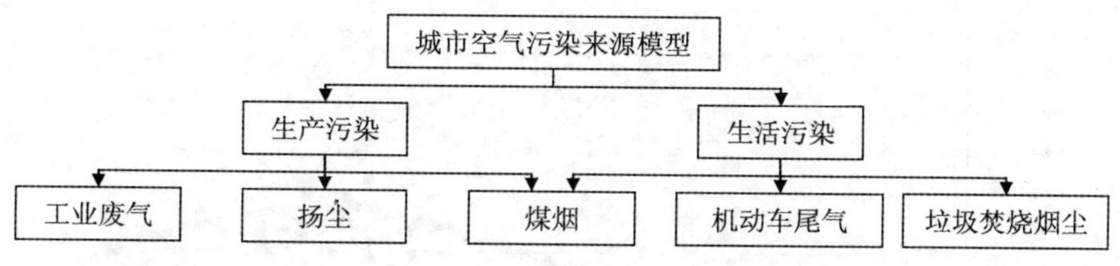

图 9.2　空气污染来源模型构建

1. 局部加权回归散点平滑分析

尽管城市空气首要污染物是可吸入颗粒物 PM2.5，受数据采集限制，我们只能采用 2007 年至 2011 年全国 30 个省会城市（含直辖市）可吸入颗粒物 PM10 浓度及相关数据，利用非参数估计的局部加权回归散点平滑法（Robust Locally Weighted Regression and Smoothing，LOWESS）对各种不同空气污染来源等解释变量与可吸入颗粒物 PM10 浓度被解释变量进行 LOWESS 回归，通过空气污染来源的局部拟合多项式回归曲线分析，探求空气污染源的基本变化趋势。

经过 LOWESS 回归发现，城市第二产业增加值占 GDP 比例超过 46% 以后，可吸入颗粒物 PM10 开始出现下降趋势（图 9.3A）。可吸入颗粒物 PM10 浓度与固定资产投资总量增长的相关性较弱（图 9.3B）。选择固定资产投资总量这个指标的初衷是期望它能代表施工总量，表征施工扬尘。然而，LOWESS 回归结果表明这个指标选择并不够准确。私人机动车数量与可吸入颗粒物 PM10 浓度出现明显的共同增长趋势（图 9.3C）。随着地区煤炭消费量增长，城市可吸入颗粒物 PM10 浓度趋于增大（图 9.3D）。

2. 截面数据回归分析

根据图 9.3 所示主要空气污染来源与 PM10 浓度的拟合曲线，建立回归模型[①]如下：

① 数据来自历年《中国环境统计年鉴》《中国交通年鉴》《中国能源统计年鉴》和《中国统计年鉴》。

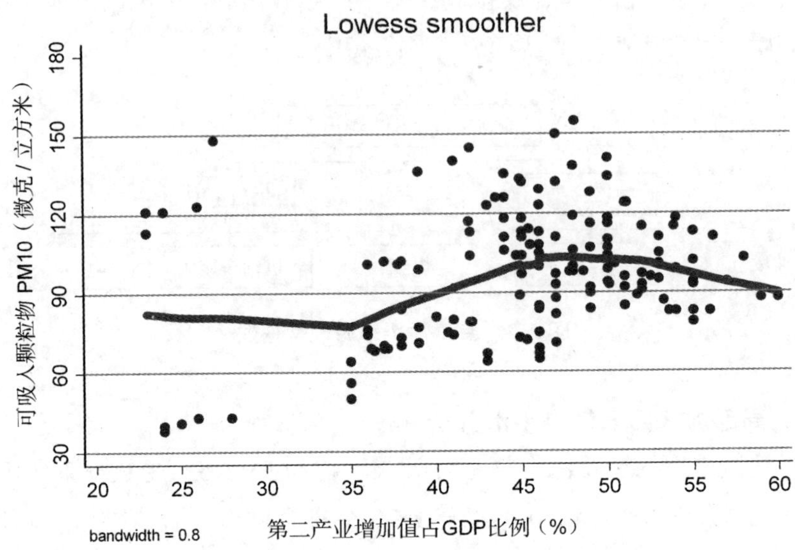

A　PM10 浓度与工业化水平

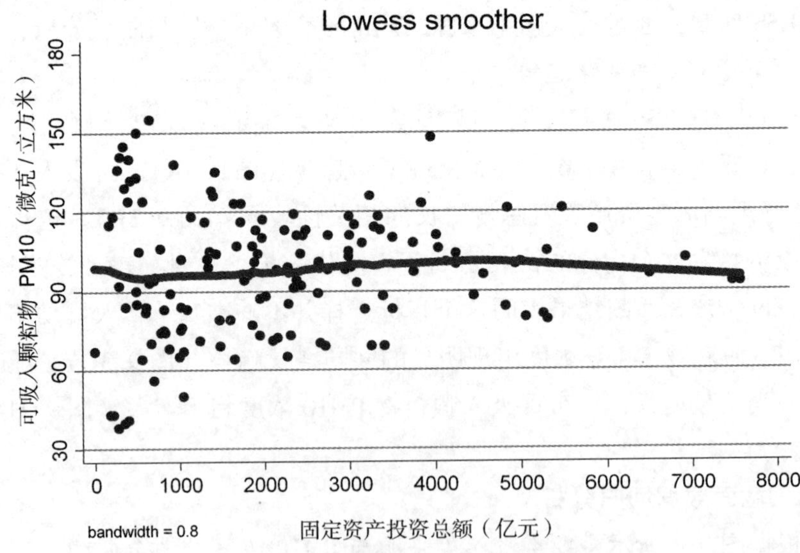

B　PM10 浓度与固定资产投资

$$\ln PM10 = \beta_1 \ln Ind + \beta_2 (\ln Ind)^2 + \beta_3 \ln Inv + \beta_4 \ln Veh + \beta_5 \ln Coal + \beta_6 \ln Gar + C$$

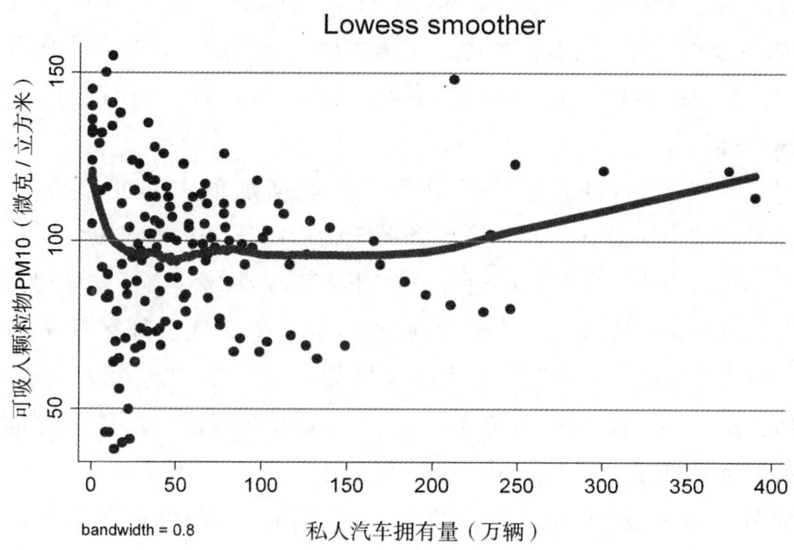

C　PM10 浓度与私人汽车拥有量

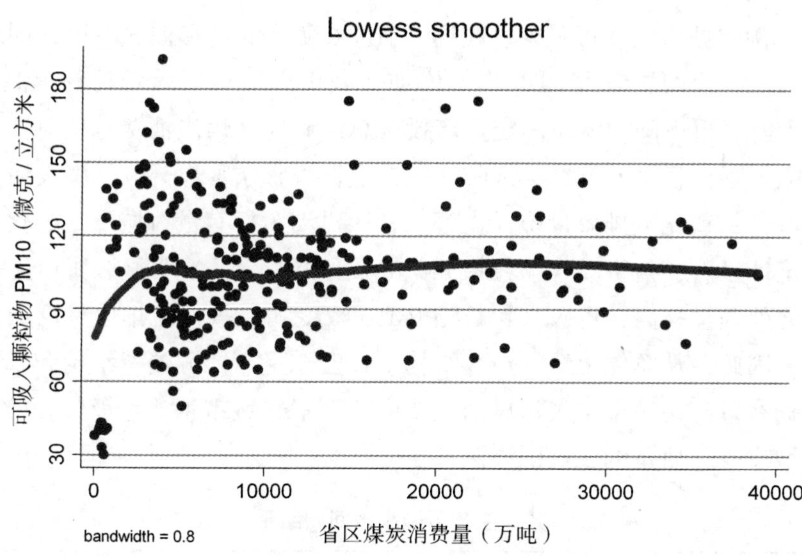

D　PM10 浓度与地区煤炭消费量

图 9.3　LOWESS 回归结果

其中，对模型中所有变量取自然对数。由于 PM2.5 的二次源是污染源排放的气态污染物，如 NO_x、SO_2、NH_3、VOC 等，在空气中经过了复杂的物理化学反应产生为颗粒物，如硝酸盐、硫酸盐、铵盐、二次有机气溶胶等，受数据所得限制，被解释变量为城市空气可吸入颗粒物 PM10 浓度和 SO_2 排放量。

解释变量包括：Ind 代表城市第二产业增加值占 GDP 比例，单位为%，表示城市工业化水平。考虑到图 3A 中 LWEOSS 回归拟合曲线出现的拐点，引入 Ind 二次项。Inv 代表城市固定资产投资总额，单位为万元。Veh 代表城市私人汽车拥有量，单位为万辆；Coal 代表地区煤炭消费总量，单位为万吨。Gar 代表地区生活垃圾焚烧处理量，单位为万吨。C 为常数项，β_1，…，β_6 为估计系数。由于无法得到城市煤炭消费总量和生活垃圾焚烧处理量，只能采用地区数据代替。

采用 2011 年全国 30 个省会城市（含直辖市）的截面数据对以上模型进行回归分析发现（表 9.3），工业化水平的一次项和二次项、固定资产投资总额和地区煤炭消费总量的估计系数都在统计上显著，估计方程在整体上统计显著。在其他因素不变的条件下，城市第二产业增加值占 GDP 比例与城市空气可吸入颗粒物 PM10 浓度呈倒 U 形曲线特征，即随着城市第二产业增加值占 GDP 比例增加，城市空气可吸入颗粒物 PM10 浓度先上升、再下降。城市固定资产投资总量和地区煤炭消费总量对城市空气可吸入颗粒物 PM10 浓度的影响在统计上都十分显著，地区煤炭消费总量对城市二氧化硫排放量统计显著。私人机动车拥有量对城市二氧化硫排放量统计显著，与可吸入颗粒物 PM10 浓度相关关系不明显。城市生活垃圾焚烧处理量越高，可吸入颗粒物 PM10 浓度和二氧化硫排放量反而显著下降。因此，从总体上看，产业结构、投资总量、能源消费结构和私人机动车拥有量都是城市空气污染的主要影响因素，城市生活垃圾焚烧处理是改善城市空气质量的积极因素。

表 9.3　　城市空气污染来源回归结果

被解释变量	可吸入颗粒物 PM10 浓度		二氧化硫排放量	
解释变量	估计系数	T 检验值（截尾概率）	估计系数	T 检验值（截尾概率）
Ind	2.72***	3.27（0.01）	0.09	1.38（0.19）

续表

被解释变量	可吸入颗粒物 PM10 浓度		二氧化硫排放量	
解释变量	估计系数	T 检验值（截尾概率）	估计系数	T 检验值（截尾概率）
Ind^2	1.57***	3.64（0.00）	0.04	1.20（0.26）
Inv	0.42***	3.53（0.00）	-0.01	-0.87（0.40）
Veh	-0.03	-0.39（0.70）	0.02**	2.89（0.01）
Coal	0.27***	5.61（0.00）	0.01***	3.60（0.00）
Gar	-0.08**	-2.37（0.03）	-0.01**	-1.89（0.08）
Pop	-0.15	-1.35（0.20）	0.00	-0.04（0.97）
常数项	-9.54***	-6.21（0.00）	0.05	0.41（0.69）
模型检验值	F 检验值	调整 R^2 值	F 检验值	调整 R^2 值
	10.74	0.86	4.81	0.74

注：* 代表 10% 的显著性水平，** 代表 5% 的显著性水平，*** 代表 1% 的显著性水平；回归模型参数估计使用 STATA11.0。

3. 对特殊因素的单独分析

尽管城市固体废弃物焚烧产生烟尘排放，但是回归分析发现，城市生活垃圾焚烧处理不但没有加重空气污染，反而与城市空气可吸入颗粒物 PM10 浓度、二氧化硫排放量反方向变化。2011 年全国生活垃圾焚烧处理厂共 93 座，焚烧处理总量为 2169.21 万吨。其中，江苏、浙江、福建生活垃圾焚烧处理总量占无害化处理总量的比例分别达到 52.17%、47.67% 和 35.72%（表 9.4）。随着垃圾焚烧厂数和处理能力不断增强，集中焚烧处理城市生活垃圾是降低空气污染、减少水土污染的可行办法。

表 9.4　　2011 年部分城市生活垃圾焚烧处理情况

地区	焚烧处理总量（座）	垃圾焚烧厂数占无害化处理厂数的比例（%）	焚烧处理总量（万吨）	焚烧处理总量占无害化处理总量的比例（%）
山东	7	12.96	148.87	16.77
江苏	21	41.18	547.79	52.17

续表

地区	焚烧处理总量（座）	垃圾焚烧厂数占无害化处理厂数的比例（%）	焚烧处理总量（万吨）	焚烧处理总量占无害化处理总量的比例（%）
浙江	21	42.00	467.95	47.67
广东	14	29.79	326.42	22.53
河南	2	5.00	70.74	11.49
四川	4	11.76	70.87	11.98
河北	4	13.79	92.2	21.73
福建	8	30.77	146.41	35.72
湖北	4	16.00	133.68	29.76
黑龙江	2	9.09	9.38	2.69
北京	2	9.52	94.46	15.16
安徽	4	20.00	60.44	15.97
合计	93	—	2169.21	—

数据来源：《中国统计年鉴》（2012 年）。

三　空气污染管制强度与污染来源的灰色关联分析

需要进一步解释的是，目前我国城市空气污染环境管制强度的水平及变化趋势。环境管制是指政府代表公众利益对污染行为实施控制、对污染后果实施惩治和组织修复，包括行政手段、经济手段、非正式制度管制等多种管制形式，是以环境保护为目的而制定实施的各项政策与措施的总和。

国内对环境管制强度测度的常用方法包括：一是污染物排放量的指标法。白雪洁等（2009）把二氧化硫排放量作为非合意产出研究火电行业的环境管制。二是产出和排放量的比值法。张文彬等（2010）采用工业增加值与污染物排放量的比值度量环境管制强度。三是减排运行费用与产出的比值法。Levinson 和 Taylor（2008）采用减排运营费用占产业附加值的比重表示环境管制强度。沈能（2012）采用行业污染治理运行成本占工业产值的比重表示环境管制强度。四是减排运行费用占成本的比重法。Ederington and Minier（2003）使用减排运营费用占总成本的比值代表环境管制强度。五是污染治理投资总额法及比重法。张成等（2011）用各省区治理工业污染的总投资与规模以上工业企业的主营成本、工业增加值的比值分别度量环境管制强度。李斌等（2011）选取工业污染治理项目完成投资额衡量环境管制水平。沈能等（2012）先用工业污染治理投资完成额与工业产值的比值，工业产值占GDP的比例对这个比值进行修正，测算出各地区环境管制强度。六是综合指数法。傅京燕等（2010）选择实际污染指标废水排放达标率、二氧化硫去除率、烟尘去除率、粉尘去除率和固体废物综合利用率采用综合指数方法构建了分行业的环境管制强度。张中元等（2012）采用工业废水排放总量、工业废水排放达标量、工业二氧化硫排放量、工业二氧化硫去除量计算省际地区的环境管制强度。李玲等（2012）利用废水排放达标率、二氧化硫去除率、固体废物综合利用率构建中国制造业环境管制强度的综合测量指标体系。李小平等（2013）用单位产出的二氧化硫排放量标准值、单位产出的废物排放量标准值和废水排放达标率标准值的算术平均值作为环境管制综合指数。

目前相关研究文献采用的几种用于度量环境管制强度的指标，都存在一定程度上的缺陷，考虑空气污染成分中主要为二氧化硫及城市空气污染数据可得性，这里选取的三个指标表示空气污染管制强度。用EPI_i表示各城市环境管制强度（Environmental Pegulation Intensity）指标，i＝1，2，3表示不同构成的环境管制强度指标。EPI_i越高表示空气污染环境管制水平越高。

1. 基于治污技术视角的分析

城市空气污染环境管制强度EPI_1为工业二氧化硫去除率，即工业二氧化硫去除量与工业二氧化硫产生量的比值。其中，工业二氧化硫产生量为工业二氧化硫去除量与排放量之和。工业二氧化硫去除率越高，表明从技术层面上，空气污染管制强度越大。限于未公布2011年省会城市工业二氧化硫排放量和去除量数据，只能采用2009—2010年30个城市工业二

氧化硫去除率 EPI_1 的变化幅度来考察城市空气污染的环境管制强度变化(图9.4)。从环境管制强度 EPI_1 的水平值看，2010 年城市工业二氧化硫去除率水平南昌为63.3%，乌鲁木齐为42.2%，沈阳为53.2%，武汉为63.8%，长春为36.7%，贵阳为81.1%，西宁为27.6%。广州工业二氧化硫去除率水平为 82.1%，济南为 68%，上海为 61.2%，银川为59.7%。从环境管制强度 EPI_1 的变化幅度看，2009—2010 年这几个城市工业二氧化硫去除率增幅较大，其中南昌增幅为29.1%，乌鲁木齐增幅为26.5%，沈阳增幅为 18.3%，武汉增幅为 15.4%，长春增幅为15.4%，贵阳增幅为12.1%，西宁增幅为11.6%。2009—2010 年城市空气污染的环境管制强度下降的城市有济南下降0.2%，上海下降0.4%，郑州下降3.9%，银川下降6.6%，广州下降8.7%，成都下降12.5%，兰州下降26.7%。这些工业二氧化硫去除率降低的城市，其工业二氧化硫去除率水平值均较高。

2. 基于运行费用视角的分析

城市空气污染环境管制强度 EPI_2 为废气污染治理运行费用与第二产业增加值的比值。从环境管制强度 EPI_2 的水平值看，2010 年西宁废气污染治理运行费用与第二产业增加值的比值为1.51%，太原为1.11%，广州为1.06%，昆明为0.98%，贵阳 0.93%，济南为 0.79%，南京为0.69%，呼和浩特为0.68%，兰州为0.67%，乌鲁木齐为0.6%，福州为0.59%，表明这些城市在废气治污运行费用方面的管制强度较大。从环境管制强度 EPI_2 的变化幅度看，2009—2010 年广州废气污染治理运行费用与第二产业增加值的比值增幅为0.79%，南京为0.23%，西宁为0.18%，南昌为0.12%，乌鲁木齐为0.08%，武汉为0.07%，上海为0.03%，贵阳为0.03%（图9.5）。

3. 基于生产产出视角的分析

城市空气污染环境管制强度 EPI_3 为第二产业增加值与工业二氧化硫排放量的比值，表示每排放1吨工业二氧化硫，第二产业增加值的水平。这个比值越大，表明从经济层面上，空气污染管制强度越大。从环境管制

强度 EPI_3 的水平值看[①]，2010 年每排放 1 吨工业二氧化硫，北京第二产业增加值为 596 万元，广州为 466 万元，合肥为 455 万元，长沙为 445 万元，成都为 401 万元。从环境管制强度 EPI_3 的变化幅度看，考察 2009—2010 年 30 个城市第二产业增加值与工业二氧化硫排放量比值的变化幅度（图 9.6），每排放 1 吨工业二氧化硫，海口第二产业增加值增长 200 万元，成都增长 185.46 万元，北京增长 119.55 万元，武汉增长 103.32 万元，广州增长 94.83 万元，合肥增长 92.53 万元。每排放 1 吨工业二氧化硫，兰州第二产业增加值下降 5.38 万元，天津减少 8.12 万元，南昌减少 68.89 万元。

上述分析蕴含的政策含义是政府应当进一步提高环境管制强度。张成等（2011）研究证明环境管制有利于提高治污技术进步和生产技术进步率。李小平等（2013）研究证明严格的环境管制提升了我国工业行业的利润水平。现有研究提醒我们在研究环境管制强度水平时有必要进一步研究管制强度和空气污染来源的关联度，从而对现行的城市空气污染环境管制重点做出清晰的判断，抓住空气污染治理的关键问题。

4. 基于灰色关联方法的分析

灰色关联分析对某一发展变化系统的动态过程发展态势进行量化分析，是灰色系统理论中一种重要的分析方法，广泛应用于多个学科研究。利用灰色关联分析可以使系统内灰色部分从结构、模型及关系上逐渐由黑变白，使不明确的因素逐渐明确，进而得到系统内各因素之间的关联度。灰色系统理论的基本思想是根据序列曲线几何形状的相似程度判断其关联程度是否紧密，曲线越接近，相关序列之间的关联程度越大；反之则越小。下面采用 2007 年至 2010 年我国省会城市空气污染环境技术管制强度、费用管制强度、产出管制强度与空气污染来源序列进行灰色关联分析（表 9.5）。

---

① 2010 年海南第二产业增加值与工业二氧化硫排放量的比值为极端值，每排放 1 吨工业二氧化硫，第二产业增加值为 15525 万元。

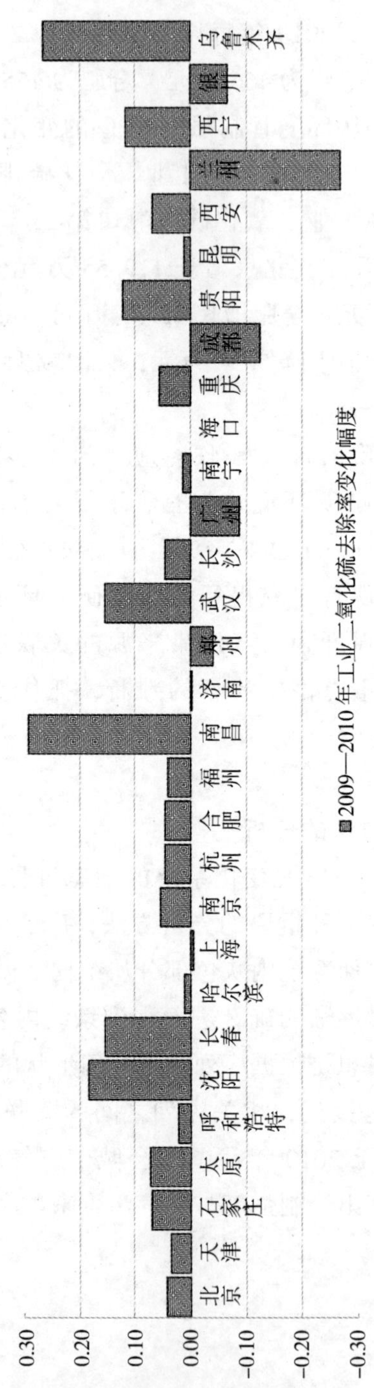

图 9.4　2009—2010 年城市空气污染环境管制强度 EPI_1 变化幅度

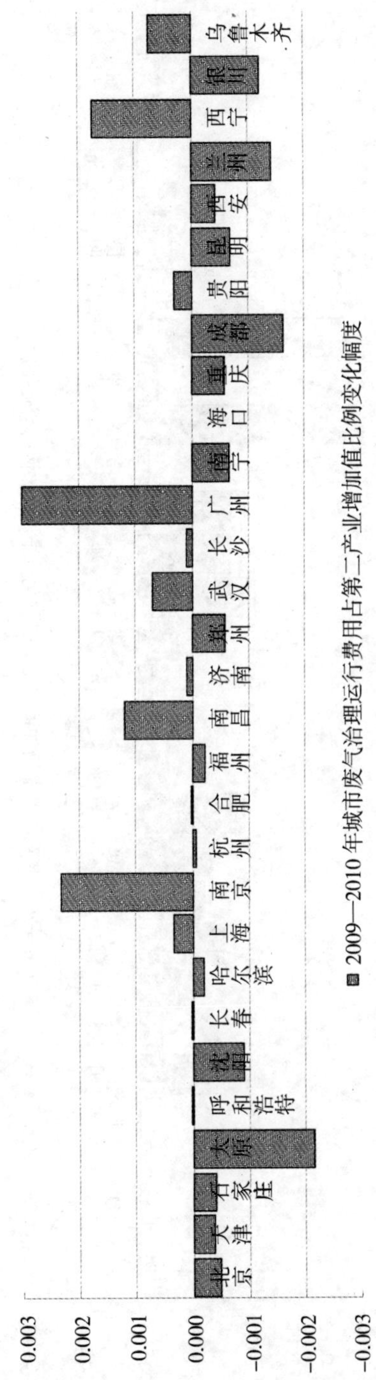

图 9.5　2009—2010 年城市空气污染环境管制强度 EPI_2 变化幅度

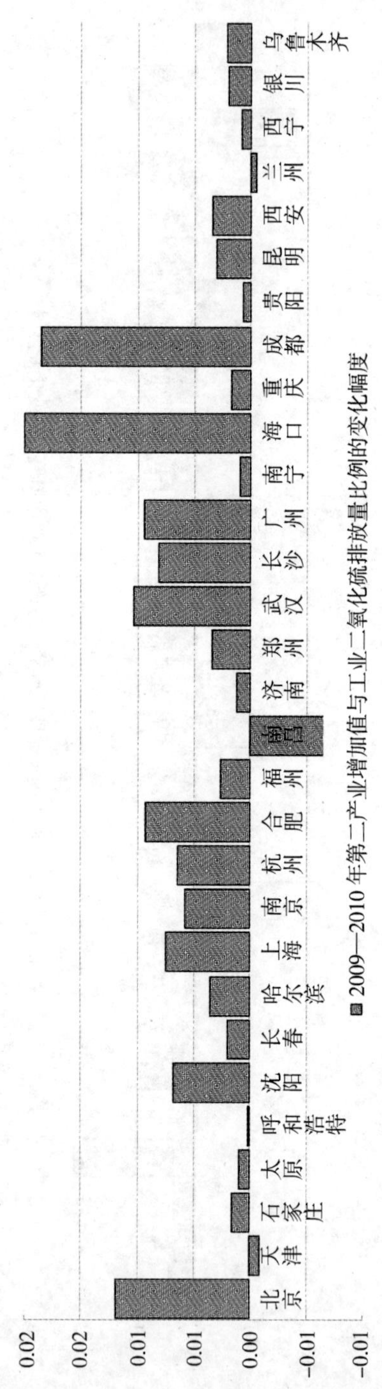

图 9.6　2009—2010 年城市空气污染环境管制强度 EPI_3 变化幅度

表 9.5　　2007—2010 年城市空气污染环境管制强度与污染来源序列的灰色关联分析

污染来源序列	平均管制强度 EPI	技术管制强度 EPI_1	费用管制强度 EPI_2	产出管制强度 EPI_3
固定资产投资总额	0.942	0.935	0.933	0.958
私人汽车拥有量	0.937	0.937	0.934	0.940
工业化水平	0.872	0.864	0.915	0.837
地区煤炭消费量	0.721	0.689	0.798	0.677

实证研究发现：

第一，由空气污染环境技术管制强度、费用管制强度、产出管制强度的算术平均数得到平均管制强度 EPI 来看，与可吸入颗粒物 PM10 浓度灰色关联的因素序列排序依次为固定资产投资总额（0.942）、私人汽车拥有量（0.937）、工业化水平（0.872）、地区煤炭消费量（0.721）。说明针对近年来的空气污染情况，空气污染环境管制的关键是对固定资产投资扬尘污染和汽车废气污染的有效控制。

第二，进一步分析各污染来源序列与不同环境管制强度的灰色关联度。(1)工业化水平与产出管制强度 EPI_3 的灰色关联度最低（0.837），与费用管制强度 EPI_1 最高（0.915）。这表明工业化水平与废气污染治理运行费用的相关性最大。针对制造业的废气污染治理，重点在于控制好废气污染治理运行费用的管制手段，处理好促进产业升级的创新效应和有效治理污染的补偿效应之间的关系。(2)固定资产投资与技术、费用、产出管制强度的灰色关联度大小比较接近，在 0.933 至 0.958 之间。(3)地区煤炭消费量与废气污染治理费用管制强度最高（0.798），与产出管制强度最低（0.677）。(4)地区民用汽车拥有量与技术、费用、产出管制强度的灰色关联度大小十分接近，在 0.937 至 0.940 之间。因此，盲目提高环境管制强度并不可取。只有明确现阶段空气污染管制的重点对象和合适手段，完善差异化空气污染管制强度和标准，才能避免管制对象和管制方式的双重扭曲，从而保证空气污染管制的效果和效率。

由不同指标构成的多种环境管制强度的变化幅度并不相同，这与污染治理模式是密不可分的。虽然已有部分文献集中验证了环境管制对企业治污技术进步、生产技术进步和FDI选址的影响，但鲜有文献考虑提高环境管制质量的环境治理模式优化问题。而这一问题正是治理城市空气污染的关键所在。

四 城市空气污染治理模式优化

1. 基本原则

环境管制缺位和制度机制缺损是导致空气污染累积爆发的重要原因。优化城市空气污染治理模式是加快生态文明制度建设的必然要求，具有基础性的重要意义。基于空气污染来源的多元性，空气污染产业和管制方式的异质性，污染治理模式要兼顾技术性原则和经济性原则，基本思路应该是把调整优化结构、强化创新驱动和保护环境生态结合起来，从根本上转变经济增长对化石燃料的依赖，培育新的经济增长点。然而，由于存在“锁定效应”，企业的生产组织行为、消费者的行为模式极有可能陷入高碳型发展模式、生产模式和消费模式的刚性约束中，从而难以产生纵向层面上的一致性行为。因此，合理的空气污染治理模式要考虑地区差异性和行业异质性，建立多元协同治理和立体垂直治理相结合的治理框架。

2. 多元协同治理模式

多元协同治理模式是指依据空气污染来源确定治理空气污染的多个主体，包括多个政府相关部门、多个行业企业和居民，形成相互协调、共同致力于治理空气污染的格局，即由多元污染源、多元主体、多元手段构成“三元体系”。政府要着力于完善空气环境的法制治理、经济治理、行政治理、社会治理和道德治理手段的协调运行。立体垂直治理模式是指根据空气污染治理多元主体的责任分工和独特优势，建立空气污染治理的宏观指导机制、中观管理机制和微观激励机制“三层机制”，打通空气污染治理的微观循环和执行环节。通过空气污染治理模式优化，把外部性环境成本有序地内化为企业清洁生产的经济激励、内化为居民绿色消费的生活习惯和文化氛围，降低空气污染行为的法律成本、经济成本和道德成本，从而有效改善空气环境，切实推动生态文明建设取得实际效果（图9.7）。

根据产业经济发展规律和发达国家产业发展经历，我们无法直接从农

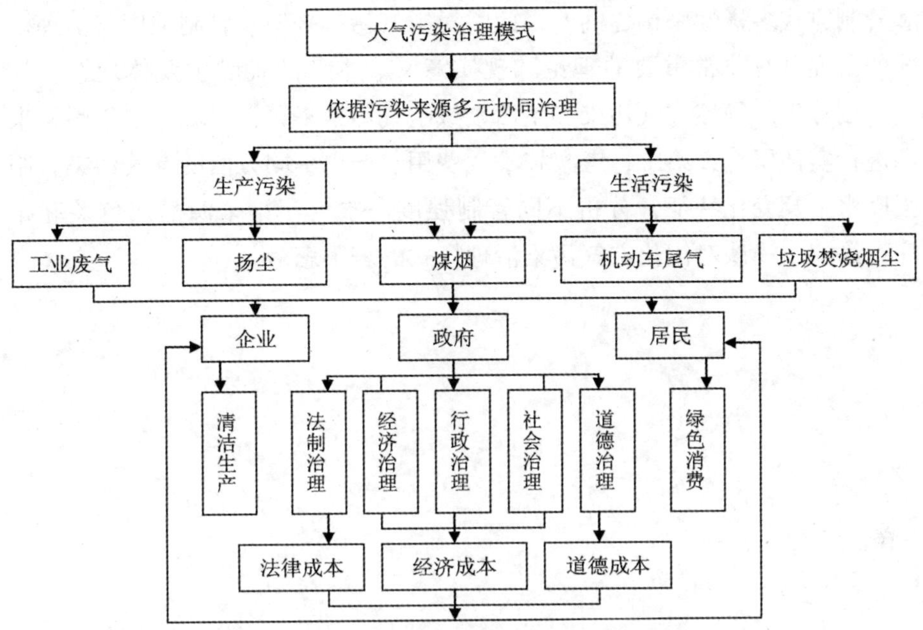

图 9.7　多元协同与立体垂直的空气污染治理模式

耕社会转变成为一个服务型社会，带来环境成本的工业化发展阶段很难逾越。环境成本是经济增长的代价，是社会为经济增长所支付的损失性价值。但是，承认环境成本存在并不可以放弃、放松和放任空气污染环境治理。长期以来，城市空气污染治理的最大阻力始终是环境污染与经济增长的矛盾、眼前利益与长远利益的矛盾。地方政府对空气污染危害及治理的认识与认同尤为重要，对保护空气环境认识的高度直接决定一系列空气污染治理规划方案的实施进度与实际效果，最终决定了地方政府自身将会成为推行空气污染协同治理的主导动力还是隐形阻碍。这正是构建空气污染立体垂直治理模式的初衷、目的和机制优势。

五　本章小结

本章试图回答的问题是：城市空气污染的主要来源究竟有哪些主要因素？其中哪些污染源的影响程度更大？进一步地，当前空气污染环境管制在技术、费用和产出方面是否确实针对哪些主要空气污染来源管制的？现有空气污染治理模式是否是依据污染源异质性、行业异质性、主体多元性和管制方式多样性来构建的？因此，对空气污染来源、管制强度与治理模式的研究具有非常重要的理论和现实意义。本章的贡献主要体现在：第一，划分生产领域空气污染和生活领域空气污染来源，对城市空气污染来源进行实证研究；第二，考察技术、费用、产出不同方面的空气污染管制强度水平及变化特征，分析不同管制强度与空气污染来源的灰色关联排序；第三，浅谈对优化空气污染治理模式的若干思考。

第十章　小城市绿色发展方式转型的若干问题

长期以来，城乡关系怎样从分割、疏离走向一体化发展始终是城镇化全局的焦点和难点。国家早在“十五”规划中首次提出，发展小城镇是推进我国城镇化的重要途径。小城市科学发展是镇域经济向县域经济转型、与城市经济联动的关键推动力。新型城镇化作为一项综合性、科学性和前瞻性的国家重大发展战略，要放弃以往侧重大城市发展的差别化推进方式，着力把条件成熟的中心镇精心培育成小城市，作为调整城市结构布局的重要节点，促进大、中、小城市产业布局和区域功能协调发展，使提高城镇化质量、统筹城乡发展和城乡发展一体化相互融合、相互促进。这对于加快社会主义现代化建设、全面建成小康社会意义重大，关系到“四化同步”能否顺利实现。在新型城镇化制度设计和推进过程中，地方案例往往能够提供重要的经验和借鉴。有的地区尝试把中心镇培育成小城市，这类“镇级市”改革可能为我国走出城镇化发展困境开辟了新的发展思路和模式探索，将会成为健全城乡发展一体化体制机制的突破口，为县域新型工业化和城镇化协同发展创新思路。

一　新型城镇化背景下小城市绿色发展的重大意义和决定因素

小城镇化浪潮与农村城镇化发展潜力不足之间的矛盾是发生“伪城镇化”现象的深层原因。国家“十二五”规划提出“促进大中小城市和小城镇协调发展”、“有重点地发展小城镇”。我们认为，把中心镇培育成科学发展的现代化小城市必须坚持以转变经济发展方式为主题，以特色产业集群的整体升级为重心，用以人为本的理念打造战略定位清晰、空间布局合理、服务功能完备、生态环境优美的生态智慧城市。为了实现这个目标，应该从社会主义事业总布局的经济建设、政治建设、文化建设、社会建设、生态文明建设“五位一体”角度全面认识和理解小城市科学发展的具体路径。只有“五位一体”各方面之间相互协调、相互融合，才能全面提升小城市宜商、高效、文明、包容、宜居的城市品牌价值，才能促成小城市与中心城市的良性联动机制。

1. 小城市绿色发展的重大意义

农村城镇化是城乡发展一体化的战略内容和农村建设的根本路径，科学发展的现代化小城市是实现“以工促农、以城带乡、工农互惠、城乡一体的新型工农城乡关系”的重要载体。把中心镇培育成为现代化小城市是中心镇发展壮大的客观要求。在新的发展阶段，小城市不仅自身发展迎来了前所未有的新机遇，而且对积极、稳妥、整体推进城镇化战略具有重大的现实意义。

第一，从城镇化发展阶段上看，城镇化中后期阶段的逆城市化是小城市加快发展的重要契机。国外较多发达国家由于交通拥堵、环境污染等“城市病”加剧，在城镇化中后期普遍出现了“逆城市化”现象，使周边小城市的比较优势凸显出来。我们调研发现，一方面“80 后”和“90 后”新生代农民工普遍表示不愿意再回乡务农；而另一方面大城市就业竞争激烈、生活成本偏高，因此小城市成为新生代农民工返乡创业、返乡就业的现实选择。这些返乡的新生代农民工拥有一定文化程度，为小城市产业升级提供了更加稳定的劳动力供给。

第二，从提升城镇化质量上看，处理好产业、就业和城镇化的关系是小城市科学发展的内在要求。兴业是兴城的基础，产业支撑是小城市科学发展的内生动力。小城市拥有一定规模的非农产业基础，有利于解决新增劳动力就业问题。通过实现产城融合，一方面使本地农民就近集中居住，减轻远迁移民的落户成本和交通费用，拓宽就业、创业渠道；另一方面有利于扩大消费和拉动投资，与当前稳增长、扩内需的宏观调控总要求是一致的，能够为“十二五”时期国民经济的平稳较快发展提供持续的有力支撑。

第三，从区域城市结构布局上看，大、中、小城市协调发展战略使小城市在多核性城镇体系中的重要地位越来越突出。从新型城镇化全局看，大中城市人口容量呈现超饱和状态、多种资源要素过度集中，导致环境承载力严重下降、公共服务压力不断增大，所以控制大中城市人口总量增长已经势在必行。这必然引发城镇化过程中农村迁移人口的目的地逐步转变为小城市。同时县域城镇化是就地、就近城镇化的基本途径，具有使绝大多数农民转变成真正市民的地缘、亲缘和生态环境承载力优势。因此，小城市科学发展在新型城镇化系统中的地位将会越来越重要。

第四，从统筹城乡协调发展上看，促进小城市科学发展是彻底改变城乡分割、分离、分立状态的最优路径。党的十八大提出："解决好农业、农村、农民问题是全党工作重中之重，城乡发展一体化是解决'三农'问题的根本途径。"小城市通过整体推进乡镇所辖的集镇、村庄基础设施和公共服务，同步提高农村居民和进城农民的生活质量，使农民身份向市民身份过渡，实现就近、就地市民化，实现以镇带村、镇村融合、联动发展。小城市科学发展能够为城乡基础设施、产业体系和公共服务一体化提供平台，真正实现城乡发展一体化。

2. 小城市绿色发展的决定因素

第一，经济建设水平决定了小城市是否宜商，为小城市科学发展积蓄内生动力。小城市的经济总量、投资总量、产业规模、产业结构直接决定了人口规模、就业规模和市场规模及增长速度。由于多数农村工业属于"技术短缺—劳动密集型"产业，受劳动力素质和技术应用水平限制，小城市劳动生产率相对于大中城市明显偏低。因此，小城市更适合于在本地推动特色产业集群式的转型升级，通过获得技术积累和知识溢出效应提高主导产业的劳动生产率和要素集聚效率，实现产业升级和城镇化的一体化融合。

第二，政治建设水平决定了小城市是否高效，为小城市科学发展改进行政服务。深化扩权强镇、充分下放行政权限是小城市提高行政服务水平的决定性因素。我国东部经济发达地区的镇域经济发展一直是以市场推动为主，小城市政府行政工作能否高效运转、高质服务决定了小城市能否为实现持续性创新营造公平的市场环境。简化行政审批程序不是由试点镇自行解决的问题，而是需要由政府整体推动的。

第三，文化建设水平决定了小城市是否文明，为小城市科学发展营造文化氛围。市民的文明程度、文化素质、文化品位是城市品牌价值的基本特征，与小城市科学发展存在紧密的文化关联。小城市通过发展公共文化服务和文化旅游产业挖掘和赋予城市特色文化内涵，既能盘活城市文化资源、增加服务业比重、缓解土地资源稀缺问题，又有利于促进城市投资的土地资本价值和物业资本价值循环上升。

第四，社会建设水平决定了小城市是否包容，为小城市科学发展形成和谐环境。由中心镇向小城市转变与农村居民向市民转变是分不开的，这不仅是农村居民身份标签的变化，更是农村居民向城市生活方式的转变。因此，小城市科学发展不能再走以往“双轨制”城市化的老路，整合公安、民政、卫生、教育、劳动保障、人口计划生育多个部门的管理服务效能实现集约化、共享化、精确化，不断加强社会建设满足新市民的社会生活需要。

第五，生态文明建设水平决定了小城市是否宜居，为小城市科学发展创造绿色环境。创建生态城市是小城市全力推进生态文明建设的重要途径，能够反映出城市整体人居环境与公共服务管理水平，能够体现地方政府的生态价值观。小城市不能再走大中城市先乱搭乱建、后拆违治理的老路，把绿色发展、循环发展、低碳发展理念具体化在规划布局、基础设施、交通系统、能源体系、清洁环境等多个方面，成为自主建设资源节约型、环境友好型城市的新模式。

二 浙江省提升小城市绿色发展质量的实践探索

2011 年浙江省政府出台《关于支持小城市培育试点工作实施意见》，选定 27 个镇为小城市培育试点 ，基于浙江城镇经济差异化发展的现实和趋势，把一批特色产业支撑作用强、人口承载潜力大的中心镇培育成为现代化小城市，强调以城带乡，促进生产要素空间分布平衡和实现农村居民就近就地转移。2014 年浙江省委、省政府为深入推进小城市培育试点工作，进一步扩大试点效应，在第一轮 27 个小城市培育试点镇的基础上，将建德市乾潭镇等 9 个中心镇和省级重点生态功能区范围的淳安县千岛湖镇等 7 个县城纳入新一轮小城市培育试点范围。

把中心镇培育成为现代小城市，这种模式探索遵循了现代城市发展规律，符合“十二五”规划纲要提出“坚持以人为本、节地节能、生态环保、安全实用、突出特色、保护文化和自然遗产的原则”，是落实新型城镇化战略的重大模式创新 。小城市培育试点工程在体制构建上取得了初步突破，释放了试点镇的发展活力，发挥了先行先试的示范效应。

浙江省政府在试点镇坚持深化扩权强镇改革，在保持镇级建制不变的基础上赋予试点镇与县级政府基本相同的经济管理权限。通过委托、界定、授权等方式给予试点镇以县市（区）级行政审批、监督服务事项管理权限，在土地使用权、财政支配权、行政审批权和公共事务管理权等方面松绑扩权。配优配强试点镇党政领导班子，试点镇党委书记、镇长可由区市级领导同志兼任，或根据试点镇发展需要和干部情况，高配为所在区（市）副区（市）级干部。允许试点镇在核定编制总数内统筹安排机构设置和人员配备。县级政府相关部门派驻试点镇机构，派驻机构的日常管理以试点镇为主，派驻机构的负责人任用、调整和工作人员调动，要书面征得试点镇党委同意。经过三年精心培育，浙江省 27 个试点镇经济社会发展取得了明显进展。2012 年 27 个试点镇的城镇化率平均为 62.8%，提高了 2.9 个百分点，建成区人口密度为每平方公里 8521 人，人口城镇化速度比土地城镇化速度快 4.7 个百分点。

1. 试点镇经济总量快速增长

2012 年浙江省 27 个试点镇 GDP 总量为 2131.1 亿元，平均增长 13.7%，GDP 总量占全省比重为 6.16%，提高了 0.36 个百分点。平均每个镇 GDP 总量为 78.9 亿元，其中有 7 个镇 GDP 总量超百亿元。第三产业占比为 33.5%，提高了 2.4 个百分点；完成第三产业增加值 713 亿元，同比增长 22.3%，高出 GDP 增速 8.6 个百分点。

2. 试点镇财政收入稳步增长

2012 年浙江省 27 个试点镇完成财政总收入为 280.4 亿元，平均增长 12.6%，财政总收入占全省比重为 4.38%，提高了 0.12 个百分点。其中，税收占财政收入比重为 85.27%，提高了 3.7 个百分点。平均每个镇财政收入为 10.4 亿元，其中有 13 个镇财政收入超 10 亿元。

3. 试点镇投资总量持续增长

2012 年浙江省 27 个试点镇完成限额以上投资 1135.7 亿元，平均增长 29.8%，投资总量占全省比重为 6.64%，提高了 0.49 个百分点。其中，完成工业经济投入 529.5 亿元，占总投资的 43.1%，高出全省 7.7 个百分点；新增上市企业 4 家、规模以上企业 241 家。

4. 试点镇城乡居民差距不断缩小

2012 年浙江省 27 个试点镇城镇化率平均增长 2.9 个百分点，第二、第三产业从业人员比重为 90.2%，非农从业人员占比增长 1.7 个百分点。城乡居民收入比为 1.79，缩小了 0.05 倍。其中，农村居民人均收入为 19081 元，高出全省 4529 元，增速快于城镇居民人均收入 3.06 个百分点。

5. 试点镇公共服务能力显著增强

试点镇行政审批中心服务效率明显提高，27 个试点镇镇均设立 34 个服务窗口，拥有工作人员 47 人，能办理事项 193 项，镇日均办理事项 224 项，办结率达 99.4%。行政执法中心服务趋于规范，27 个试点镇执法资格人员平均达到 23 人，能行使执法事项 455 项，立案查处违法事项 42666 起，办结率达 96.2%。

6. 试点镇教育医疗服务水平提高

2 个试点镇新建 2 所高中，学前教育普及率、初中毕业生升学率、高中段毛入学率分别达 99.2%、98.3%、98.1%；新增医院床位 1553 张，每千人医院床位数为 3.35 张，每千人医生数为 2.68 人。城乡居民、城镇职工养老医疗保险参保率分别达 97.1%、91.8%，分别提高 3.5 个百分点、3.2 个百分点；新增养老床位 1564 张，总床位数达到 9214 张。

三　现阶段浙江省小城市发展存在的主要问题

调研中发现，在小城市培育工程的推进过程中，小城市总体发展目标、城市服务功能、主导产业发展、相关制度改革和干部考核机制等方面还存在一些问题需要仔细剖析。从本质上看，城乡资源配置方式、城乡收益分配方式、地方干部评价方式是导致这些问题长期存在和解决迟滞的本源性因素。

1. 小城市发展目标偏差

传统的城市规模偏好取向与转变经济发展方式之间存在偏差。发展目标决定发展规划和功能定位，片面地“造城”“扩城”都不是城镇化的正路。小城市科学发展的目标不是单纯追求城市经济规模、土地规模和人口规模，而应该是优化结构、提高效率、突出特色、巩固优势、融入大中城市经济网络的现代化小城市。尽管浙江省小城市培育计划已经实施三年，但是有的试点镇对小城市发展方向和功能定位的认识还不够清晰。有的试点镇总是强调镇域规模小、发展空间不足、用地指标紧缺难以满足中心镇发展需求等问题。我们认为，小城市科学发展目标必须以小城市在城市群中的经济功能定位为基准，贪多求大的增长依赖思维与转变经济发展方式是根本矛盾的。集约型、紧凑型的精明增长模式才是小城市的科学发展方式，一方面对所在地区中心城市具有承接合作功能；另一方面对周边乡镇起到带动辐射作用。因此，要紧紧围绕小城市科学发展目标和功能定位来整合和修正城市整体发展规划，保证小城市综合发展规划、土地规划、基本农田保护规划等互相衔接、互相匹配。

2. 小城市服务功能不强

基础设施建设不足、管理滞后与居民生活需求之间存在供需矛盾。城市服务功能是提高城镇化质量的重要内容，决定了城市发展的吸引力和竞争力。要建设宜商、宜居、宜业的现代化小城市，关键看能否提供完善、高效的城市公共服务。小城市的基础设施建设不仅要查缺补漏、做好增量，而且要加强管理、定期维护，保证基础设施真正发挥服务功能，使市民切实得到方便服务和舒适体验。有的小城市垃圾站点、图书馆、健身公园等公共服务设施数量少、选址偏、分布不合理，给市民生活带来不便。因此，城市服务功能的全面提升和精细化管理是地方政府完善小城市培育工作的重中之重。与大中城市相比，小城市由于体量相对较小，在加强公共服务精细化管理方面更加具有内在优势。然而，在公共服务责任主体意识方面，有的试点镇政府工作主动性和创造性还不够，传统的乡镇建设管理观念滞后、公共服务认同缺失，与小城市现代化发展目标之间的矛盾比较突出。这其实正是地方政府在人口城镇化过程中必须承担的公共服务供给义务和管理职责所在。

3. 小城市产业基础薄弱

产业集群的转型升级能力不足与城镇化的产业支撑要求之间不适应、不协调。以产业集群带动城镇化、以城镇化促进产业集群转型升级，最终形成我国产业结构体系与产业组织体系、城镇等级体系三者协调发展的格局，这是新型城镇化与工业化良性互动的理想状态。目前在产业转型升级和转变经济发展方式的趋势下，小城市产业集群面临转型升级的压力较大，城镇化建设与产业集群转型升级之间的关系仍然存在一些问题。一是产业集群的空间分布不集中，虽然农村人口不断减少，但是农村建设用地却反而增多，企业布局分散、土地浪费严重、卫生环境脏乱脏。二是尽管有的小城市拥有若干特色产业集群，但是多数企业处于产业链的同质化产品竞争环节，没有形成特色鲜明、上下关联的产业体系，直接影响了城镇化与工业化的良性互动发展。三是大部分小企业仍以简单初加工为主，技术水平升级缓慢，影响了产品竞争力、产业竞争力和城市竞争力。其主要原因在于缺乏新技术应用和高素质劳动力的优化组合，更深层次的原因是小城市整体环境对高端人才吸引力较弱、对先进技术消化吸收能力不强。

4. 小城市制度改革缓慢

土地、住房等制度障碍严重制约试点镇向小城市转型。土地要素制约是试点镇向小城市转型中遇到的普遍性和突出性问题，表现在“用地指标优先予以支持”成为多数试点镇向上级部门反映的最关切政策诉求。在试点镇转型成小城市的过程中，为了改善公共服务基础设施，试点镇财政支出压力较大。但是由于试点镇缺乏独立完整的一级财政体制和镇级金库，试点镇所能支配的财政资金十分有限，城镇基础设施建设改造的资金投入只能依靠土地出让金返还和银行贷款。这种做法直接加剧了地方政府对土地财政的自然依赖和卖地冲动，城镇化绑架了房地产。反过来，房地产开发对地块和利润的追逐，有的中心镇大拆大建，新开发住宅小区与周边公共服务配套设施缺位并存，新建楼房闲置与浪费土地资源并存，甚至出现“空城”“睡城”“鬼城”现象，房地产又绑架了城镇化，导致城镇化和房地产卷入互相牵制、进退两难的恶性循环怪圈。

5. 小城市考核机制单一

考核方式和评价标准有待进一步科学化、合理化、精细化。科学、合理、准确是考核评价小城市科学发展的基本要求，然而当前小城市培育考评工作仍然存在一些问题。一是现有考核指标没有突出试点镇本地特色和产业转型升级特征，这与培育工程总目标，即把经济社会发展水平较高的中心镇培育成有特色的现代化小城市是不符合的。现有的考核机制没有以城市特色为重点，导致一些试点镇专门挑选评价分值高的选项做工作，致使地方政府自身轻视了城市特色培育。在小城市培育的过程中，我们有能力、有时间、有空间挖掘试点镇的城市特色，包括地方自有特色和转型升级特色。因此，应该适当增加试点镇新产品产值、高级工程师数量、本科以上职工人数、研发资金投入总额等体现创新驱动发展的指标及权重。二是分期目标和任务分解还不够细致。“年终考核下结论”是影响考评工作准确性的主要原因。小城市培育工程不是一个、两个部门的工作，是需要多个部门协调配合的系统性战略任务。主管部门必须在总体战略下分解不同地区小城市的短期、中期、长期目标，并实施进度动态考核，明确各阶段、各职能部门的工作重点，把握好效率和效益、增量和质量的关系。

四　提升小城市绿色发展质量的实现路径

乡镇城市化是促进城乡发展一体化的关键支撑点，推动小城市科学发展是提升城镇化质量的重要任务。如果完全被动地依靠培育政策推动小城市往前走，势必会影响小城市发展速度和城镇化全局进展。因此，厘清实现路径的问题才是决定小城市能否实现科学发展目标的核心。要实现小城市发展的历史性突破，现阶段必须根据小城市科学发展实际存在的主要问题，遵循实用性、系统性、协调性和有效性原则，由省级相关主管部门、所在县市、试点镇多方合力，同步推进小城市培育工程，尽快从科学规划和打造框架的基础阶段转入完善务实推进机制的新阶段。

1. 提升城市功能品质

把城市功能定位和城市品质提升作为促进小城市实现可持续发展的基础。

明确小城市服务功能基本内容，全面提升小城市品质，必须进一步探索城镇管理体制创新，提高小城市基础设施的规划、建设和管理水平。既不能把小城市品质提升误解为搞形象工程，也不能一味片面强调城市形态而掩盖了城市功能缺位。

第一，推进小城市公共资源管理标准化。小城市培育主管部门要把公共资源配置均等化、优质化作为小城市培育政策体系的重点，把城市管理标准化、高效化作为小城市培育考核体系的要点，充分调动试点镇政府领导干部加强城市公共管理的能动性和创造性。小城市只有具备了比较完善的教育、医疗、环境、交通、休闲等公共资源，才能吸引并留住高端管理人才、技术人才和新生代农民工，才能保证小城市未来几十年的优质劳动力资源供给。这本身也符合倡导人的城镇化、促进人的全面发展的人本诉求。

小城市自身要加强市政设施、市容交通、社会治安、就业社保、户籍管理、休闲场馆、灾害救援等方面管理标准化、服务便民化和监督常态化，缓解试点镇城市功能缺位与公共服务需求日益增长之间的突出矛盾。例如，尽管浙江省沿海地区对台风等自然灾害预防积累了较多救援经验，但是2013年秋季强台风“菲特”对一些小城市的地下管网、供水供电设施及灾害救援工作提出了新考验，小城市城镇建设应该表里如一，“面子”和“里子”同等重要。

第二，围绕智慧城市、文化城市、和谐城市、生态城市，全面提升城市特色品质。小城市培育主管部门在明确小城市发展目标的基础上合理制定考核指标和考核办法，一方面确保考核指标能够正确引导小城市领导干部的实际工作；另一方面保证考核结果能够真实反映小城市科学发展的实际水平和实施进度。主管部门可以考虑适当增加小城市图书馆、文化馆、博物馆、科技馆、市民公园、公共卫生厕所、垃圾集中处理等公共设施建设和信息化改造升级在培育政策和考核体系中的比重。

小城市自身要正确理解城市品质目标的内涵和重要性，城市服务功能的多维度特点决定了提升城市品质要打“组合拳”。智慧城市强调信息化基础设施建设与便民应用，文化城市突出公共文化服务普及推广，和谐城市凸显社会治安好、基层矛盾少，生态城市坚持守住生态空间比例。完善城市服务功能与突出城市特色魅力并不矛盾，多类型的城市特色品质之间也不矛盾。只有积极利用信息技术和融入生态理念，才能增大城镇发展的容量与空间；只有自主开发文化资源和维护社会安定，才能提高小城市独特的文化品位。

2. 产业集群整体升级

把产业集群整体升级作为促进小城市实现产城融合的内生性可持续发展动力。城镇化在本质上是产业分工和空间集聚的过程。提升产业竞争力是提升城市竞争力的关键，产业竞争力和城市竞争力复合演化为城市产业竞争力。小城市产业升级具有农村工业化演化的必然性，已经处于市场倒逼产业升级的转型阶段。因此，要抓住产业结构向产业链和价值链高端攀升的分工机遇，不断提高新产品增加值和单位建设用地面积的增加值，把传统集群产业融入到产业链和价值链中去，控制住链中的关键环节来增强城市产业竞争力，依靠创新驱动和效率提升实现产业升级，这些任务都需要强化组织协调效应作为推进机制。

第一，加快小城市主导产业政府管理部门的职能转变。在日趋公平竞争的市场环境下，主管部门要改变过去重审批、轻监管的管理方式，创新管理体制，切实加强事中事后的监管，保证市场在资源配置中起决定性作用。主管部门要围绕试点镇现代产业体系内容，引导企业积极投入自主创新、逐步减少对优惠政策的依赖性，帮助企业避免宏观产业政策和市场形势变化引起的企业经营波动，避免产能过剩。

第二，整合小城市金融监管部门的投融资服务监管职能。多数试点镇企业为中小型民营企业，有大量金融服务需求。随着浙江省金融改革深化，小额贷款公司、优先股等金融业态创新逐渐增多，县（市）金融办工作量快速增多，无法保证对试点镇金融企业服务细化。建议在试点镇设立金融服务所，作为金融办在试点镇的分支结构，既有利于试点镇民营经济投融资发展，促进区域金融改革的整体推进，又有利于试点镇现代化经济体系的长远发展。

第三，加强小城市行业协会自主转型升级协作功能。浙江省大多数民营经济起源于乡镇，试点镇集聚了大量的中小规模工业企业。行业协会具有专业技术信息和市场信息优势，对内有规划发展、设计研发、品牌创新和市场营销职能，对外有交流合作和与政府沟通职能。强化企业和行业自组织能力有利于通过企业互助实现稳步连续性创新，深化专业化分工，促使产业集群整体进入渐进务实的升级模式。这也是市场在资源配置中起决定性作用的具体体现。

3. 健全城乡发展一体化体制机制

把健全城乡发展一体化体制机制作为新一轮小城市培育工程的主线。小城市的发展定位必须在完善城乡发展一体化体制机制的统领下稳步推动新型城镇化发展。在把试点镇培育成小城市的过程中，绝对不能固化城乡二元经济结构和社会结构，而是要全力拆解城乡二元经济阻滞和社会藩篱，使原来被孤立的农村社会融合到小城市科学发展的各个方面之中，扩大小城市对周边农村的辐射和带动效应。因此，以深化强镇扩权改革为依托，切实解决试点镇财政体制、行政体制、土地使用方面出现的难点问题，以此作为新一轮小城市培育行动的最大亮点。

第一，完善试点镇建设用地保障制度，保证镇级用地“有据可依”。妥善解决可用土地资源总量有限与用地需求量逐年增加的矛盾，既要突破发展要素“瓶颈”，又要赋予农民财产权利。在农村土地承包经营权完成确权的基础上，合理统筹城乡土地资源平等交换，不断探索土地流转新机制。尽快建立集体土地可入市的城乡统一土地市场，允许林权、土地承包经营权和宅基地使用权全面流转，允许三权抵押、担保、转让，允许闲置宅基地自愿有偿退出。一方面要赋予农民更大交易空间的土地交易权，保障农民公平分享土地增值收益，激发农村金融活力；另一方面要限制地方政府和企业土地抵押担保规模，避免土地市场波动引发的金融风险。在实行城乡建设用地增减挂钩政策的过程中，农村集体土地转变为城市建设用地的征地拆迁工作必须全面考虑生态资源保护、农民生产生活便利和开发项目发展前景，避免盲目大拆大建、征地长期闲置等不当做法造成土地资源浪费。

第二，加快启动试点镇财政专项改革，保证镇级财政“有钱统筹”。

小城市培育的相关主管部门要理顺县（市）与试点镇财税关系，调整税费留成比例，加大试点镇财政体制创新力度。只有赋予试点镇更大的财权，才能确保加大城乡公共服务设施建设改造投入，才能积极实现小城市城乡社会保障制度对接衔接，才能保障试点镇对统筹城乡发展的自主能动性。一方面有益于保障城市居民和农村居民同等人均数量、同等质量的公共服务，缩小城乡二元社会发展差距；另一方面能够从根本上扭转试点镇政府的土地财政倾向、化解基层政府债务风险，彻底解决一些地方政府强征强购农民承包地问题。让农民集体所有土地回归到原有价值上来，让土地市场回归到市场起决定性作用的正常运行轨道上来。

第三，深化试点镇行政管理体制改革，保证镇级行政“有权管理”。建议尝试打破试点镇沿用至今的、全国统一的传统乡镇管理职能设置体系，根据管理事务复杂程度设计试点镇职权和事权，在违章建筑、食品安全、计划生育、民办教育、环境保护等行政监督管理方面依法委托试点镇政府相应的行政执法权，进一步清晰、完整地确定试点镇政府的法定职能内容和范围，提高试点镇行政管理效率，着力解决一些试点镇行政管理不到位的问题。尤其是环境污染、安全生产等实行“一票否决制”的行政监督工作，要授权试点镇一定的处罚权，保证行政管理的权责平衡对等。

第十一章　研究结论、政策建议和未来研究展望

本章为对研究报告的总结，包括研究结论、政策建议和研究展望共三个部分。

一　研究结论

本书对2003年至2007年中国地级及以上城市绿色全要素生产率进行了估算、分地区和城市群的比较分析、城市内部影响因素分析、制造业集聚效应和服务业集聚效应分析，得出以下结论：

第一，中国各城市之间GTFP增长率差距在逐步拉大，GTFP增长率较低的城市很难赶超高GTFP的城市。从不同地区的层面看，城市绿色全要素生产率（GTFP）依次为东部地区最高，东北地区次之，西部和中部地区较低；从地区内部GTFP差距看，东部地区内部的城市GTFP差距最大，东北和中部地区次之，西部地区内部的城市GTFP差距最小。

对不同城市群之间的城市GTFP变化特征做出比较分析，一些城市群的核心城市GTFP在城市群中处于领先地位，如京津冀都市圈、珠三角城市群、山东半岛城市群、长株潭城市群、关中城市群、武汉都市圈，表明了核心城市在引领整个城市群以及所在区域经济和环境可持续发展的协调统一。另一些城市群的核心城市GTFP水平低于非核心城市，如长三角城市群、辽东半岛城市群、吉黑城市群、中原城市群城市、成渝城市群。

对中国2003年至2007年各地区之间、各城市群之间的城市GTFP进行收敛性检验发现，全国、东部地区、东北地区、中部地区和西部地区的城市绿色全要素生产率（GTFP）均不存在绝对β收敛，也不存在条件β

收敛和 σ 收敛，同时不存在俱乐部收敛，这表明全国和各地区城市绿色全要素生产率的增长差异没有表现出递减趋势。

第二，从全国平均水平来看，禀赋结构、制度因素中的人力资本和政府力量、基础设施方面的信息化水平和道路密度的增长或增强有益于城市绿色全要素生产率的提高。在全面考虑影响城市绿色全要素生产率的城市内部因素时发现，第三产业占总劳动力的比例升高不利于城市绿色全要素生产率的增长。地理区位因素对城市绿色全要素生产率存在一部分影响，东部地区的城市绿色全要素生产率存在地理区位优势，而中西部地区没有显现出这种优势。能源基础设施对城市绿色全要素生产率的影响不显著。

在不同地区组内、不同城市群组内和不同城市规模组内，城市内部因素对城市绿色全要素生产率的影响程度差别很大。东北地区的要素禀赋结构对城市绿色全要素生产率的影响高于全国平均水平；东部地区和中部地区的第二产业增加值比例提高和第三产业就业人数比例增加，阻碍城市绿色全要素生产率增进；中部地区的政府力量对城市绿色全要素生产率的相关程度最大；各地区人力资本水平都显著促进了城市绿色全要素生产率提高，但东北地区人力资本水平的作用程度最小；只有西部地区道路密度的增长显著促进了城市绿色全要素生产率提高；东部地区的信息化水平促进了城市绿色全要素生产率增进的影响程度最大。

关中城市群和长三角城市群的要素禀赋结构对城市绿色全要素生产率的影响高于全国平均水平和各地区平均水平。长三角城市群，第三产业就业人数比例的提高不利于城市绿色全要素生产率增进，这与东部地区是一致的。只有长三角城市群的政府力量对城市绿色全要素生产率的正向影响显著，而其他城市群不显著。长三角城市群和关中城市群人力资本水平都显著促进了城市绿色全要素生产率提高。在基础设施方面，只有长株潭城市群道路密度和信息化水平增长显著促进了城市绿色全要素生产率提高，其相关程度高于全国平均水平和各地区平均水平。

特大城市具有要素禀赋优势高于全国平均水平和典型城市群平均水平。特大城市和大城市制度因素中的对外开放变量估计系数显著为负，而且特大城市对外开放水平对绿色全要素生产率的负相关程度为大城市的近1倍，说明外商直接投资对大城市和特大城市的知识溢出正效应小和环境污染负效应大，导致了对外开放水平提高不利于其绿色全要素生产率提高。中小城市的第二产业增加值占 GDP 比例增加显著促进绿色全要素生产率提高。而中小城市的政府力量却没有发挥推动绿色全要素生产率提高的作用。中小城市的基础设施包括道路密度、信息化水平和能源基础设施的提高，显著促进了绿色全要素生产率提高增进。可见，制度因素和基础设施建设是中小城市提高绿色全要素生产率的重要方面。

第三，在城市绿色全要素生产率的城市内部影响因素研究的基础上，将研究视角扩展至城市经济活动所面临的环境分析，即制造业集聚给城市绿色全要素生产率增进带来的影响。本书使用了基于劳动力数量计算的反映制造业集聚水平指标 HHI、LQ 和 AGG，将这三个变量的一次项和二次项纳入城市绿色全要素生产率的影响因素回归模型，进行计量经济学面板数据回归模型分析。研究发现，制造业集聚水平的上升对城市绿色全要素生产率提高存在显著的积极影响，具有重要的推动作用。

对于服务业集聚对城市绿色全要素生产率增进的影响分析，利用 2003 年至 2007 年 260 个地级及以上城市面板数据，采用随机效应模型广义最小二乘（GLS）估计方法，对实证结果进行细致分析。研究发现，我国城市服务业整体集聚水平和生产型服务业集聚水平都较低，但是生产型服务业集聚水平要高于服务业整体集聚水平。无论是服务业整体集聚，还是生产型服务业集聚，二者都没有起到促进城市绿色全要素生产率增长的作用。样本期间服务业集聚水平偏低，阻碍了城市绿色全要素生产率增长。

二　政策建议

在快速城市化发展的历史时期，加上 2008 年金融危机带来的不利影响，加快技术进步、提高技术效率、增强自主创新能力、实施节能减排、建设“资源节约型、环境友好型社会”两型社会，这些战略和政策是实现城市经济和环境可持续发展的必然选择。因此，基于本书的研究内容及结论，提出以下几点建议：

第一，衡量城市可持续发展水平要从经济可持续发展和环境可持续发展两个方面的协调统一出发。本书界定的城市绿色全要素生产率概念能够基本实现这一目标。因此，可以使用城市绿色全要素生产率测度城市经济和环境可持续发展水平。以往使用的绿色 GDP 概念、生态城市建设等理念存在一些局限性，表现在：(1)绿色 GDP 概念尽管考虑到环境质量因素，但是本质上仍然是经济总量增长的思想体现，不是从提高经济增长质量、发展内涵型经济增长模式出发的。而城市绿色全要素生产率是基于全要素生产率概念的拓展，本质上代表城市经济可持续发展。(2)生态城市建设涉及多个统计指标，没有把城市全要素生产率代表的技术进步、技术效率和资源配置效率的全要素生产率纳入指标体系，而且多指标体系在研究和实践中也不便使用和比较。所以，在政府和研究机构可以利用城市绿色全要素生产率概念全面、简洁地考察和比较城市经济和环境可持续发展水平。

第二，从全国来看，一方面，要继续注重人力资本的积累，因为它是加快技术进步和提高技术效率的源泉；另一方面，还要努力使人力资本存量的结构优化和配置合理化。调整城市内部人力资本结构，合理配置不同规模城市之间的人力资本分布。引导高素质劳动力的“逆大城市化”，向中小城市流动，将有利于技术效率水平较低、同时技术效率水平增长较快的中小城市实现跨越式发展。中小城市的人力资本水平与城市全要素生产率增长的变化方向相反，这说明拥有较高人力资本水平和大量高素质劳动力的城市经济，其人力资本优势已经得到充分释放，高素质人力资本对已经拥有高技术效率水平城市的全要生产率增长边际贡献十分有限。如果不能对大城市人力资本存量和流量进行合理配置，那么便出现中小城市人力资本阻碍城市全要素生产率提高的局面出现。我们的结论反映出的经济现实是现阶段我国多数城市，尤其是大中城市出现了人力资本拥挤和人力资源浪费，呈现出城乡之间人力资本配置不平衡和地区之间人力资本配置不平衡的双重非均衡特点。这种非均衡产生的效率损失之一体现为现有中小城市人力资本阻碍了城市全要素生产率的提高，而产生效率损失的根本原因在于市场失灵，因此需要政府出台政策调整城市内部人力资本结构，同时引导高素质劳动力，例如大学毕业生由城市就业向城乡结合地带、农村就业转移，通过高素质劳动力的“逆大城市化”缓解大城市人力资本拥挤现状。

第三，应该加强中小城市制度创新和基础设施建设。文章对 200 万人口及以下的城市组回归分析发现，要素禀赋结构较低的中小城市，其制度因素中政府力量和人力资本对城市绿色全要素生产率的影响都是负向影响。这表明中小城市的政府力量和人力资本水平较低，没有发挥出促进城市绿色全要素生产率增长的作用。基础设施方面的道路密度、信息化水平和能源基础设施显著促进了城市绿色全要素生产率提高。因此，中小城市的经济和环境可持续发展的协调统一必须同时依靠“软的基础设施建设”——增强政府力量、吸引人力资本、搞好制度创新和“硬的基础设施建设”——完善道路建设、提高信息化水平、改进能源设施建设等方面。从而促进中小城市经济和环境可持续发展，缩小与大城市之间绿色全要素生产率的差距。就人力资本而言，近年来出现的“白领返乡”现象是大城市人力资本出于经济利益考虑、大城市生活压力大等原因开始向中部、西部地区城市、中小城市转移的要素流动现象。还有大城市大量大学毕业生留在城市工作的“蚁族”现象，这些都是大城市人力资本向中小城市转移人力资本的推力，也是中小城市吸引人才的难得契机。因此，在人力资本“返乡”倾向增强和大学生就业难的特殊历史阶段，技术效率水平较低的中小城市应该制定吸引高素质人力资本的政策作为拉力，以人才战略突破经济可持续发展的生产率瓶颈。

第四，积极发展第三产业，合理优化服务业集聚结构，使生产型服务业更好地为制造业服务，促进城市绿色全要素生产率增长。从理论分析和定性分析上，服务业集聚，尤其是生产型服务业集聚，可以产生知识溢出效应，促进城市全要素生产率提高。但是经验数据研究发现，2003 年至 2007 年期间，我国城市服务业集聚和生产型服务业集聚却阻碍了城市绿色全要素生产率增长。因此，要调整服务业集聚结构，协调生产型服务业集聚与制造业集聚的关系，使服务业集聚水平和结构得到优化，促进城市绿色全要素生产率提高。

三 研究展望

第一，根据增长极和非均衡增长理论，不同等级的城市间存在扩散和回流效应。柯善咨（2009）研究发现，地级及以上城市间 GDP 增长有互相促进作用，但是在就业增长上相互抑制[263]。那么，在代表城市经济和环境可持续发展水平的城市绿色全要素生产率方面，地级及以上城市间是否存在相互影响，它们是如何相互影响的？尤其是在同各一地区、同一个城市群内部，地级及以上城市之间的绿色全要素生产率相互作用关系是否显著？这是在估算和比较城市之间绿色全要素生产率差距之后应该继续深入研究的问题。

第二，为什么基于省区数据和基于城市数据的外商直接投资的技术溢出效应不同。尽管本书估计的外商直接投资占 GDP 比例对城市绿色全要素生产率的影响不显著，但是多数估计系数的符号为负，估计系数的绝对值也很小。而以省区层面为研究对象相关研究结论为，外商直接投资显著促进了地区全要素生产率的提高。当然这些研究所估算的全要素生产率没有考虑环境因素。因此，是不是因为环境因素的考虑导致了城市数据的外商直接投资知识溢出效应不显著？与外商直接投资“污染天堂论”的成立是否相关？这个问题需要进一步分析。我们要把外商直接投资向正确方向引导，使外资企业对城市经济增长释放出越来越多的知识溢出等正的外部性效应，逐步减少和控制其负外部性影响，例如环境污染，使外资经济对城市经济和环境可持续发展作出贡献。

参考文献

[1] 吴敬琏：《中国增长模式抉择》，上海远东出版社2005年版。

[2] 郭庆旺、贾俊雪：《中国全要素生产率的估算：1979—2004》，《经济研究》2005年第6期。

[3] 林毅夫、苏剑：《论我国经济增长方式的转换》，《管理世界》2007年第11期。

[4] 金碚：《科学发展观与经济可持续增长方式转变》，《中国工业经济》2006年第5期。

[5] Feder，G. The Relationship between Farm Size and Farm Productivity：The Role of Family Labour，Supervision，and Credit Const raints. Journal of Development Economics，1985，18，pp. 297—313.

[6] 朱攀峰：《中国新型城市化道路选择研究》，博士学位论文，中共中央党校，2009年。

[7] 刘光岭、卢宁：《全要素生产率的测算与分解：研究述评》，《经济学动态》2008年第10期。

[8] Chow，G. Capital Formation and Economic Growth in China. Quarterly Journal of Economics，1993，108（3），pp. 809—842.

[9] 李京文、D. 乔根森、黑田昌裕：《生产率与中美日经济增长研究》，中国社会科学出版社1993年版。

[10] 孙敬水：《TFP增长率的测算与分解》，《数量经济技术经济研究》1996年第9期。

[11] 沈坤荣：《中国综合要素生产率的计量分析与评价》，《数量经济技术经济研究》1997年第11期。

[12] 张军、施少华：《中国经济全要素生产率变动：1952—1998》，

《世界经济文汇》2003 年第 2 期。

［13］易纲、樊纲、李岩：《关于中国经济增长与全要素生产率的理论思考》，《经济研究》2003 年第 8 期。

［14］郭庆旺、贾俊雪：《中国潜在产出与产出缺口的估算》，《经济研究》2004 年第 5 期。

［15］郭庆旺、贾俊雪：《中国全要素生产率的估算：1979—2004》，《经济研究》2005 年第 6 期。

［16］Zheng，Hu. An Empirical Analysis of Provincial Productivity in China（1979—2001）［R］. Working Paper in Economics（Swo PEc）2004，No. 127.

［17］郑京海、胡鞍钢：《中国改革时期省际生产率增长变化的实证分析（1979—2001 年）》，《经济学》（季刊）2005 年第 1 期。

［18］岳书敬、刘朝阳：《人力资本与区域全要素生产率分析》，《经济研究》2006 年第 4 期。

［19］杨文举：《技术效率、技术进步、资本深化与经济增长》，《世界经济》2006 年第 5 期。

［20］于君博：《前沿生产函数在中国区域经济增长技术效率测算中的应用》，《中国软科学》2006 年第 11 期。

［21］颜鹏飞、王兵：《技术效率、技术进步与生产率增长：基于 DEA 的实证分析》，《经济研究》2004 年第 12 期。

［22］彭国华：《中国地区收入差距、全要素生产率及其收敛分析》，《经济研究》2005 年第 9 期。

［23］Wu，Y.，Has Productivity Contributed to China Äs Growth? Pacific Economic Review，2003，8（1），pp. 15—30.

［24］赵伟、马瑞永：《中国经济增长收敛性的再认识：基于增长收敛微观机制的分析》，《管理世界》2005 年第 11 期。

［25］傅晓霞、吴利学：《技术效率、资本深化与地区差异：基于随机前沿模型的中国地区收敛分析》，《经济研究》2006 年第 10 期。

［26］陶长琪、齐亚伟：《中国全要素生产率的空间差异及其成因分析》，《数量经济技术经济研究》2010 年第 1 期。

［27］王小鲁、樊纲、刘鹏：《中国经济增长方式转换和增长可持续

性》,《经济研究》2009 年第 1 期。

[28] R. Solow, Technical Change and the Aggregate Production Function, The Review of Economics and Statistics, Vol. 39, No. 3, 1957, pp. 312—320.

[29] 吕冰洋、余丹林:《中国梯度发展模式下经济效率的增进:基于空间视角的分析》,《中国社会科学》2009 年第 6 期。

[30] 张国初:《前沿生产函数、要素使用效率和全要素生产率》,《数量经济技术经济研究》1996 年第 9 期。

[31] 王志刚、龚六堂、陈玉宇:《地区间生产效率与全要素生产率增长率分解(1978—2003)》,《中国社会科学》2006 年第 2 期。

[32] 徐瑛、陈秀山、刘凤良:《中国技术进步贡献率的度量与分解》,《经济研究》2006 年第 8 期。

[33] 徐现祥、舒元:《基于对偶法的中国全要素生产率核算》,《统计研究》2009 年第 7 期。

[34] 雷明、孙曙光:《一种新的全要素生产率变动的分解模式》,《经济科学》2010 年第 1 期。

[35] Steve Olley and Ariel Pakes. The Dynamics of Productivity in the Telecommunications Equipment Industry, Econometrica, 1996, Vol. 64, No. 6, pp. 1263—1298.

[36] Ackerberg Daniel A and Kevin Caves, Structural Identification of Production Functions, mimeo1 Los Angeles, 2003, CA: Department of Economics, UCLA.

[37] 金剑、蒋萍:《生产率增长测算的半参数估计方法:理论综述和相关探讨》,《数量经济技术经济研究》2006 年第 9 期。

[38] 何枫、陈荣:《经济开放度对中国经济效率的影响:基于跨省数据的实证分析》,《数量经济技术经济研究》2004 年第 5 期。

[39] 何元庆:《对外开放与 TFP 增长:基于中国省际面板数据的经验研究》,《经济学》(季刊)2007 年第 7 期。

[40] 徐现祥、李郇:《中国城市经济增长的趋同分析》,《经济研究》2004 年第 5 期。

[41] 陆铭、陈钊:《城市化、城市倾向的经济政策与城乡收入差

距》,《经济研究》2004 年第 6 期。

[42] Woo, W. T., *Chinese* Economic Growth: Sources and Prospects. in M. Fouquin and F. Lemoine (eds), 1998, The Chinese Economy, Paris: Economica.

[43] Xiang Aoand Lilyan E. Fulginiti. Productivity Growth in China: Evidence from Chinese Provinces, Development and Comp Systems 0502024. EconWPA, 2005.

[44] 黄先海、石东楠:《对外贸易对我国全要素生产率影响的测度与分析》,《世界经济研究》2005 年第 1 期。

[45] 华萍:《不同教育水平对全要素生产率增长的影响:来自中国省份的实证研究》,《经济学》(季刊) 2005 年第 1 期。

[46] 李胜文、李大胜:《我国全要素生产率增长的区域差异》,《数量经济技术经济研究》2006 年第 9 期。

[47] 彭国华:《中国工业经济我国地区全要素生产率与人力资本构成》,《中国工业经济》2007 年第 2 期。

[48] 魏下海:《贸易开放、人力资本与中国全要素生产率:基于分位数回归方法的经验研究》,《数量经济技术经济研究》2009 年第 7 期。

[49] 姚洋、章奇:《中国工业企业效率分析》,《经济研究》2001 年第 10 期。

[50] 郑京海、刘小玄、Arne Bigsten:《1980—1994 期间中国国有企业的效率、技术进步和最佳实践》,《经济学》(季刊) 2002 年第 4 期。

[51] 王德文、王美艳、陈兰:《中国工业的结构调整、效率与劳动配置》,《经济研究》2004 年第 4 期。

[52] 涂正革、肖耿:《中国工业的生产力革命》,《经济研究》2005 年第 3 期。

[53] 涂正革、肖耿:《中国工业增长模式的转变》,《管理世界》2006 年第 10 期。

[54] 涂正革、肖耿:《非参数成本前沿模型与中国工业增长模式研究》,《经济学》(季刊) 2007 年第 1 期。

[55] 原鹏飞、何枫:《中国制造业生产效率变迁实证研究》,《中国软科学》2005 年第 6 期。

［56］朱钟棣、李小平：《中国工业行业资本形成、全要素生产率变动及其趋异化》，《世界经济》2005 年第 9 期。

［57］沈能：《中国制造业全要素生产率地区空间差异的实证研究》，《中国软科学》2006 年第 6 期。

［58］李胜文、李大胜：《中国工业全要素生产率的波动 1998—2005：基于细分行业的三投入随机前沿分析》，《数量经济技术经济研究》2008 年第 5 期。

［59］严兵：《效率增进、技术进步与全要素生产率增长：制造业内外资企业生产率比较》，《数量经济技术经济研究》2008 年第 11 期。

［60］宫俊涛、孙林岩、李刚：《中国制造业省际全要素生产率变动分析》，《数量经济技术经济研究》2008 年第 4 期。

［61］韩晶：《中国高技术产业创新效率研究：基于 SFA 方法的实证分析》，《科学学研究》2010 年第 3 期。

［62］夏良科：《人力资本与 R&D 如何影响全要素生产率：基于中国大中型工业企业的经验分析》，《数量经济技术经济研究》2010 年第 4 期。

［63］谢千里、罗斯基、郑玉歆：《所有制形式与中国工业生产率变动趋势》，《数量经济技术经济研究》2001 年第 3 期。

［64］张海洋：《R&D 两面性、外资活动与中国工业生产率增长》，《经济研究》2005 年第 5 期。

［65］陈勇、唐朱昌：《中国工业的技术选择与技术进步：1985—2003》，《经济研究》2006 年第 9 期。

［66］王争、郑京海、史晋川：《中国地区工业生产绩效：结构差异、制度冲击及动态表现》，《经济研究》2006 年第 11 期。

［67］Jefferson G. H., Rawski T. G. and Zhang, Y. F. Productivity Growth and Convergence Across Chinaps Industrial Economy, Journal of Chinese Economic and Business Studies, 2008, 6 (2), pp. 121—140.

［68］戴平生，陈建宝：《中国工业生产率的增长与收敛》，《纪念改革开放 30 周年暨福建省社科界第五届学术年会——经济改革与发展论坛》，2008 年。

［69］刘忠生、李东：《中国内资与外资的效率差异及收敛性分析》，《数量经济技术经济研究》2009 年第 5 期。

[70] 朱英明：《区域制造业规模经济、技术变化与全要素生产率——产业集聚的影响分析》，《数量经济技术经济研究》2009 年第 10 期。

[71] 金相郁：《城市全要素生产率研究：1990—2003》，《上海经济研究》2006 年第 7 期。

[72] 俞立平、周署东、王艾敏：《中国城市经济效率测度研究》，《中国人口科学》2006 年第 4 期。

[73] 李郇、徐现祥：《技术进步水平与城市学习——我国地级市全要素生产率差异分析》，《经济地理》2006 年第 7 期。

[74] 高春亮：《1998—2003 城市生产效率：基于包络技术的实证研究》，《当代经济科学》2007 年第 1 期。

[75] 李培：《中国城市经济增长的效率与差异》，《数量经济技术经济研究》2007 年第 7 期。

[76] 柯善咨、姚德龙：《工业集聚与城市劳动生产率的因果关系和决定因素——中国城市的空间计量经济联立方程分析》，《数量经济技术经济研究》2008 年第 12 期。

[77] 刘秉镰、李清彬：《中国城市全要素生产率的动态实证分析：1990—2006——基于 DEA 模型的 Malmquist 指数方法》，《南开经济研究》2009 年第 3 期。

[78] 邵军、徐康宁：《我国城市的生产率增长、效率改进与技术进步》，《数量经济技术经济研究》2010 年第 1 期。

[79] 姚先国、薛强军、黄先海：《效率增进、技术创新与 GDP 增长——基于长三角 15 城市的实证研究》，《中国工业经济》2007 年第 2 期。

[80] 孙秀丽、张金禄、田卫厚：《城市经济发展的相对有效性评价——以山东省为例》，《东岳论丛》2007 年第 7 期。

[81] 余敦、付永琦：《江西省城市经济效率分异研究》，《安徽农业科学》2007 年第 6 期。

[82] 高炜宇：《国内大城市生产效率的对比分析》，《上海经济研究》2008 年第 11 期。

[83] Jefferson G. H., Rawski T. G. and Zhang, Y. F. Productivity

Growth and Convergence across Chinaps Industrial Economy, Journal of Chinese Economic and Business Studies, 2008, 6 (2), pp. 121—140.

[84] 于永达、吕冰洋：《中国生产率争论：方法的局限性和结论的不确定性》,《清华大学学报》(哲学社会科学版) 2010 年第 3 期。

[85] 章祥荪、贵斌威：《中国全要素生产率分析：Malmquist 指数法评述与应用》,《数量经济技术经济研究》2008 年第 6 期。

[86] 彭水军、包群：《环境污染、内生增长与经济可持续发展》,《数量经济技术经济研究》2006 年第 9 期。

[87] 于峰、齐建国、田晓林：《经济发展对环境质量影响的实证分析》,《中国工业经济》2006 年第 8 期。

[88] 张卫东、汪海：《我国环境政策对经济增长与环境污染关系的影响研究》,《中国软科学》2007 年第 12 期。

[89] 卢宁、李国平：《环境库兹涅茨曲线在我国成立再探讨》,《统计与决策》2010 年第 14 期。

[90] 卢宁、李国平：《考虑经济增长“双引擎”的环境库兹涅茨曲线研究》, 中国地理学会“城市与区域管理专业委员会”学术年会论文, 湖南师范大学, 2010 年 6 月。

[91] Fare, Rolf; Grosskopf, Shawna and Weber, William L. Shadow Prices and Pollution Costs in USA Agriculture. Ecological Economics, 2006, 56, pp. 89—103.

[92] Fare, Rolf; Grosskopf, Shawna and Pasurka, CarlA. Jr. Environ mental Production Functions and Environmental Directional Distance Functions. Energy, 2007, 32, pp. 1055—1066.

[93] Jeon, B. M., Sickles, R. C. The Role of Environmental Factors in Growth Accounting, Journal of Applied Econometrics, 2004, 19, pp. 567—591.

[94] Yoruk, B., Zaim, O. Productivity Growth in OECD Countries: A Comparison with Malmquist Indices, Journal of Comparative Economics, 2005, 33, pp. 401—420.

[95] Kumar, S. Environmentally Sensitive Productivity Growth: A Global Analysis Using Malmquist - Luenberger Index, Ecological Economics,

2006, 56, pp. 280—293.

[96] 王兵、吴延瑞、颜鹏飞:《环境管制与全要素生产率增长:APEC 的实证研究》,《经济研究》2008 年第 5 期。

[97] 胡鞍钢、郑京海、高宇宁、张宁、许海萍:《考虑环境因素的中国省级技术效率排名(1999—2005)》,《经济学》(季刊) 2008 年第 3 期。

[98] 杨龙、胡晓珍:《基于 DEA 的中国绿色经济效率地区差异与收敛分析》,《经济学家》2010 年第 2 期。

[99] 吴军、笪凤媛、张建华:《环境管制与中国区域生产率增长》,《统计研究》2010 年第 1 期。

[100] Chung, Y. H., Fare, R., Grosskopf, S. Productivity and Undesirable Out puts: A Directional Distance Function Approach, Journal of Environmental Management, 1997, 51, pp. 229—240.

[101] Fare, R., Grosskopf, Shawna, Pasurka, Carl, Accounting for Air Pollution Emissions in Measuring State Manufacturing Productivity Growth, Journal of Regional Science, 2001, 41, pp. 381—409.

[102] Hailu, A., Veeman, T. S. Non - parametric Productivity Analysis with Undesirable Outputs: A n Application to the Canadian Pul Pand Paper Industry, American Journal of Agricultural Economics, 2001, 83, pp. 605—616.

[103] Seiford, L., Zhu, J. Modeling Undesirable Factors in Efficiency Evaluation, European Journal of Operational Research, 2002, 142, pp. 16—20.

[104] Yu 等 (2007), 利用 1995 年至 1999 年台湾地区四个主要机场投入产出面板数据。

[105] 柯孔林、冯宗宪:《中国银行业全要素生产率测度:基于 Malmquist - Luenberger 指数研究》,《数量经济技术经济研究》2008 年第 4 期。

[106] 杨俊、邵汉华:《环境约束下的中国工业增长状况研究:基于 Malmquist - Luenberger 指数的实证分析》,《数量经济技术经济研究》2009 年第 9 期。

[107] 吴军：《环境约束下中国地区工业全要素生产率增长及收敛分析》，《数量经济技术经济研究》2009 年第 11 期。

[108] 涂正革：《环境、资源与工业增长的协调性》，《经济研究》2008 年第 2 期。

[109] 陈诗一：《能源消耗、二氧化碳排放与中国工业的可持续发展》，《经济研究》2009 年第 4 期。

[110] 涂正革、肖耿：《环境约束下的中国工业增长模式研究》，《世界经济》2009 年第 11 期。

[111] 岳书敬、刘富华：《环境约束下的经济增长效率及其影响因素》，《数量经济技术经济研究》2009 年第 5 期。

[112] Rosenthal, S., Strange, W. Evidence on the Nature and Sources of Agglomeration Economies, Handbook of Regional and Urban Economics, 4, Amsterdam: North Holland, 2004.

[113] Duranton, G., Puga, D. Diversity and Specialisation in Cities: Why, Where and When Does it Matter? Urban Studies, 2000, 37 (3), pp. 533—555.

[114] 金煜、陈钊、陆铭：《中国的地区工业集聚：经济地理、新经济地理与经济政策》，《经济研究》2006 年第 4 期。

[115] 何雄浪、李国平：《专业化产业集聚——空间成本与区域工业化》，《经济学》（季刊）2007 年第 7 期。

[116] 梁琦：《中国工业的区位基尼系数——兼论外商直接投资对制造业集聚的影响》，《统计研究》2003 年第 9 期。

[117] 白重恩、杜颖娟、陶志刚、仝月婷：《地方保护主义及产业地区集中度的决定因素和变动趋势》，《经济研究》2004 年第 4 期。

[118] 罗勇、曹丽莉：《中国制造业集聚程度变动趋势的实证研究》，《经济研究》2005 年第 8 期。

[119] 路江涌、陶志刚：《中国制造业区域聚集及国际比较》，《经济研究》2006 年第 3 期。

[120] 王小鲁、樊纲：《中国地区差距的变动趋势和影响因素》，《经济研究》2004 年第 1 期。

[121] 杨洪焦、孙林岩、吴安波：《中国制造业聚集度的变动趋势及

其影响因素研究》，《中国工业经济》2008 年第 4 期。

［122］刘军、徐康宁：《产业聚集在工业化进程及空间演化中的作用》，《中国工业经济》2008 年第 9 期。

［123］高鸿鹰、武康平：《集聚效应、集聚效率与城市规模分布变化》，《统计研究》2007 年第 3 期。

［124］谢燮、杨开忠：《中国城市的多样化与专业化特征》，《软科学》2003 年第 1 期。

［125］梁琦、钱学锋：《外部性与集聚——个文献综述》，《世界经济》2007 年第 2 期。

［126］梁琦：《产业集聚论》，商务印书馆 2004 年 4 月第 1 版。

［127］Dogan，E.，External Scale Economies in Turkish Manufacturing Industries，International Review of Applied Economics，2001，No. 4，Vol. 15，pp. 430—445.

［128］Mukkala，Agglomeration Economies in the Finnish Manufacturing Sector，Applied Economics，2004，36，pp. 2419—2427.

［129］Lucio J.，Herce J.，A. Goicolea，The Effects Of Externalities On Productivity Growth In Spanish Industry，Regional Science And Urban Economics，2002，32，pp. 241—258.

［130］范剑勇：《产业集聚与地区间劳动生产率差异》，《经济研究》2006 年第 11 期。

［131］张俊妮、陈玉宇：《产业集聚、所有制结构与外商投资企业的区位选择》，《经济学》（季刊）2006 年第 7 期。

［132］薄文广：《外部性与产业增长》，《中国工业经济》2007 年第 1 期。

［133］柴志贤、黄祖辉：《集聚经济与中国工业生产率的增长——基于 DEA 的实证分析》，《数量经济技术经济研究》2008 年第 11 期。

［134］Greunz L.，Industrial Structure And Innovation Evidence From European Regions，Journal of Evolutionary Economics，2004，（14），pp. 563—592.

［135］Glaeser E. L，H. D. Kallal，J. A. Scheinkman and A. Shleifer，Growth in Cities，Journal of Political Economy，1992，100（6），pp. 1126—1152.

［136］Henderson V., Kuncoro A., Turner M1 Industrial Development in Cities, Journal of Political Economy, 1995, Vol. 1103（5）, pp. 1067—1090.

［137］胡霞、魏作磊：《中国城市服务业集聚效应实证分析》，《财贸经济》2009 年第 8 期。

［138］范剑勇：《市场一体化、地区专业化与产业集聚趋势——兼谈对地区差距的影响》，《中国社会科学》2004 年第 6 期。

［139］王业强、魏后凯：《产业特征、空间竞争与制造业地理集中》，《管理世界》2007 年第 4 期。

［140］樊福卓：《地区专业化的度量》，《经济研究》2007 年第 9 期。

［141］高进田：《聚集经济与区域经济发展》，《经济问题探索》2007 年第 8 期。

［142］汪伟：《经济增长、人口结构变化与中国高储蓄》，《经济学》（季刊）2009 年第 10 期。

［143］中国经济增长与宏观稳定课题组：《中国可持续增长的机制、证据、理论和政策》，《经济研究》2008 年第 10 期。

［144］中国经济增长与宏观稳定课题组：《城市化、产业效率与经济增长》，《经济研究》2010 年第 10 期。

［145］刘伟、张辉：《中国经济增长中的产业结构变迁和技术进步》，《经济研究》2008 年第 12 期。

［146］国家标准《城市规划基本术语标准》（GB/T 50280—98）主编部门：中华人民共和国建设部批准部门：中华人民共和国建设部，施行日期：1999 年 2 月 1 日。

［147］王家庭、贾晨蕊：《我国城市化与区域经济增长差异的空间计量研究》，《经济科学》2009 年第 3 期。

［148］赵晓雷：《城市经济与城市群》，上海人民出版社 2009 年版，第 21 页。

［149］卢善荣、张远秀：《以“小市大镇”为载体引导资源流向——中国城乡协调发展的一种思路》2009 年第 6 期。

［150］陈诗一：《能源消耗、二氧化碳排放与中国工业的可持续发展》，《经济研究》2009 年第 4 期。

［151］经济增长前沿课题组：《经济增长、结构调整的累积效应与资本形成——当前经济增长态势分析》，《经济研究》2003 年第 8 期。

［152］Renaud, B. National Urbanization Policy in Developing Countries, Oxford University Press, 1981, pp. 17—18.

［153］Henderson, J. Vernon. How Urban Concentration Affects Economic Growth, The World Bank Policy Research Working Paper, 2000, No. 2326, Washington D. C.

［154］周一星：《城市地理学》，商务印书馆 1995 年版。

［155］许学强、朱剑如：《现代城市地理学》，中国建筑工业出版社 1988 年版。

［156］高佩义：《中外城市化比较研究》，南开大学出版社 2004 年版。

［157］成德宁：《城市化与经济发展——理论、模式与政策》，科学出版社 2004 年版。

［158］洪银兴：《工业和城市反哺农业、农村的路径研究：长三角地区实践的理论思考》，《经济研究》2007 年第 8 期。

［159］吴福象、刘志彪：《城市化群落驱动经济增长的机制研究——来自长三角 16 个城市的经验证据》，《经济研究》2008 年第 11 期。

［160］姚士谋、朱英明、陈振光：《中国的城市群》，中国科学技术大学出版社 2001 年版。

［161］宋吉涛、方创琳、宋敦江：《中国城市群空间结构的稳定性分析》，《地理学报》2006 年第 12 期。

［162］经济增长前沿课题组：《经济增长、结构调整的累积效应与资本形成——当前经济增长态势分析》，《经济研究》2003 年第 8 期。

［163］叶裕民：《中国“十一五”期间城市化发展面临的重大问题与思考》2006 年第 7 期。

［164］刘志彪、郑江淮：《长三角经济增长的新引擎》，中国人民大学出版社 2007 年版。

［165］Aigner, J. and Chu, S. F. On Estimating the Industry Production Function, American Economic Review, 1968, Vol. 13, pp. 568—598.

［166］Fare. R., Grosskopf S. Modeling Undesirable Factors in Effieieney

Evaluation: Comment, European Journal of Operational Research, 2004, 157 (1).

[167] Nishimizu, M. and J. M. Page, Total Factor Productivity Growth, Technical Progress and Technical Efficiency Change: Dimensions of Productivity Change in Yugoslavia, 1965—1978, The Economic Journal, 1982, 92, pp. 929—936.

[168] Kaneko, S and Managi, S. Environmental Productivity in China, Economics Bulletin, 2004, Vol. 17, No. 2, pp. 1—10.

[169] 程丹润、李静:《环境约束下的中国省区效率差异研究:1990—2006》,《财贸研究》2009年第1期。

[170] Managi, S. and Kaneko S. Economic Growth and the Environment in China: An Empirical Analysis of Productivity, International Journal of Global Environmental Issues, 2006, 6 (1), pp. 89—133.

[171] Watanabe, M. and Tanaka K. Effciency Ananlysis of Chinese Industry: A Directional Distance Function Approach, Energy Policy, 2007, 35, pp. 6323—6331.

[172] 王兵、吴延瑞、颜鹏飞:《中国区域环境效率与环境全要素生产率增长》,《经济研究》2010年第5期。

[173] 张军、吴桂英、张吉鹏:《中国省际物质资本存量估算:1952—2000》,《经济研究》2004年第10期。

[174] 刘永亮:《中国城市规模经济的动态分析》,《经济学动态》2009年第7期。

[175] 中国经济增长与宏观稳定课题组:《资本化扩张与赶超型经济的技术进步》,《经济研究》2010年第5期。

[176] Burkhauser, R. V.; Cutts, A. C.; Daly, M. C. and Jenkins, S. P. Testing the Significance of Income Distribution Changes Over the 1980s Business Cycle: A Cross - National Comparison. Journal of Applied Econometrics, 1999, Vol. 14, pp. 253—272.

[177] 李竹渝:《非参数统计方法对收入分布的解释》,《预测》2001年第4期。

[178] 徐现祥、王海港:《我国初次分配中的两极分化及成因》2008

年第2期。

[179] 刘靖、张车伟、毛学峰:《中国1991—2006年收入分布的动态变化:基于核密度函数的分解分析》,《世界经济》2009年第10期。

[180] 潘文卿:《中国区域经济差异与收敛》,《中国社会科学》2010年第1期。

[181] Hall, R. E. and Jones, C. I. The Productivity of Nations. NBER Working Paper 5812, 1996.

[182] Hall, R. E. and Jones, C. I. Levels of Economic Activity across Countries. American Economic Review 87, 1997.

[183] Hall, R. E. and Jones, C. I. Why do Some Countries Produce so Much More Outputper Worker than Others? Quarterly Journal of Econom ics, 114, 1999.

[184] 郭庆旺、赵志耘、贾俊雪:《中国省份经济的全要素生产率分析》,《世界经济》2005年第5期。

[185] Cowell, F. A.; Jenkins, S. P. and Litchfield, J. A. "The Changing Shape of the UK Income Distribution: Kernel Density Estimates." In: Hills (ed), New Equalities, the Changing Distribution of Income and Wealth in the United Kingdom, 1996, Cambridge University Press, Cambridge.

[186] Silverman, B. W. Density Estimation for Statistics and Data Analysis, London: Chapman and Hall, 1986.

[187] Burkhauser, R. V.; Cutts, A. C.; Daly, M. C. and Jenkins, S. P. Testing the Significance of Income Distribution Changes Over the 1980s Business Cycle: A Cross - National Comparison. Journal of Applied Econometrics, 1999, Vol. 14, pp. 253—272.

[188] Jenkins, S. P. Did the Middle Class Shrink During the 1980 s UK Evidence from Kernel Density Estimates. Economics Letters, 1995, Vol. 49 (10), pp. 407—413.

[189] 李子奈、叶阿忠:《高等计量经济学》,清华大学出版社2000年版。

[190] 叶阿忠:《非参数计量经济学》,南开大学出版社2003年版。

[191] 叶阿忠:《非参数和半参数计量经济模型理论》,科学出版社

2008 年版。

[192] 孙红玲、刘长庚：《论中国经济区的横向划分》，《中国工业经济》2005 年第 10 期。

[193] 孙红玲：《区域经济研究区域经济发展新思路：由“三大部”到“三大块”的划分》，《经济学动态》2005 年第 3 期。

[194] Miller, S. and M. Upadhyay. Total Factor Productivity and the Convergence Hypothesis. Journal of Macroeconomics, 2002, (24), pp. 267—286.

[195] 张学良：《长三角地区经济收敛及其作用机制：1993—2006》，《世界经济》2010 年第 3 期。

[196] 谢千里、罗斯基、张轶凡：《中国工业生产率的增长与收敛》，《经济学季刊》2008 年第 3 期。

[197] 吴军：《环境约束下中国地区工业全要素生产率增长及收敛分析》，《数量经济技术经济研究》2009 年第 11 期。

[198] 徐大丰：《我国城市的经济增长趋同吗》，《数量经济技术经济研究》2009 年第 5 期。

[299] Peneder. Structure Change and Aggregate Growth, WIFO Working Paper, Austrian Institute of Econoic Research, Vienna, 2002.

[200] Delongh and Shleifer, 1993.

[201] North, D. C. Economic Performance through Time American Economic Review, 1994 (84).

[202] 干春晖、郑若谷：《改革开放以来产业结构演进与生产率增长研究》，《中国工业经济》2009 年第 2 期。

[203] Rioja, F. and N. Valev. Finance and the Sources of Growth at Various Stage of Economic Development, Economic Inquiry, 2004 (42).

[204] 郑若谷、干春晖、余典范：《转型期中国经济增长的产业结构和制度效应——基于一个随机前沿模型的研究》，《中国工业经济》2010 年第 2 期。

[205] Brian J. Autken and Ann E. Harrison, Do Domestic Firms Benefit from Direct Foreign Investment ? Evidence from Venezuela. American Economic Review, Vol. 89, No. 3, 1999, pp. 605—618.

[206] 吕冰洋、余丹林：《中国梯度发展模式下经济效率的增进——

基于空间视角的分析》,《中国社会科学》2009 年第 6 期。

［207］张海洋、刘海云:《外资溢出效应与竞争效应对中国工业部门的影响》,《国际贸易问题》2004 年第 3 期。

［208］王小鲁、樊纲、刘鹏:《中国经济增长方式转换和增长可持续性》,《经济研究》2009 年第 1 期。

［209］钱晓烨、迟巍、黎波:《人力资本对我国区域创新及经济增长的影响的空间计量实证研究》,《数量经济技术经济研究》2010 年第 4 期。

［210］经济增长前沿课题组:《经济增长、结构调整的累积效应与资本形成——当前经济增长态势分析》,《经济研究》2003 年第 8 期。

［211］刘生龙、胡鞍钢:《基础设施的外部性在中国的检验:1988—2007》,《经济研究》2010 年第 3 期。

［212］刘秉镰、武鹏、刘玉海:《交通基础设施与中国全要素生产率增长——基于省域数据的空间面板计量分析》,《中国工业经济》2010 年第 3 期。

［213］徐瑾:《地区信息化对经济增长的影响分析》,《统计研究》2010 年第 5 期。

［214］B. H. Baltagi, Economet ric A nal ysis of Panel Data, Third Edition, New York: Wiley, 2005.

［215］赵冈:《中国城市发展史论集》,新星出版社 2006 年版。

［216］Fan, C. C. and A. J. Scott. Industrial Agglomeration and Development: A Survey of Spatial Economic Issues in East Asia and a Statistical Analysis of Chinese Regions, Economic Geography, 2003, 79 (3), pp. 295—319.

［217］Scctt A. J. Industrial Organization and Location: Division of Labor, zhe Firm and Spatial Process, Economic Geography, 1986.

［218］刘修岩:《市场潜能、经济集聚与地区差距——来自中国地级数据的证据》,南京大学出版社 2009 年版。

［219］钱水土、江乐:《浙江区域金融结构对产业集聚的影响研究——基于面板数据的实证分析》,《统计研究》2009 年第 10 期。

［220］Krugman, P. Increasing Returns and Economic Geography, Journal of Political Economy, 1991, v. 99, iss. 3, pp. 483—499.

[221] Krugman, P. Geography and Trade, Cambridge, Massachusetts, MIT Press, 1991.

[222] 保罗·克鲁格曼：《地理与贸易》，北京大学出版社 2001 年版。

[223] Audretsch, D. B. and Feldman, P. M. R&D Spillover and the Geography of Innovation and Production, American Economic Review, 1996, v. 86, iss. 3, pp. 630—640.

[224] Amiti, M. New Trade Theories and Industrial Location in the EU: A Survey of Evidence, Oxford Review of Economic Policy, 1998, v. 14, iss. 2, pp. 45—53.

[225] Midelfart – Knarvik Knarvik, Henry Overman, Stephen Redding, and Anthony Venables, The Location of European Industry, LSE Working Paper, 2000.

[226] 黄新飞、郑华懋：《区域一体化、地区专业化与趋同分析——基于珠江三角洲地区 9 城市的实证分析》，《统计研究》2010 年第 1 期。

[227] Ellision, G. and Glaeser, E. L. Geographic Concentration in U. S. Manufacturing Industries: A Dartboard Approach, Journal of Political Economy, 1997, v. 105, iss. 5, pp. 889—927.

[228] Ellison, G. and E. Glaeser, The Geographic Concentration of Industry: Does Natural Advantage Explain Agglomeration? American Economic Review, 1999, 89 (2), pp. 311—316.

[229] Rosenthal, S. S. and Strange, W. C. The Determinants of Agglomeration, Journal of Urban Economics, 2001, v. 50, iss. 2, pp. 191—229.

[230] Krugman, P., Increasing Returns and Economic Geography, Journal of Political Economy, 1991, 99 (3), pp. 484—499.

[231] 黄玖立、李坤望：《对外贸易、地方保护和中国产业布局》，《经济学》（季刊）2006 年第 3 期。

[232] 胡向婷、张璐：《地方保护主义对地区产业结构的影响》，《经济研究》2005 年第 2 期。

[233] 范剑勇：《市场一体化、地区专业化与地区产业集聚趋势——兼谈对地区差距的影响》，《中国社会科学》2004 年第 6 期。

[234] 马光荣、杨恩艳、周敏倩：《财政分权、地方保护与中国的地区专业化》，《南方经济》2010 年第 1 期。

[235] Marshall A. Principles of Economics, London Macmillan, 1920 (1980).

[236] 王缉慈等：《创新的空间：企业集群与区域发展》，北京大学出版社 2001 年版。

[237] 魏守华：《集群竞争力的动力机制及实证分析》，《中国工业经济》2002 年第 1 期。

[238] 金碚：《竞争力经济学》，广东经济出版社 2003 年版。

[239] 朱英明：《长江三角洲地区外商投资企业空间集聚与地区增长》，《中国工业经济》2002 年第 1 期。

[240] 刘军、徐康宁：《产业聚集在工业化进程及空间演化中的作用》，《中国工业经济》2008 年第 9 期。

[241] 徐康宁：《产业聚集形成的源泉》，人民出版社 2006 年版。

[242] 陈建军、胡晨光：《产业集聚的集聚效应——以长江三角洲次区域为例的理论和实证分析》，《管理世界》2008 年第 8 期。

[243] 高进田：《聚集经济与区域经济发展》，《经济问题探索》2007 年第 8 期。

[244] Wen, Mei. Relocation and Agglomeration of Chinese Industry, Journal of Development Economics, 2004, 73, pp. 329—347.

[245] 文玫：《中国工业在区域上的重新定位和聚集》，《经济研究》2004 年第 2 期。

[246] 许宪春：《90 年代我国服务业发展相对滞后的原因分析》，《管理世界》2000 年第 6 期。

[247] 华而诚：《论服务业在国民经济发展中的战略性地位》，《经济研究》2001 年第 12 期。

[248] 江小涓、李辉：《服务业与中国经济：相关性与加快增长的潜力》，《经济研究》2004 年第 1 期。

[249] 张世贤：《工业投资效率与产业结构变动的实证研究》，《管理世界》2000 年第 5 期。

[250] 李冠霖、辛红：《我国第三产业比重国际比较的陷阱与出路》，

《财贸经济》2004 年第 9 期。

[251] 胡霞、魏作磊：《我国服务业发展水平偏低吗？》，《经济学家》2005 年第 1 期。

[252] 程大中：《中国服务业的增长与技术进步》，《世界经济》2003 年第 7 期。

[253] 徐宏毅、张子刚、欧阳明德：《计量经济学在中国服务业生产率测度中的应用》，《华中科技大学学报》（自然科学版）2005 年第 4 期。

[254] 顾乃华、李江帆：《中国服务业技术效率区域差异的实证分析》，《经济研究》2006 年第 1 期。

[255] 杨向阳、徐翔：《中国服务业全要素生产率增长的实证分析》，《经济学家》2006 年第 3 期。

[256] 杨勇：《中国服务业全要素生产率再测算》，《世界经济》2008 年第 10 期。

[257] 谷彬：《技术效率测算与影响因素实证研究——来自历史数据修订的史实证据》，《统计研究》2009 年第 8 期。

[258] 胡霞：《中国城市服务业空间集聚变动趋势研究》，《财贸经济》2008 年第 6 期。

[259] Illeris, Jean Philippe, Introduction: The role of services in regional economic growth, Service Industries Journal, 1993.

[260] 陈建军、陈国亮、黄洁：《新经济地理学视角下的生产性服务业集聚及其影响因素研究》，《管理世界》2009 年第 4 期。

[261] 胡霞：《中国城市服务业发展差异研究》，经济科学出版社 2009 年版。

[262] 柯善咨：《中国城市与区域经济增长的扩散回流与市场区效应》，《经济研究》2009 年第 8 期。

[263] 张林波：《城市生态承载力理论与方法研究》，中国环境科学出版社 2009 年版。

[264] 中国科学技术协会：《中国城市生态承载力及其危机管理研究报告》，中国科学技术出版社 2008 年版。

[265] Cleveland, W. S. Robust locally weighted regression and smoothing scatter - plots Journal of the American Statistical Association, 1979, (74).

［266］白雪洁、宋莹：《环境规制、技术创新与中国火电行业的效率提升》，《中国工业经济》2009 年第 8 期。

［267］方行明、刘天伦：《中国经济增长与环境污染关系新探》，《经济学家》2011 年第 11 期。

［268］傅京燕、李丽莎：《环境规制、要素禀赋与产业国际竞争力实证研究——基于中国制造业的面板数据》，《管理世界》2010 年第 10 期。

［269］胡宗义、刘亦文、唐李伟：《低碳经济背景下碳排放的库兹涅茨曲线研究》，《统计研究》2013 年第 2 期。

［270］李斌、彭星、陈柱华：《环境规制、FDI 与中国治污技术创新——基于省际动态面板数据的分析》，《财经研究》2011 年第 10 期。

［271］李钢、董敏杰、沈可挺：《强化环境管制政策对中国经济的影响——基于 CGE 模型的评估》，《中国工业经济》2012 年第 11 期。

［272］李国平：《加强生态文明重要制度建设》，《光明日报》2013 年 1 月 23 日第 11 版。

［273］李玲、陶锋：《中国制造业最优环境规制强度的选择——基于绿色全要素生产率的视角》，《中国工业经济》2012 年第 5 期。

［274］李小平、卢现祥、陶小琴：《环境规制影响了中国工业行业的利润水平吗》，《学术月刊》2013 年第 4 期。

［275］刘思峰、党耀国、高志耕等：《灰色系统理论及其应用》（第 5 版），科学出版社 2010 年版。

［276］沈能：《环境效率、行业异质性与最优规制强度——中国工业行业面板数据的非线性检验》，《中国工业经济》2012 年第 3 期。

［277］张成、陆旸、郭路、于同申：《环境规制强度和生产技术进步》，《经济研究》2011 年第 2 期。

［278］张红凤、张细松等：《环境规制理论研究》，北京大学出版社 2012 年版。

［279］张文彬、张理凡、张可云：《中国环境规制强度省际竞争形态及其演变——基于两区制空间 Durbin 固定效应模型的分析》，《管理世界》2010 年第 12 期。